戰地幽蘭

何秋生 著

文匯出版社

为草当作兰,为木当作松。
兰幽香风远,松寒不改容。
——李白诗句

书法:何秋生

序 品味幽兰的芬芳

朱大建

秋生兄又有散文新著出版，嘱我写序。不敢不从，那就写几句读后感。

秋生兄是军人，上过战场，经历过战争的硝烟，经历过生与死的考验，看见战友从身边倒下停止呼吸，瞬息之间，一个活泼泼的年轻人，变为一座静悄悄的新坟茔。经历过拼杀的战士，更能理解生命的珍贵。这本书中，写得最好的篇章，是秋生兄写自己和战友们的军旅生活。我读完《我亲历的四次战役》《一封给玉秀嫂子的信》《亲历SARS阻击战》《送我当兵去参战的时候》《战地幽兰》《坚守与出击》《我的搭档特级战斗英雄杨根思》七篇带有烽火硝烟的文章后，就进一步感受到，在秋生的笔下，有生死别离战火弥漫，有儿女情长恩爱缠绵，更多的是一腔热血，铮铮铁骨，家国情怀。字里行间，开怀时能撩动一江春水，悲伤处或泪穿五脏六腑。他尽管退役多年，但身上的阳刚之气，悲悯之心，仍然由他心底流出来的文字，传递给了读者。

记得三年前，我为秋生的散文集《雪夜篝火》写序时，他的文字就深深地打动了我。果然，《雪夜篝火》面世后广受好评，荣获"上海市作家协会会员年度作品奖"。听说，《雪夜篝火》一度在京东、当当和其他网站平台出现一册难求的现象。秋生的家乡，中国最美乡村婺源的新华书店，将《雪夜篝火》在书店大厅中央位置专门辟出专柜，成为家乡父老的热门书。

而秋生兄的《战地幽兰》新著，不少文稿带有鲜明的自传色彩，他以自身经历为切入口,书写根植于个体记忆之上的集体记忆。在秋生的笔下,个人的故事和时代的烙印及身边的人与物,相互交融,相得益彰。

阅读《战地幽兰》中的一篇篇文章,所感受到的是一颗正直火热的心,读着读着,隐隐约约,会有一种幽幽兰香扑面而来的感觉,流畅的文字里,有着让人反复咀嚼的回味感,温暖,亲切,感人。诸如《筑梦桃花源》《挥挥手,作别昨天》《让我的血融入你的生命》《当女诗人撞进绿色方阵》《他从拾荒的路上走来》《"小桃源"里的"童伴妈妈"》等文章,其情生动,其意优美,作者书写出一个个丰满灵动的灵魂,一桩桩可歌可泣的事件……

本书的评论性散文《在"红房子"发呆》《想起"红雨"的年代》《人性这点事》《美发店里看定力》等,不畏强势,有理有据有情,勇于针砭时弊,对一切假恶丑与背离人民群众利益的事,敢于大胆抽出"匕首、投枪",令人感佩。这就使人联想到在血与火的战场上,是在战壕内与敌对峙周旋,还是跃出战壕,冲锋着直扑敌人,都是一名英勇战士的作战方式……

读秋生兄的散文,还会萌生一种生命哲学的通透感。《战地幽兰》并不是向你叙述一个或几个故事,而是试图通过一个章节或一篇文章,向你传达一种人文哲理,抑或是让某种事物在你的心中幻化成一种情感和美好的景象。其笔下的美,也正在于此……

此时,我仿佛就在战地上,细细品味着这株幽兰发出的馥郁芬芳……

(作者系著名散文作家、上海市作家协会理事、散文报告文学委员会主任、《上海纪实》主编)

目录

第一辑　彩云追月

"小桃源"里的"童伴妈妈"　| 3

筑梦桃花源　| 17

当女诗人撞进绿色方阵　| 44

鸿儒踏雪　情深无痕　| 56

南京路上四十年的长征　| 66

不当享乐公主　| 71

暖暖的相拥　| 78

春联一贴年味浓　| 81

感受新苗成长的快乐　| 88

石城茶叙　| 91

树人树文　| 94

他从海边来　| 99

新春探访莒苎山　| 104

一江两岸观三桥　| 107

走过"八连"雕塑群　| 112

致敬银杏林　| 117

静观古丹青复活手术　| 120

在"书写"中感受宁静与快乐　| 124

为了这颗"中国心" | 130
让我的血融入你的生命 | 145
战地幽兰 | 163

第二辑　回望长城

炮弹堆上的"群雕" | 183
亲历SARS阻击战 | 187
残月梅芳 | 192
大尖山，多少无名丰碑 | 195
赤珠 | 198
送我当兵去参战的时候 | 203
死亡地带的诱惑 | 208
黄牌融进情和爱 | 212
奉献在红土地 | 215
灵魂树下 | 221
难述知音 | 224
绿色奏鸣曲 | 228
泥石流冲不垮的…… | 232
生命的意义 | 235
婆姨训"兵" | 244
我的搭档特级战斗英雄杨根思 | 246
护航，跨世纪远征 | 251

第三辑　曾经沧海

挥挥手，作别昨天　| 265
结缘"祝英台"　| 269
坚守与出击　| 273
君子有约　| 286
美发店里看定力　| 289
人性这点事　| 293
我亲历的四次战役　| 295
最忙碌的一个国庆　| 299
想起"红雨"的年代　| 302
樱花步道上的遐想　| 305
一封给玉秀嫂子的信　| 307
一名疫情防控志愿者的日记　| 309
在"红房子"发呆　| 316
他从拾荒的路上走来　| 319

后记　| 328

第一辑·彩云追月

在一颗圣洁的灵魂里,这个世界就是一座伊甸园。于是,在他的眼底,在他的笔下,一兵一卒一草一木一程一景,都是唯美的……

"小桃源"里的"童伴妈妈"

> 只要有爱陪伴的天空就不会有孤独的星星,最美的风景是人。
>
> ——题记

同年入伍、同一个火车皮拉往福建前线的老战友、婺源县慈善会副会长兼秘书长裘汉彬,复员回乡后一直从事民政、慈善事业,曾获得"中华慈善优秀工作者"称号,走进人民大会堂领奖。闲谈中聊到,县慈善会正在开展一项为"留守儿童"传递温暖的"童伴之家"活动。我听了很感兴趣。

4月7日这天,好天气就像专门为我们准备的。如洗的蓝天挂着几朵晶莹剔透的白云,亦如精明的美术师为自己客厅张挂的精美装饰品。老裘让他们的办公室主任董美凤开上她自己的私车,一大早陪我们从县城直奔庆源古村,这是"童伴之家"其中的一个点。

小董个子修长,长得一脸灿烂,正像三月开放的桃花,山路驾驶技术更是让我等深感汗颜。我坐在副驾驶的位置,一边欣赏车窗外仙境般的美景,一边余光横斜,欣赏小董乡村驾驶中悠然自得的神情。

由高速到国道再盘山穿雾，行驶 66 公里后，我们的坐骑徐徐驶进庆源这座桃花源的深处，淹没在富有古韵的建筑与花海里……

庆源古村位于江西省婺源县东北部的段莘乡，别称小桃源。与安徽黄山市的休宁五城仅隔一座五龙山，东与浙江开化也仅隔一条马金岭。这里峡谷深幽，宽如太行之盘谷，美如武陵之桃源，地处万山之巅，阻外而溢中，是始祖几经选择的栖息胜地。庆源村口"别有天"古亭内的墙壁上还隐隐约约留有古人墨迹："空山隐卧好烟霞，水不通舟陆无驾。一任中原烽烟起，桃源深处是吾家。"形象概括了这块宝地，"小桃源"的别称亦源于此。

推开车门，就见一渠清澈的溪水在两岸古建筑和桃、李、梅、樱、杜鹃等花与树的掩映下，淙淙向前流着。身穿"童伴妈妈"红色专用工作服、红扑扑的圆脸蛋一脸喜气的程美华老师，被一群孩子簇拥着立在停车场旁的一棵梨花树下，迎候我们的到来。

看着这种锦绣的画面，我心里想，这块世外桃源，不说兼济天下，就凭这片村落肥沃的土地和深厚的文化古韵，自耕自种自给自足，肯定是没问题的，婺源人历史上除去外出经商，主动走出家门打工养家糊口的人并不多。

落座后，我开门见山问程美华："你是怎么想到要来'童伴之家'当这个'童伴妈妈'的？"

"因为我曾经也是一名'留守儿童'！"美华回答得很干脆，接着向笔者追忆起她的童年。

美华出生于 20 世纪 90 年代初，她家乡赋春镇是婺源的富镇。待她出生后的年代也是改革开放走向蓬勃发展的年代，山外面的世界慢慢变成如万花筒般的多彩。"穷"与"富"这两个字在许多人心里产生了裂变，一夜间让这片土地上的男儿女儿的内心开始躁动起来。人们已经不再满足于在这片肥沃的土地上"三四亩地一头牛，老婆孩子热炕头"，过着这种田园生活和恬淡日子。

虽然随着改革开放不断走向深入，"美丽乡村"也在逐渐开放，婺源的春色秋色引来八方游客。但受季节和资源的限制，赚钱的也就那几个月和那几个人。相反，地区的整体物价却被有钱人抬得飞高。也就是"家里"的饭碗端不稳了，再不走出去"找食"，以后"锅里的米"就无处可寻了。于是，走出去的"开放心态"在"中国最美乡村"

小桃源庆源村村貌

蜂拥而起。多半有劳动能力者陆续走出村外，到北、上、广、深、浙"淘金"去，"孔雀"纷纷东南飞……

美华7岁、妹妹2岁那年，父母双双"南下"广州打工。"大妞二妞往家一丢，出外谋生有谁不愁。"从那时起，比美华整整大60岁的奶奶带着两个小孙女，开始过起上山砍柴、下田插秧、回屋生火这种相依相靠的日子。此时7岁的美华在这个小家庭已经撑起了半边天。

奶奶没上过一天学，目不识丁。小美华作业上遇到难题无处求助，满脸是泪，奶奶无计可施，只得躲在灶膛后面用围裙不断地抹着老泪……父亲是读过书的，这时小美华就想：要是爸爸妈妈有钱就好了，就可以不要出去打工了。可美华的父母都是要强的人，见村前村后、左邻右舍的人都出去打工、经商，一个个盖起了新房子，改变了命运，他们怎能甘于人后……10岁生日之前，美华抹着泪写了一封信给爸妈，暗示很想他们回来为她过生日……可远在天边的父母约定，只有每年春节才可能回家。等到父母春节真的回来的时候，小美华却什么都不想说了，只想躲在一边放声大哭……

美华说："那时候，一种孤独感不停地袭扰着我，让我产生自卑、厌学、逃学，差一点让我的人生彻底扭曲……"

笔者也是从农村走出来的，听美华这么一说，我的泪水一下填满了整个眼眶。或许这就是农村千万个"留守儿童"的写真吧。

好在美华生就一身倔强要强的性格，就在教学条件、师资力量极弱的乡村学校里，她硬是一边带妹妹一边咬着牙挺过来，并考取了中专。20岁那年美华拿到中专毕业证书的时候，噙着泪对80岁的奶奶说："奶奶，我也想走出大山到外面去闯一闯。"

美华来到商贾云集之地浙江台州经销一款叫"安踏"的品牌服装。8年时间，从一个扎小辫的店伙计做到地区督导。

就在美华服装经销生意做得风生水起的时候，2016年夏天，部队复员回乡的爱人和庆源村的村干部找到她，说村里的小学缺少教师，外面的"菩萨"又请不进来，问她愿不愿意放弃服装生意回村里小学代课。当美华了解到，庆源村小学1至3年级70多个学生，60多个都是留守儿童，其中有些孩子自从上学的第一天就开始寄宿。往事涌上心头，自己童年的一幕幕又浮现在眼前："我同意来学校做代课老师，能攒黄金一屋，不如给孩子送去一片爱心。"

作者采访"童伴妈妈"

2020年冬，也就是当美华村小代课代到四年半的时候，县慈善会在中国乡村发展基金会、江西省慈善总会的支持下，启动"童伴妈妈"项目，通过培育乡村女性开展乡村儿童关爱保护工作，采取"一个人、一个家、一条纽带"的模式，以"童伴妈妈"为抓手，以"童伴之家"为平台，以"县级横向联动机制"为保障，建立村级留守、困境儿童监护网络，确保儿童福利服务递送至最后一公里。

朴实的庆源人听说这个项目要在他们村里落地，一个个心里暖暖的。选谁来做这个"童伴妈妈"呢？按照慈善会"童伴妈妈""守法纪、有爱心、有责任、有文化、有奉献精神"的选用标准，加上美华在村小代课四年半的优秀表现，村委会一致推荐程美华为庆源村"童伴之家"的"童伴妈妈"。

开始的半年，美华周一至周五在学校继续代课，周末把全村那些父母不在身边的"留守儿童"接进"童伴之家"，吃、喝、拉、撒、睡、学，一应俱管。

庆源村是省级4A乡村旅游点，年吸引游客量在6万人左右，且主要集中在春季油菜花盛开期间。庆源村共有1至18周岁儿童（青少年）307人，其中留守儿童104人，建档立卡儿童11人，离异单亲17人，留守儿童与困境儿童占据较高比例。随着村里的旅游进入淡季，全村大部分有劳动能力的孩子父母都开始外出务工，留守的只有年幼的孩子和七八十岁的老人。

"不想让自己童年时留下的很多遗憾，在今天村里的留守儿童身上再现！"2021年暮春，身兼两职的美华决定选择做一名专职的"童伴妈妈"，开始全身心照顾这些"留守儿童"。

美华说，在村小代课的这几年里，经过与村里留守儿童的相处，她深切感受到他们的内心世界和处境与曾经的她一般无奈，他们渴望更多的关爱。于是，美华暗下决心："我要做一个让留守儿童的父母放心的'童伴妈妈'。"

接着，美华设法取得全村一百多名留守家庭、建档立卡、离异单亲家庭等的儿童父母或其他监护人的联系方式，每月做到必须定期家访，或与家长面对面交流，或用电话联系，仔细了解孩子的家庭、学习和心理健康等方面情况，并将孩子在"童伴之家"的进步表现，一一报告给家长。每一次在对留守儿童及困境儿童进行家访时，程美

程美华接孩子进"童伴之家"

华都要认真做好记录，跟踪掌握特殊个案情况，然后依据不同类型、不同性别、不同年龄、不同家庭状况，甚至不同性格，逐一分类，做到因户因人施策，精准细化管理。

美华打开工作日志，给我讲了两个孩子的例子：

和和，11岁，男，建档立卡户，单亲家庭。父母离异后，他与姐姐和妈妈一起生活。

和和自小患有肾病，需要经常住院检查。而妈妈本身负重前行，加上身体不好，根本没有时间管孩子，导致孩子缺少关爱，性格变得孤僻。最为严重的是，孩子由于经常去看病，落下很多课程，成绩很不理想，甚至开始厌学。加上经常闹事、辱骂同学、课堂上大声尖叫、做事拖拉，慢慢成了大家眼中的"问题少年"。

在了解到这一情况后，我立即在"童伴之家"的"认识身边的他"这一小课堂上，单独介绍了和和的身体以及家庭情况，鼓励和引导大家在平时多给他一些关爱、主动帮助他。为更深入地了解和和的情况，我多次到和和的家里与他妈妈交流，建议她在完成生活琐事后，多关心关注孩子们的身心健康，我主动向孩子的妈妈提出在空余和周末时和她一起帮忙管理孩子、辅导孩子们的作业。在辅导作业的过程中，我还经常单独与和和谈心，并对他进行心理疏导，引导和鼓励他增强自信……

慢慢地，和和孤僻甚至有些狂躁的性格一天天向好的方向发展，而且开始愿意向老师袒露心扉，并表示要让自己努力培养好习惯……

小敏是下村的留守儿童，与年迈的奶奶一起生活，父母长年在外地做苦力活，收入微薄。可最近发生的一件事却挺反常。有小朋友向我报告说，小敏连续两天在同一个地方各捡到100块钱。而且她把这200块钱到附近小店换成了散钱，5块、10块，十分大方地分送给了身边的同学。

我听后心里一揪。"同一个地方，连续两天，捡到200块钱？"会有这么巧的事情？我先是分析了小敏的家庭状况，又分析了小敏的平时表现，做出预判：小敏这钱来得有问题，她这是想通过给同学送钱，给自己"提升地位"。于是，我把小敏叫来单独细谈，从做人的

"童伴妈妈"程美华与"童伴之家"的孩子们

基本道理说起，又举了一些因小失大而导致犯罪的例子，慢慢引导她讲真话并树立正确的人生观。经我耐心的开导，小敏终于说出了实话。她这200块钱是趁奶奶下菜地的时候偷拿的。

小敏坦白真相后，我首先是表扬她敢说真话并承认错误，而且没把200块钱挥霍掉，而是送了同学，说明有爱心。同时又对她纠正说"不管是奶奶的钱还是其他人的钱，不经允许是不可以拿的。所谓'君子爱财，取之有道'，就是要从小努力读书，将来才能成就事业，自然会有自己的收入来回报社会……"

找小敏谈完话，知道了钱的来路和去向，我先是把收了钱的那些同学叫在一起，要回了部分钱。接着私下约来小敏奶奶沟通此事，并一再强调不要打骂孩子，一定要正面引导，给孩子更多的呵护……

美华说，这件事给她敲响了警钟，孩子的心理成长真的非常重要，每一棵幼苗都需要用爱去灌溉，现实生活中，尤其是那些家庭不完整的孩子，往往会出现这样或那样的问题。对于这一类孩子，不仅不应该远离，而且应该给予他们更多的爱让他们加倍努力去矫正。

在同美华一个上午的交谈中，无论她的举手投足还是语言表达，相比较同龄人，一个32岁的女孩有一种"早熟的麦穗"之感。

美华说，最初接触这份工作时，是又激动又胆怯。胆怯主要是害怕缺少经验、办法不足，怕做不好工作。的确，自"童伴之家"开放以来，她也遇到过很多难题，甚至在人后偷偷抹过泪。印象最深的是刚开始有家长质疑开办"童伴之家"会影响孩子的学习。

为了消除家长心中的顾虑，美华合理规划安排了"童伴之家"正常开放时的日常活动。上午一般分三个环节，在孩子们没到齐时安排自由画画；儿童人数比较多的时候，带着孩子们读绘本，告诉孩子们一些安全的知识；根据教学需要，合理安排孩子们自由活动。下午分两个环节：一是带领孩子们做做小游戏，二是玩诗词大比拼或是讲故事。这样一来，孩子们不仅玩得开心，还增长了知识面。"童伴妈妈"不是为了把孩子圈起来，而是在送给他们温暖的同时，教会他们更多知识和做人道理。

美华一边自己摸索，一边请教有经验的学姐、幼教老师。慢慢地，她越来越放开手，并且与这群孩子的感情越发深厚。"世上无难事，

"童伴妈妈"程美华在给孩子们上手工课

程美华与"童伴之家"的孩子们一起做游戏

只怕有心人",她常常在想,"春播一粒粟,秋收一担粮",只要自己用心去做,肯定会有意想不到的收获。

这几日,婺源的天气阴晴不定,气温一天内从 6℃到 25℃。这种过山车式的天气反差,让程美华连觉都睡不安稳。每天早上孩子们进"童伴之家"的时候,她首先要一个一个看衣服穿够了没有。待到气温升高,她又一个一个检查看看有没有出汗,该减多少衣服。她 4 岁的女儿也跟着她在"童伴之家",美华给女儿多少爱,就给"童伴之家"的孩子们多少爱。

珍珍是单亲家庭的孩子,前两天患上了重流感。年迈的奶奶不知所措,送到"童伴之家"就走了。美华摸了摸孩子的额头,发现烧得厉害,她叫来自己的公公婆婆先照看好"童伴之家"的孩子,自己二话没说背起高烧的珍珍翻过一座山直接送到乡卫生院……

珍珍的高烧慢慢退下去了。由于与患者"亲密接触",美华自己却很快发起了高烧,还传染给了女儿……

春天来了,万物复苏,花儿俏,鸟儿叫。太阳初升的时候,程美华领着这群孩子沿着这条悠长的青石板路,从村尾到村头,再爬上一道山坡直到村委会,一路教他们认花识木,闻鸟辨音,听潺潺流水,讲斗拱建筑,说茶坊凉亭。古村落的粉墙黛瓦、一草一木都是知识文化。在村委会宽敞的广场上,孩子们欢快追逐着做游戏,在学中玩,在玩中学,一路歌声一路笑……

……

"有一种母爱叫'童伴妈妈'!"这是我看到庆源村"童伴之家"这群孩子的笑脸时,脑子里闪出的一个新概念。

"庆源村'童伴之家'的主题活动上了山东卫视《爱的味道》栏目!"

这一喜讯在村里、在乡里、在县里、在千里之外那些孩子父母的手机里,像长了翅膀一样传开了……

……

作别了"童伴妈妈"程美华,我们的车子缓缓驶出童话般的庆源古村。可我满脑子还是"童伴之家"里的那群"留守儿童"。我在想,这样的"留守儿童"江西目前有多少?全国目前有多少?他们建成了多少像庆源村一样的"童伴之家"?又有多少像程美华老师一样的"童伴妈妈"呢?

婺源县慈善会副会长兼秘书长裘汉彬(右)
与办公室主任董美凤(左)

这时，几年前某地一对"留守儿童"兄弟，因缺少关照关爱，夜间在垃圾堆旁玩火，双双被活活烧死；多地"留守儿童"落井、落水和发生交通事故等各种揪心事件画面，来回穿梭在我的思绪里……

就在我的脑子云里雾里地转着的时候，我们的车子在回程途中一个陡坡上多车交会，小董为了让车，车胎被路边一块尖锐的石头扎破了。瞬间，我们的"丽人司机"小董眼眶里闪出了惊恐的泪光。好在这时山下的一名村支书路过，手脚麻利地帮忙换上了备胎，这才让我们安全下了山。

路上，老战友裘汉彬不无爱怜地对我说：为了"童伴妈妈"项目的推进，让更多的留守儿童不再孤独，我们就是让小董开着这辆奇瑞，从2019年5月开始，跑遍了全县18个乡（镇），205个村（居）委会，从资金的募集，到留守儿童情况的排查摸底，再到"童伴妈妈"的选人用人，一个村一个村地过，一座山一座山地爬，到目前，"童伴之家"已覆盖全县14个乡镇、15个行政村。人跑瘦了，今天连这"铁架子"也跑垮了……

锋利的石块扎破了小董的车胎，而"丽人"的泪，却一下子扎到了我的心里！

为了让婺源目前8280余名留守儿童不再孤单，为了寻找像程美华一般合格的"童伴妈妈"，为了全县18个乡（镇）都能普及庆源村这样的"童伴之家"，裘汉彬等从事慈善的一群人，宁愿自己刮下一身肉，也要换来全县留守儿童的"幸福家园"。这时我的脑海里已经不再是那些自然风光美景了，而是闪出一句熟悉的话："最美的风景是人！"……

"最美的风景是人。"孩子是祖国未来最美的风景，是薪火燃烧华夏强盛的希望。我们都期待着"未来之花"如春天一般灿烂……

（原载《上海纪实》2023年第2期）

筑梦桃花源
——上海市奉贤区"社会治理·乡村振兴"见闻

虎年新春,我是在"桃花源"里度过的。先是在老家婺源的一个"中国最美乡村"里,被延绵阴雨挡住了走亲访友的去路。于是打开电脑,翻阅起奉贤地区办给我发来的一摞关于奉贤区社会治理,"美丽乡村建设"的电子文稿。

读着这些文稿,我并没觉得枯燥,相反却像在读陶渊明笔下的《桃花源记》。读着读着,我按捺不住心情,决定提前返沪,直奔上海郊区奉贤这座"桃花源"……

神来之笔的"美丽约定"

一直以来,许多文人都认为《桃花源记》是陶渊明失意时做的一个梦。可当我来到奉贤的乡村,陶渊明笔下的"桃花源"却实实在在地出现在我的面前。

"幸福村"里的"追星族"

元宵日,听说南桥镇杨王村有个"我们的节日·元宵"活动,我就驱车57公里直奔现场。今年"我们的节日·元宵"的主题是:"培

育好家风 提升软实力"——新时代"好家风"大讨论大展示。

当我推开车门下车的那一刹那,忽然被村口那座城楼的气势和广场上那个超大的"杨王村百姓大舞台"震撼了。这哪像一个小乡村啊,明明是一座恢宏之城噢!

主题活动正式开始之前,广场上的一只只大红灯笼和一杆杆宣传彩旗之间,已经摆满了各种摊位,有写字画画的,有挑灯猜谜的,有咨询服务的,尤其摆在广场中间以屏风形式布展的"杨王村村民书画艺术展"格外引人注意。

"一个小村庄要这么大的一个舞台,平时有活动吗?"我用好奇的口吻,侧面问问现场的村民。

"有,经常搞活动,特别是天气不冷不热的时候活动最多。"

"都有一些什么活动啊?"

"说的、笑的、唱的、跳的、写的、画的都有,都是我们村民自编自导自演的那些家长里短、吃喝拉撒和'追星赶月'的事。"就在问与答之间,随着主持人的出场,元宵节主题活动正式开始了。

从"群众文化"的角度看,活动质量不容置疑。先是"南桥好家风,个个软实力"的短片内容和制作水平,就很让人叫好;还有"最美家庭"颁奖,那位"孝贤楷模"黄国兴四十年如一日,精心赡养岳父岳母的举动,叩击着不少人的心;再就是杨王村老大妈们自编自演的快板书《家风家训代代传》,老大妈们穿着大红袄,手拿双快板,十分传神,喜气洋洋的表演很有感染力。尤其是主题为"新时代家风是什么"的"星级文明户"代表访谈,其内容让我对杨王村产生了更加浓厚的兴趣。

元宵节主题活动的最后一项内容是舞龙、舞狮队在村民们的簇拥下,敲锣打鼓,沿着村庄舞一圈,为杨王村新年祈福。

奉贤地区办正在杨王村挂职锻炼的姚艺喆,陪着我走进了这支热热闹闹的队伍。年仅23岁、刚从复旦毕业的小姚,其成熟稳健的程度似乎远超同龄人。我们一边走,小姚一边当起了导游。

整个村庄没有高楼大厦,而是一栋一栋的单体别墅,错落有致。房屋与房屋之间的道路宽敞整洁,绿树成荫。兰草、杜鹃、针松、木槿、三角梅等各色盆景摆放在这些别墅的房前屋后,它们各展姿色,尽吐芬芳。虽是春寒料峭之时,却觉满园春色。村中间沿河的一条主干道,取名"和谐路"。村中心沿河两翼之间有一座类似豫园九曲桥的桥,

奉贤城乡治理后的环境景观

取名"家源桥"。桥的左侧是具有徽派建筑风格的"杨王家风家训馆",右侧同样是徽派建筑风格的,也是村里最醒目的一座"杨王村村训"墙。这个村老老少少住着3790名村民。今天的元宵主题活动,不说全体出动,至少一半人都在现场。真的是"唱的、跳的、敲的、打的、说的、笑的",汇成了一片欢乐的海洋。要说穿得最鲜艳笑得最爽脆的,就数村里的那群老大妈老大爷了。我脑子里想,这样的村庄才是真正意义上的"幸福苑""桃花源"。

小姚只是村里的一名挂职干部,可眉宇之间洋溢出的自豪感,好像这就是他的家。"物质基础决定精神意识的提升。"作为年青一代知识型的干部,小姚介绍说,杨王村物质生活已经走在全国乡村的前列,如今更多是在精神层面上不断地追求。作为全国文明村的杨王村人,以"贤文化"建设为基石,以"好家风好家训"培育为抓手,以争创"星级户"为平台,以此涵养社会道德,引领时代风尚,让文明"香风"吹进各家各户,吹遍全村的角角落落。

杨王村人从儒家思想中精取出"忠孝仁义、礼义廉耻"八个字,然后化开来,修订出上接"天气"、下接"地气"的一系列村规民约、村风村训与家风家训,作为"星级户"的参评标准。评选时按高到低依次扣分,评出"五星""四星""三星"和"无星"。结果出来后,大会公布,并将"星级牌"张挂在各户门前的显要处。评比实行升降制动态管理,以"示范户"促"后进户"。"杨王村百姓大舞台"上关于"追星族"的故事,便通过"快板书""三句半""相声""小品""地方戏"等各种文艺形式,生动地展示在大家面前……

人之所以区别于其他动物,或许是因为两条腿站立,相互直面对方,而产生更多的可比性。正常思维的人,一般都不甘于人后。杨王村宣布"星级户"评选活动至今,全村926户人家全都参与进来,参评率达到100%。杨王村人人都是"追星族"。

当我即将作别杨王村,走出那座雄浑的城楼时,忽然看到城楼正面两旁分别刻有:"全国文明村""全国生态村""全国幸福村""全国十佳小康村""中国美丽村庄""中国特色村""中国最美休闲村""中国村庄名片"……

此刻,杨王村村中心"家源桥"桥头那几行浮刻在杨王村村训墙上的白银黑金字,又逐字显现在我的眼帘:

勤劳、智慧、进取、和谐。

不怕艰难、昂扬向上的精神状态；

大胆实践、勇于创新的务实作风；

敢为人先、争创一流的时代风范。

我自言自语道：这张"中国村庄名片"打出去，是奉贤的光荣，是上海的光荣，也是中国的光荣……

"十月怀胎"出"贵子"

"唯有透过心灵和感官的沉静，并且让内心意识得到高度的集中，才能体验到喜怒哀乐意义上的本体。"这是我多年来的行事风格和写作习惯。

我在奉贤三天的采访，地区办的同志把我的行程安排得满满当当的。"和美宅基""水天一色""十字水街 田字绿廊""一川烟雨万家灯火""东方美谷"……今天的奉贤有好多这样美丽的词汇，且都是奉贤人实施"乡村振兴·社会治理"战略后这些年从这片热土上生成的。我想，光靠老中医"望、闻、问、切"那套还不够。奉贤区域有着733.38平方公里，每个点的跨度很大，我得点对点不停地跑，去实地感受这些美丽词汇的实质景观。

习近平总书记说："幸福都是奋斗出来的。"诚然，任何一种良好事物的产生与秩序，总是建立在一套有效机制或措施的基础上的。

子曰："里仁为美，择不处仁，焉得知。"孔子说，住的地方有仁者做邻居最为美好，选择居所却不同仁者为邻，这不算智慧的人。有什么事应该多听听这位仁者邻居的，这就是"熟人社会"。这种"自治"模式，在中国这片土壤上存在的时间可追溯到2500多年前的春秋时期。

杨王村的"星级户"评选，依据的是村规民约和村训。这些村规民约，实际就是一种自我管理、自我约束的"契约"。从消极的层面理解，也就是制约个人行为的一种"紧箍咒"。这种"契约"作为长期存在农村社区的"草根宪法"，融乡土性与现代性、道德性与契约精神于一体，在农村社会发挥着"柔性治理"的重要功能，能解决一些政府难以管理、难以管好的社会问题；有助于打通社会治理的末梢神经，为撬动乡村振兴内核起到助推作用。

然而，不知何时开始，领导讲话越来越长，机关公文越写越长，由"秀才"执笔制定的村规民约也跟着越定越长。这些缺少"民味"且冗长教条的村规民约，只能束之高阁，少有问津。

"打破旧秩序，建立新章法"，这是振兴乡村刻不容缓的要务。2018年，正值村委会换届选举，换届后的村干部，普遍趋于知识化、专业化、职业化，是名副其实的一代新人。几乎同一时间，奉贤区出台了一个《"沉浸式"办公的实施意见》，让机关、事业单位干部和工作人员，主动走出办公室、走进宅基地、走入村民家。这些"沉下去、放出去，不在领导鼻子底下"晃动的干部和工作人员，年终考核看什么，看"干部腿上的泥"，看"村民碗里的肉"。

不破则不立。奉贤区以此为契机，将完善优化村规民约作为乡村治理的切入点和突破口，制定出台一个《实施"美丽乡村·美丽约定"行动指导意见》。"意见"强调，新的村规民约统称"美丽约定"，每一个村、每一份约，一定是以村民参与、村民制定、村民遵守的方式，将全区所有的村规民约来一次再升级，以达到用"村民的话"管"村民的事"，变以往的村规民约"挂在墙上"为"装在心里"。

因此，在制定"美丽约定"的时候，各村广开言路，开门纳谏。由曾经一副"替民做主"的做派，变成"由民当家"的口吻。区领导还特别要求：每个村的"美丽约定"务必控制在十条以内，正反面印在一张A4纸上。避免以前站在管理者的角度"写得多""定得细"，最后是"记不住"。今天的"美丽约定"是所有村民通过座谈会、宅基课堂、党建微家、生活驿站等阵地的"百家谈"并经过少则"三上三下"、多则"七上七下"的精磨细琢制定出来的。

民间有一句谚语："一鸡鸣三省，隔壁不同俗。"各村围绕经济发展、生态宜居、乡风文明等，形成自己特有的"美丽约定"。这些由集体智慧凝练的"美丽约定"，已经远远突破了村民的生活秩序和遵纪守法范畴的本身，延伸至每个乡村，成为每个村民生产生活、发家致富的一种践行方法与行动的指引工具……

"五子登科"百花红

"人民，只有人民，才是创造世界历史的动力。""美丽约定"

相继制定出台后，为了使这些约定条条落地，奉贤区各村镇开动脑筋，想出各种有力的举措。我把它归结起来叫作"张面子、抽鞭子、发票子、通肠子、动刀子"的"五子登科工作法"。

先说"张面子"。在全区2300多个村民小组最显眼的位置，就竖立着一块"美丽约定公示牌"。每个公示牌上张贴着本小组成员在过去一季度里的履约实况。各村都有"执约巡查队"，对村民遵守"美丽约定"情况如实评定。按"守约"与"违约"划分，在公示牌上贴上"笑脸"和"哭脸"。"笑脸"有奖，"哭脸"则罚。

"笑脸""哭脸"就是"面子"。其实"面子"就是一根无形的"鞭子"，它抽在脸上疼在心里。

再说"发票子"。凡人都吃五谷杂粮。多数村民都是很朴实的，他们爱面子，也不乏讲实惠。吕桥村把参与垃圾回收写进了"美丽约定"。凡是积极参与并排名前50的村民，每次可获100元奖励金。钱不算多，却激发起一村村民对垃圾回收活动的积极性，吕桥村当年就有400户村民主动参与到垃圾回收活动中来，收集可回收垃圾超过15吨。

还有"抽鞭子"。如"出具各类支部、村委盖章的证明时，将如实反映违约事实""违反约定拒不整改的，纳入村级黑名单，不得参加任何评选活动"……类似这样的规则，"白纸黑字"写在村规民约里，还是头一回。不仅落在"白纸黑字"上，还必须落在行动中。梅园村一个农户的儿子在入党政审时发现，这户人家有沿河乱搭乱建行为且拒不整改，违反了村里的"美丽约定"，村委就在政审表里如实写明这一情况。这户农民得知后急出一身汗，立即找到村委，并连夜拆除了违法建筑。

"美丽约定"就像一根高悬在灵魂深处的鞭子，时时提醒与制约着每一位村民，时间一长就习惯成自然。因为"习惯"是"养成"的。

至于"通肠子"与"动刀子"，字面一看都明白。有些问题将出未出的时候，大家相互拉拉袖子，党支部、居委干部上门"照照面"，"肠子里的结"也就解开了。因为"约定"来自大家，也是为了大家，真正硬扛死磕等着"动刀子"的其实不多。但"立法"必须在先。

也有一起因为宅基地动迁款的事，兄弟俩闹到了奉城法庭。法官拿出兄弟俩所在村的"美丽约定"，按照其中"和睦家风"的条款，几经上门，释法明理，耐心调停，最终以调解的方式熄灭"战火"，既化解了矛盾，又守护了手足之情。

"紧箍咒"成了"定心丸"

我一直在想,"美丽约定"这个词汇的创意者太有想象力了,可谓是神来之笔。说破天就是一纸契约,明明是一根绳子或叫鞭子,也有人称其为"紧箍咒",它就是约束人的一种工具,怎么就美丽了呢?

当你走进今天奉贤的乡村,亲眼看到村民们由"美丽约定"所带来的"获得感""幸福感",你就会感受到这份"美丽约定",就像是冬日里老人的一件"小棉袄"。

为了做到"有效保温",这件"小棉袄"夹层里的宝物很丰富。比如,在乡村治理、区域发展中推动退建还绿、修复生态,推进土地流转、壮大集体经济;又比如,当上海城乡发展进入新阶段后,"美丽约定"有效地激发了村民自治的内生动力。尤其在农村环境综合治理、拆迁拆违、农村水利等村民关心的村级公共事务上,有效调动了大家参与村务管理、自我管理、民主监督的积极性。

曾几何时,多少外地人在谈论上海人时,总用"斜眼看人"来形容。当今天那些外来务工、外来租住人员,也被一视同仁,有了"发言权""举手权",找到自己归属感的时候,他们即刻迸发出一股新的能量与创造力。"但使主人能醉客,今日他乡即故乡。"这股"即把他乡当故乡"的暖流正在奉贤的乡村涌动!

在岳和村,年轻的女村主任陪着我从宅基地到黄桃、葡萄种植园,从"党群微家""小书屋"到村民活动中心,一边走,一边滔滔不绝地介绍着"美丽约定"给村里带来的好处。年轻的女村主任满脸的自豪感。女村主任笑盈盈地告诉我,她是外村嫁过来的。当时岳和村还很穷,家里对这门婚事并不十分乐意。我打趣说:"是看上岳和村的白马王子了吧?"她笑笑说:"现在娘家人都说我有眼光……"

"主任,过来一起吃瓜子花生吧!"

循着声音望去,一群满脸洋溢着"幸福感"的大娘大妈,正在和煦的阳光下说说笑笑谈天话地,见到女村主任走过来,便亲切地招呼起来。

"有志不在年高。"换句话说,"有作为者不在于年龄。"无论在岳和村、卫季村,还是吴房村,这些年轻的村支书、村主任,普遍都被村民叫好。

看到村委会大门口那块"美丽约定"公示牌,我快步走过去想看看上面的"笑脸哭脸",上下左右找了几遍,竟没找到一张"哭脸"。我没追问为什么,心里却有一阵暖流涌动。当我转身时,又闻对面那群大娘大妈传来一阵爽脆的笑声,就像一阵春风拂过我的脸……

"阅尽都市春色,还是乡村姣好。"今天的奉贤乡村远不止"耕者有其田,居者有其屋"的幸福指数了……

"逐梦人"与"圆梦人"

"人民对美好生活的向往,就是我们的奋斗目标!"奉贤区的各级组织把总书记的这一庄严宣誓,作为每一名共产党人的终身使命,牢牢地刻在心里。

在生活驿站感受那抹夕阳的温馨

"邋遢冬至干净年,干净冬至邋遢年。"那些稍有自然常识的人,对虎年的"邋遢"新春早有预感。因为牛年冬至那天晴空万里,冬阳和煦。其实老祖宗从诸葛亮"借东风"那会儿就开始明白,大自然二十四节气与一年中的雪雨风霜、阴晴圆缺早有定律。

人,作为大自然的生灵之一,更是逃脱不了生老病死这种客观自然规律。因此,老有所养,老有所依,老有所乐,就自然成为渐渐走进老年一族者所思所虑的要务。

正月十六这天,天公很给面子。已过耳顺之年的我,在温润的阳光陪伴下,走进了奉浦街道生活驿站。街道服务办老龄条线年轻的负责人张丽小妹妹,早早就候在了生活驿站的门口。张丽一张喜气的娃娃脸,如同今天的阳光一般暖心化人。她一边把我迎进驿站,一边向陆陆续续走进驿站大厅的大爷大妈们频频打招呼:"王奶奶早!张爷爷好!……"小张首先把我领到一幅"驿站功能图"下,向我介绍奉浦生活驿站内的基本布局和功能。

这张布局图分三大块,驿站分别设有多功能室、舞蹈室、阅览室、慈善超市、日间照料室、康养室、助餐区、日照小院、音感体验室、记忆教室、咨询室、乒乓秋室、亲子室、暖心家园、居家养老服务中心等。接着,小张陪着我逐个参观这一个个功能区。几乎每一个功能区都有活跃的身影,男女老少各取所需。我首先被驿站这些一流的设施设备所惊叹，并即刻对奉浦的村民、居民生出几分羡慕之情。

在小张的引导下，我们来到三楼的"认知障碍症"康复中心。中心主任范春英一身白大褂，热情地介绍起"认知障碍症"和康复中心的情况。认知障碍症是包括阿尔茨海默病在内的一系列脑部退行性病变，高发于65岁以上的人群中，表现为不同程度的失忆，思考、逻辑，语言障碍，甚至日常不同能力的丧失。据不完全统计，在弯道超车、急速转型、全民焦虑的今天，中国"认知障碍症"患者已超过1000万，并继续快速攀升，当前患者数量已在全球排名第一。

范主任指着一群穿着花红柳绿、喜气洋洋、正在包汤圆的大姐，压低声音对我说，在我左边的这些是轻度患者。她们昨天没时间，"十五的月亮十六圆"，今天在这里"补过元宵节"。接着指导我体验这里面的一件件康复器材，有平衡肢体的，有舒缓心脏的，有放松神经的，等等。张丽妹妹和范主任把我带进一间"音响感应疗愈系统"康复室，做了特别推荐。这是一种由声频音乐、疗愈方案和多功能音响座椅三种功能组成的康复功能器材。它通过人体经络、血管传送频率，使细胞产生共振和声频波动能量，从而使人体得到放松，解除身体的紧张状态。因此，当人躺上椅子后，打开开关，随着音乐，你会全身舒缓很快进入梦乡。

你拍一我拍一，抛开烦恼别生气；
你拍三我拍三，心无挂碍天地宽；
你拍五我拍五，开心就把星星数；
你拍七我拍七，生活美满又如意。
……

随着童趣一般的声音，范春英主任把我引到了康复中心的右侧场地。就见一名身穿红色风衣、扎着小马尾辫的年轻姑娘，用天真稚嫩的表情和甜美的声音，领着一群爷爷奶奶在做"拍手游戏"。那股神情，俨然像幼儿园的老师领着一群天真无邪的孩子唱儿歌。范主任介绍说，这一片是重症区。领着做游戏的和旁边做服务的这些小姑娘，都是有着高学历被特招进来的，她们都很专业、很敬业，平时就"爷爷奶奶"地喊着这些老人，老人们也都把这些姑娘当成自己的孩子，相互之间很是默契。别看眼前这些大爷大妈好好的，一旦发起病来，好几个人都招架不住。

奉贤吴房村村落一角

"你们这项工作真的不容易！"我对范主任和她的同事们顿时产生深深的敬意！

"这些老人平时每天谁负责接送啊？"我好奇地问范主任。范主任回答说："通常有子女或其他家人接送，有特殊情况的，我们有专车负责接送。"

"这种包吃、包管、包医、包接送的'养老院'，收费一定很贵吧？"范主任说："我们是纯公益的社会服务保障中心，不营利，每天只收30元外加一顿午饭10元，完全靠政府托底的。街道领导对我们的服务中心养老这一块的职能定位，叫'不离寝、不离亲、不离情式养老服务'……"

不知不觉，一上午就过去了，小张和范主任笑盈盈地说："何老师，到午饭时间了，尝尝我们驿站食堂的'老人饭'吧？"我正想体验一下这10元一位的午餐。小张与范主任两人抓碗拿盘，麻利地将"体验餐"端到我面前。无刺红烧小鱼段、肉末炒茄子、清炒菜心，一碗米饭，一份紫菜蛋汤，外加小馒头，挺爽口，"有牙无牙"都好吃。

午餐后，离下午转场采访还有1小时，小张她们建议我就在"音感疗愈"康复室的椅子上小憩。我觉得主意不错，她们帮我调好椅子，打开音乐开关，我开始闭目养神。

两至三分钟后，耳畔好像听到海浪的声音。声音越来越近，紧接着远处传来海鸥鸣叫，一声两声，接着就是群鸥争鸣。这时候，我好像躺在蓝蓝的大海上，海风微微地吹拂着脸颊，小船在轻轻摇着，觉得自己与天海已经融为一体。不知道过了多久，海浪声与鸥鸣声渐渐退去，随之而来的是眼前出现了一条小溪，溪水潺潺。溪的四周绿树成荫，挂满各种瓜果，喜鹊、画眉、黄莺各种珍禽鸟类的啼叫声，相映逗趣。我躺在溪水旁的一棵大树下，静闻泉声叮咚，百鸟歌唱……泉水流淌的声音和百鸟朝凤的声音，渐渐远去，我也醒来了……我这个平日"午休"不超过5分钟的人，睡了个最长最美的午觉。

当我即将走出生活驿站，回首望着大厅里那群谈笑风生的大爷大妈时，我感受到了那一抹夕阳的温馨。我感叹道："是啊，爱心是可以融化坚冰的。""灵魂废墟"也是可以重新燃烧起生命之火的……

"大夫"就在家门口

四团镇是离奉贤区机关最远最偏的一个镇，但我却在这个镇的社区卫生服务中心感受到了一种最暖心的生命温度。

我们已经记不清"银行自助存取款一体机"是什么时间遍布大街小巷的了，但你见过"自助就医智能机"吗？

"医生，我拿到药了，是这个吗？怎么吃？"站在一台机器前举着手里的药提问的，是住在四团镇前哨村锦港佳苑的王阿姨。对面与王阿姨视频诊疗的医生，正是四团镇卫生服务中心副主任、家庭医生徐秀红。

"对的，王阿姨，就是这个药，按照你目前的身体状况，先一天一粒吃起来，平时注意晒晒太阳，院子里慢慢地多走动走动……"视频里的徐秀红医生，如同亲闺女一般和蔼亲昵地叮嘱着王阿姨。

前哨村距镇卫生服务中心位置偏远，给村民尤其老人求诊问药带来诸多不便。两年前，前哨村村卫生室作为全区首个村卫生室标准化改造试点推进后，成功地建成了"智慧村卫生室"。别看就这么一间仅有 60 平方米的智能诊室，其中智能自助检测、智能药房、自助挂号等，一应俱全。

王阿姨今天走进这间"智慧诊室"不足 10 分钟，就完成了血检、问诊、购药全套服务，还得到了家庭医生十分温馨的医嘱。我带着新奇感，站在"智能诊室"一侧细细观看，王阿姨走出诊室后，张大爷、李大妈，不少老年人陆陆续续进来，熟练地操作智能机器，检测、问诊、取药，与对面视频里的家庭医生挥挥手，说声"谢谢医生"，高高兴兴地走出诊室……

类似的"智能诊室"是奉贤人本着"生命至上"的理念，以普及家庭医生、关心居民健康的办法，在四团镇先行推出的。据统计，四团镇家庭医生签约 35.75 万人，重点人群签约 17.9 万人，签约率达 83.54%。

与此同时，如同前哨村的村民一样，全镇村（居）民通过家庭医生，小病在本卫生中心自我消化，大病依具体情况，由镇卫生中心直接延伸至市任何一家三甲医院进行远程或现场诊疗……

"大夫就在家门口！"这是四团镇的村（居）民从生命的"安全感"中体会到的最大幸福感……

"东方美谷"有一个"圆梦行动"

书法家最有体会，"人"字一撇一捺看似很简单，但无论"真、草、隶、篆、行"，要想写好都非易事。而在哲学家的眼里，这一撇一捺就是一个世界，一个相互支撑、共依共存的世界。奉贤人深刻领悟到这条真理。

奉贤有一个社会知名度很高的主题活动，叫"东方美谷·风雨彩虹——圆梦行动在贤城"。这个活动的主题词叫"献一份爱，圆一个梦，暖一座城"，很暖人心。

"东方美谷"这么一个优雅而响亮的名字，是智慧的奉贤人用来打造和包装产业品牌所起的。可以断定，这个名字的创意者，就是将整个奉贤或者是上海这座超大型城市，当作一个"东方美谷"。继而，也就有了"东方美谷·风雨彩虹——圆梦行动在贤城"的主题活动。

"圆梦行动"，从个体与大众的"小微急难愁"开始，延伸至"世界有多大，梦想有多远，圆梦就有可能"。每个个体和集体，通过"圆梦行动"可以实现帮助他人的愿望，同时也可以得到他人帮助的梦想，真正体现出"人"字相互支撑的内涵。

"圆梦行动"将奉贤的个人梦、家庭梦、农村梦、城市梦紧紧相连，构建起了以"梦想"为纽带的贤城命运共同体。仅最近三年间，南上海万余干部职工、爱心企业、爱心人士和社会组织参与至行动中来，累计为市民（村民）圆梦1.3万多个，32万人次从中受益。央视等各大媒体的一些名嘴和文学创作、舞台影视表演艺术家纷至沓来，参与圆梦，为"圆梦行动"摇旗呐喊，使"东方美谷"形成了一股"圆梦文化"。这种"圆梦文化"经过时间的打磨和儒家思想与新时代文化的渐渐注入，以致"圆梦文化"内涵不断提升，让这种"圆梦精神"辐射空间一再向外拓展。"东方美谷"内核的热量在裂变，贤人辈出的贤城人，正以自己特有的方式在"筑梦"路上前行，让老百姓找到真正的幸福感和获得感。

春风十里贤城梦 难忘十年"拓荒人"

一直持续多年关注"三农"问题的中央一号文件，2022年直奔"全面推进乡村振兴"主题。显而易见，当第一个百年计划尤其消灭"绝对贫困"之后，"三农"问题的重心，已经转移到乡村振兴这一时代主题上。

寻找"振兴"的源头活水

奉贤区"乡村振兴战略"是在党中央提出"第二个百年奋斗目标"之际开始实施的。两年多来,通过"生态村组·和美宅基"创建,在改善农村生态环境、人居环境等方面取得了突破性进展。

然而,区委、区政府却在"如何解决集体资产壮大、农民增收、区域经济动能提升",尤其在"一个宅基、两个老人、一个梦想"这幅乡村振兴战略蓝图上,再做一篇大文章。

新春伊始,2月12日这天是南桥镇吴塘村村民胡耀军值得高兴的一天。这天的奉贤区"乡村振兴宅基地资产化、股权化、市场化专题推进会"上,区委书记庄木弟将一本《宅基地股权证》亲手颁发给了他。由此,胡耀军成为奉贤区首批获得流转宅基地"股权证"的农民之一。

庄木弟书记在给奉贤颁发农民第一批"股权证"证书后的那一刻,眉宇间现出几分欣慰。他想,加快宅基地改革是乡村振兴的关键一环,在确保农民"离地不失地,离房不失房"的前提下,政府创造性地提出并实现了宅基地权益资产化、股权化、市场化的跨越式转变,为解决农民相对集中过程中空置房产和结算剩余资金,提供了有效的增收途径。农民有了"获得感",政府就有"幸福感"。

区委层面的领路人扛起了"拓荒锄",敢在一些敏感问题、深层次问题上,掀开第一层"冻土",基层村组也就有了方向与底气。卫季村何国钧书记坦言:"随着时代的变迁,乡村治理与振兴的多样性与成长性客观存在。相比较浙江、江苏这些邻居,上海的新农村建设起步稍微滞后。"他拿卫季村举例说:"过去我们的村民各自为阵,闲置土地、闲置房屋无章无绪,外来租户始终把自己当作'外来户',没有'日久他乡是故乡'的思想。"因此,"改变农民思想意识,盘活与整合乡村资源,打通农民思路上的最后一公里",是实施乡村振兴战略部署最难,也是最重要的一环。

何书记介绍说,现在卫季村就把盘活闲置宅基地和闲置住宅,作为实施乡村振兴战略的重要切入点,将盘活存量宅基地资源用于创意产业、总部办公、人才公寓等,并结合卫季村自身实际,因地制宜,探索出了"集体增资与农民增收"的一套新机制。

就此,在地区办发给我的资料中,我找到不少相关的数据。

如"1+3"盘活资源平台。所谓"1",即设计宅基地"政策超市",提供流转利用、置换上楼、平移归并、货币置换、股权置换等多元化政策,让农民自主选择最符合自身利益的政策产品。"3"则是成立投资公司,推动农村集体资产配置和管理从零散到集中;成立建设公司,实现置换、归并的宅基房屋品质提升;成立经租公司,提高宅基房屋经营、流转等服务水平。

这个资源盘活平台构筑之后,一是盘活了宅基地用于民宿经营的方式。比如,利用闲置宅基地农房、闲置集体建设用地等资源,依托当地自然景观、生态环境、人文风情及农业生产活动,为游客休闲度假、体验当地风俗文化提供住宿、餐饮、农副产品展销等服务,既保持乡村传统风貌,又体现当地生活特色。农户可结合自身实际选择流转方式,可自行协商流转给民宿经营者,也可以统一流转给村集体经营或对外招商经营。

二是盘活了宅基地用于打造"三园一总部"的规划。将"三园一总部"(一庄园一总部、一公园一总部、一庭园一总部)作为打通绿水青山与金山银山的有效路径,充分挖掘乡村自身禀赋资源优势,借助市场推力,通过引入工商资本和人才,实现产业要素在乡村适度规模化聚集,形成农村庭院总部经济发展模式。

三是盘活了宅基地用于打造乡村人才公寓的需求。充分发挥毗邻工业园区的区位优势,结合美丽庭院创建,通过盘活闲置宅基房屋,打造"乡村人才公寓"和"星公寓",既增加了农民的收入,又解决了周边企业职工租房的需求。

这三个"盘活"所带来的直接作用就是共享红利,实现村民财产性收入大幅提升。农户按照传统方式出租一套自有住宅年收入仅2万至3万元,通过流转改造后出租,租金大幅度提升。比如金汇镇益民村与农户签订15年的流转协议,租金每平方米每五年递增0.1元,平均每户每年租金收入可达10万元。青村镇吴房村以"租金+股金+薪金"模式,将空置宅基地投入产业经营,推进"守护家园"计划,明确餐饮旅游服务、安保、养老服务等岗位优先录用本地农民,实现家门口就业,让农户获得流转、分红、就业三份收益。柘林镇支持农民将集中居住后多余的宅基地面积货币化,再投资入股镇级资产经营公司,通过运营优质物业资源,实现分红增收。该镇推出奉贤检测大楼4000

万元权益项目,权益项目分为800份,每份5万元。项目的认购周期为3年,每年按照保底5.5%的收益进行一次分配,农民的那份"获得感"一下子洋溢在脸上。

其次就是改善村容村貌,提高人居环境质量。通过宅基房屋的成套改造,特别是对邻近宅基房屋进行小组团的布局调整,形成江南水乡民居的风貌特色,同时解决了农民房屋年久失修的问题,消除了原来农村出租房存在的私接电线、厨卧不分等居住安全隐患,降低了农村社会管理成本与治安风险,农民居住条件得到了明显改善。

再就是承载城乡融合功能,让农村焕发新气息、新活力。通过打造人才公寓等方式,园区企业人才从过去较为拥挤、工厂化宿舍式的居住空间,搬到了环境幽雅舒适、乡村田园宜居的农村社区。优秀企业员工与村民一起居住,年轻人日益集聚,既规范了外来人口管理和农村社区基层治理,又为农村注入了活力,推动了新型农村社区的逐渐形成,改变了原来农村以老人居多、老龄化严重的状况。

这就是奉贤区"以宅基地制度改革为牵引,释放农村农业发展活力,把农村碎片化资源转化成优质资源,发挥整体效应,为村集体与农民共同增收的新路"。这是智慧的奉贤人在乡村振兴战略的道路上,找到的"源头活水"。

……

奉贤盛产黄桃。在吴房村挂职锻炼的程媛小妹妹,伸出玉指指着周围那片中式民居的木质窗棂对我说:"您要再过一个月来,不管您住在哪栋房子里,躺在床上,就能欣赏到桃花盛开的美景。"

驾车离开吴房村时,就见后视镜里那些镶嵌在桃林之间的一栋栋民宿,粉墙黛瓦熠熠生辉。道路两旁一望无际的桃林,在微风中轻轻摇曳,像初恋的少女,羞涩地轻轻摇动小手……

"小桃庄,看红妆。相顾不语,醉倒情郎"……此刻,我的脑海里仿佛呈现出程媛小妹妹和吴房村的那群姑娘,就站在前方这片桃树林中,人面桃花相映红,美得不可方物……

"垃圾问题"成了一个"美丽的童话世界"

18世纪时,法国化学家拉瓦锡有个"物质守恒与不灭定律"。这个定律指的是"不论发生何种变化或过程,其物质总量不变"。

垃圾的源头其实都是上苍赐予人类的必备物资。人类使用物资之后没有合理利用而产生了垃圾。这不符合大自然的初衷,也不符合拉瓦锡理论的原则。人杰与人渣虽有一字之差,但本源还是"人"。"人渣"有"浪子回头金不换"之说。垃圾自然可以变废为宝。

我一直有个观点,"垃圾与公厕",是一家宾馆、一个村庄、一座城市的名片。如今在奉贤的城乡,环顾四周,你可以看到花红柳绿、荷塘月色,可以听到百鸟调情、莺啼蝉笑。但你无论在村口还是在河旁,却闻不到垃圾异味,看不到垃圾身影。敢为人先的奉贤人已经初步建成了一套"垃圾分类收运和利用体系","工业固废"与"生活腐废"都能变废为宝,奉贤正在向"无废城区"有序推进。

"三色鸟"与无人机并驾齐驱

在四团镇有一个叫"三色鸟"的名词家喻户晓。他们分别是"啄木鸟""百灵鸟"和"飞燕群"。其实这群"三色鸟"是由四团镇社会事业服务中心通过部门整合,组成的3支志愿服务队。这3支队伍共有55人,经过细化分工,采取"三管齐下",助力垃圾分类由粗分到细分,再到变废为宝合理利用。

"啄木鸟"驻村队,是由镇社会事业中心市容环卫条线的全体党员职工组成的。这支队伍以"下沉式""零距离"的服务模式,深入基层一线,分组协助24个村、10个居委进行垃圾分类现场指导。

他们使尽啄木鸟的"眼力"与"啄力",不放过一个疑点,"对标对表",对照垃圾分类指标完成情况,实施场所宣传氛围,分类相关设施建设,源头分类实情,居住区分类垃圾厢房、分类垃圾桶是否完好,分类收运、中转服务等实况,"精雕细琢""对症下药",严苛督查。通过制订针对性的整改方案,每月形成专报,阐明现象与问题根源,并落实整治责任,明确整改时限,使各个点位的垃圾分类工作,由被动形成自觉。

"百灵鸟"宣传队,是由文广条线工作人员组成的。这支队伍的主要职责就是做好垃圾分类的宣传推广,让"垃圾分类的好处"深入人心。聪明而喜气的"百灵鸟"们,各自拿出手中的绝活,用小品、歌曲、地方戏等百姓喜闻乐见的表演形式,走村入户,将利国利民的垃圾分类与变废为宝的相关知识,传递给广大居民群众,营造起"人

奉贤"美丽乡村"建设后的城乡外景

人参与垃圾分类,共建醉美幸福小镇"的浓厚宣传氛围。

"飞燕"服务队,是由社会事业中心原班子成员组成的,主要开展内容多样的志愿服务活动,包括环境整治、爱国卫生、健康教育等。这支身穿红马甲的"飞燕"服务队,所到之处必是干净整洁,焕然一新。附近的单位居民也受此影响,纷纷加入"飞燕队",一同为"醉美四团,幸福小镇"贡献自己的一份力量。

四团镇的"三色鸟",绕着每个村落,贴着每个村民,为了这片土地的水清岸绿与家园幸福,每天都在辛勤地工作着。而庄行镇、奉浦街道却用起了"仿生"的无人机,在空中安装上了一双双眼睛。

一年前,随着春天的哨笛吹响,桃红柳绿、蜂飞蝶舞,引来了一对对一拨拨的情侣游人。游人或游兴忘情,便将瓜果皮核、纸巾套袋等垃圾,随手一扔,一些村民见此不便多管,也跟着开始"随手扔"……

如何遏制小区内小包垃圾乱扔现象回潮?这两个街镇领导认为,光有"陆军"还不够,还应该组建一支强大的"空军"。于是"无人机垃圾分类巡逻队"在庄行镇和奉浦街道等街镇成立了。

"空中巡逻队"发挥其特有的优势,每天采用"空中广播"和精准的"空中千里眼","不留死角无盲点"地宣传垃圾分类知识与要求。同时让每一个不雅的举动暴露在"千里眼"之下,实时广播提醒居民将垃圾投放至指定的投放点,让居民知悉乱扔垃圾会受到怎样的处罚,使不守规矩者无处遁形,补齐了人工宣传的短板。

如今每当无人机在空中巡逻,村民们就觉得头顶上有只"吉祥鸟"在飞。蓝天白云下,一个个村落,一片片桃林,更加洁净幽雅,一派祥和……

厨余化"春泥",露台花锦簇

在海棠社区的一座座露台上,放眼望去就是一片开放式共享花园。

这些四季常青、百媚动人的"花园",以绿色廊道、自然步道、香草种植、植物标本、租箱认养和认知分享等为主题,其中,根据不同年龄、不同季节、不同植物,分小苗成长、社区乐耕、植宠到家、五福堂四个类型,各领其道,各显其能。

这些露台上总有一处藏着一个"宝屋"。小区产生的厨余垃圾来到这里,"藏"进这间"小屋",让湿垃圾不出家门,并经过时间的打磨，有的变成了堆肥，有的变成了酵素，许多居民利用它的"产物"来种草种花。其实，这间"小宝屋"就是每个露天开放式"微花园"里的堆肥箱。

有了堆肥箱，"微花园"既减少了垃圾投放，还消除了异味，更引发了居民对垃圾分类的兴致。居民自觉地把各自在家中或是小区里收集到的湿垃圾，如枯叶、枯木、剩菜、剩饭等，送进"小宝屋"。它们在"小宝屋"里修行一个月到一个半月后，忽然身价大增。居民纷纷利用"宝物"在一块块露台上种植各类花草，小小花园培植出的，不仅是花卉绿植，还有对绿色环保的热爱。同时，还在这些丰富的休闲活动中，建立起融洽的亲子和邻里关系。他们其乐融融，一同分享生活，分享收获，分享快乐。一花独放不是春，百花齐放春满园，海棠社区的露台花园模式，如今已经逐步辐射到奉贤的各个街镇社区……

垃圾箱成为乡村一道新景观

从杨王村、岳和村、卫季村、吴房村、青溪村一路走着，我特别留意每一处能为乡村文明代言的垃圾桶、垃圾房。

清溪老街上有一座回头率很高的徽派建筑，很是别致。我是栖伏在古徽州的土地上长大的，因此对这座徽派建筑也就随意瞭一眼过去。待我们走完一圈老街，回头再路过这座徽派建筑时，青村居委副书记赵炜介绍说："这个是清溪老街的垃圾房。"我随口"啊"了一声，说："原来是座垃圾房啊，我还以为是谁家开的小吃店，真干净，还有些香水味！"赵书记接过我的话说："我们平时就是要求相关人员，像擦拭餐桌餐具一样擦拭垃圾桶、垃圾房的。"

"像擦拭餐桌餐具一样擦拭垃圾桶、垃圾房！"赵炜副书记这句话，让我想起了古希腊的一句谚语："罗马不是一天建成的！"今天的奉贤，之所以乡村的垃圾桶、垃圾房，能像餐桌一般洁净，正是一面镜子，折射出这个地区在乡村治理与振兴战略中，所付出的辛勤劳动……

海湾镇靠海，位于奉贤南部郊区的最南端，拥有万亩国家森林公园、碧海金沙等著名旅游景点。就在这样一块锦绣之地所吸引我注意的，恰恰是沿路两旁和公共广场的一只只废物回收箱。

想象力极丰富的海湾镇人，为进一步加强区域的精细化管理，推进生活垃圾全程分类体系建设，提升区域公共空间环境整体水平，他们把道路两旁、公共广场等场所的废物箱,同迪士尼卡通人物形象糅在一起设计。这种采用亚克力板制成的"废物箱",分别设有圆形、扁形和梅花形三种异形投放口,分别用于投放金属、废玻璃、塑料袋和废纸张、包装盒等。废物箱外表那些迪士尼卡通人物形象上,正是关于废垃圾投放的文字说明,旨在吸引市民目光,正确投放各类垃圾。

海湾镇人把垃圾分类的工作可谓是做到了极致。就这么一个小小的创举,如今当你在海湾镇的道路上穿行,在广场上徜徉,你仿佛就像进了迪士尼乐园,米老鼠在向你挥手,唐老鸭在向你微笑,你会觉得逸趣横生,身心放飞……

"文化",为乡村振兴照明开路

奉贤这块宝地,历来尊贤崇文。相传孔圣人七十二贤人中排第九的言偃下江南传道的最后一站,就在奉贤古地,深得当地尊崇。由此,为敬奉贤人而得"奉贤"之雅名。

由此我想到,从瑞金苏区办夜校到延安时期的"夫妻识字",再到领袖题词"没有文化的军队是一支愚蠢的军队",号召全党全军全国人民开展扫盲运动。中国共产党人从建党之初就开始认识到,"文化"是唤醒东方这头睡狮的内动力。

兵家讲"兵马未动,粮草先行"。而我们讲"乡村振兴,文化引领""经济唱戏,文化搭台"。懂得崇文重教的奉贤人,深刻地认识到这一点。这次奉贤之行,我首站就在杨王村接受了一次"新时代'家风家训'大讨论"的精神洗礼。

接着在乡村采访的一路上,都能看到"新时代、新思想、新征程——新时代文明实践站"这样的大幅宣传标牌。我们暂且不论是不是地区要求张挂的一句口号,还是这些基层组织配合"乡村振兴"正在实施的一项"文化工程",即使是把"新时代、新思想、新征程"这九个字作为口号,让村民深入血液,然后慢慢焕发实践热情,也是一种春播秋收的行动。

一路走着,就见"睦邻书屋""温馨小书屋""党群微书屋"等类似的小场所让我驻足。我已经忘了是在哪个村,走进那间名为"睦邻书屋"的小屋里,就见两位长者戴着老花镜,十分专注地分别阅读着理论专著。这时,我脑海中突然想起"东方美谷·圆梦行动"中,清晰地看到的数十个"小书屋"被"圆梦"的小故事。

最让我难以忘怀的是那天在青村镇清溪老街上,有两处让我流连忘返:一个是"清溪十二坊"。这是由 12 间粉墙黛瓦的徽式建筑改建而成的,内设有书韵坊、声乐坊、中医坊、兰心坊、棋艺坊、手工坊、茶艺坊等,别有洞天,非常雅致,是一处供居民阅读、娱乐、休闲与书画艺术交流的好场所。另一处则是一个小弄堂,居委会一名叫丁洁的女大学生为其取名"清风三里"。我想仅有一个雅名还不够,得有配位的内容才是。当我走进弄堂深处时,忽觉文风扑面。一个小小的弄堂,里面深藏着古玩字画、文化书院、创意公司,且墙头院角布满了文人诗词,名家书画……走出弄堂,我说了声"清风三里,文风四溢,好名字,好地方!"

由给"清风三里"取名的丁洁,我想到如今一批批优秀的高才生自愿来到奉贤的农村任职挂职,新文化、新思想、新理念,如新鲜血液随之注入乡村,成为乡村振兴的一块块坚实的筑基石。

这是一支生机勃勃浩浩荡荡的新农村建设大军。奉贤,在用"文化"全面点亮村民眼睛,用智慧为乡村振兴照明开路。其前景,必定一片光明……

老百姓心里这杆秤

上海作家"相约奉贤"采风活动给我的题目是"社会治理篇"。题目大,且头一回写类似题材,怕是"盲人摸象"。我转念想:"社会治理的落脚点应该在人民的幸福指数上。"这样一想,我好像找到了切入点。

因为老百姓或许说不出尧舜禹三皇五帝这些开天辟地的故事,但他们心里有一杆秤,掂得出油盐酱醋的分量。

跟着车载导航,我来到了海湾镇星火世贸小区。推开车门,一束晨晖暖暖地迎面扑来。小区为高层居民区,楼与楼之间不疏不密,清一色红砖清水勾线、坡顶中西结合式的建筑,在绿茵茵的草坪衬托下,备感高档雅致。小区整洁有序,一匹长有双翼的白马,在小区中心花园蓄势待飞,让人联想到古希腊的神话。我顿觉神清气爽。

这时正好一位居民从我身边走过,我上前问道:"大姐,请问居委会在哪儿?""找居委会哪位?"大姐停下脚步转身问我。"郑书记。"

我回答说。"哦，找郑书记啊，我带你去。"大姐十分热情地招招手，领着我朝居委会方向走。

"业秀，业秀，有人找……"大约离居委会还有一丈远的路，大姐就喜气洋洋地像喊自己的亲闺女一般扯开了嗓门。

"严阿姨，您早啊！是谁找我？"对面楼道口迅速走出一位戴眼镜的女子向我们方向看来。

"您是何老师吧，前面地区办来过电话了，欢迎，欢迎！"

"您就是郑书记，郑业秀书记。"

"叫我小郑好了。"

人与人握手的一刹那，就已经测出对方几分个性。尤其是男女双方握手的瞬间。郑业秀属于思维活跃、性情豪爽、作风干练、想做事能做事的这类女性。这是我们握手时，第一时间感觉到的。

在居委会入座后，郑业秀书记招呼屋里老老少少："严阿姨、郭阿姨、小汤、小李，你们几位来得正好，坐下来一同陪何老师聊聊。"因时间关系我开门见山："地区办的同志介绍说，你们世贸小区在综合治理上有许多好做法、好经验，我很想听听。"

我这"引线"一点，在场的几位居民迅即燃放出"一树树烟花"。

"要说小区治理，我觉得头一件功劳就是小区停车。"抢在第一个发言的，就是前面为我带路的严阿姨。严阿姨说，过去小区里停车那个乱啊，你抢你的窝，我占我的巢，横七竖八，互不相让，还经常发生吵架。业秀上任以后，对症下药，疏堵结合，从源头开始治理。"只用四招，就从根本上解决了停车乱、停车难的问题。"这位"老三届"是当年下放江西的"回城知青"，脸色红润，快人快语，看不出已是古稀之年。

"说说看，哪四招？"我把眼神投到郑业秀书记身上。

"一是取消地面固定车位，所有车主按照'先到先停'原则，提高车位使用率；二是与开发商联手，整合利用地下停车库，弥补地面停车位紧张的问题；三是发动群众监督，劝阻乱停车行为，并对少数屡教不改者将其车牌号曝光公示；四是强化外来车辆的管理。"郑业秀思路十分清晰地回答说。

"停车问题"可以说是当今社会的一大"顽症"。能够为此开出"药方"使这一顽症"药到病除"，此处应该有掌声！我赞许地朝郑业秀书记点了点头。

人类饲养动物的具体历史，已无法追溯。最初是为了能将捕猎到的动物慢慢食用，先将其圈养起来，后来延伸出养鸡、养鸭、养猪、养羊……"养宠物"这个名词的出现，印象中不算久远。但它的出现，即刻使"几家欢乐几家愁"。

"我倒觉得小区治理最值得一说的是在宠物管理上。我们在座的都深有体会，过去小区里大狗乱叫、小狗乱跑，满地狗粪，时常伤人。自从组织成立小区'宠物俱乐部'，尤其开展'寻找最美养犬人'活动后，小区养宠规范多了，大家都来争做'最美养犬人'。"

说这通话的是今年70岁的郭阿姨，她就是小区"宠物俱乐部"的负责人。"管人"需要智慧，"管物"尤其是动物自然也是一道难题。郭阿姨说世贸小区用成立"宠物俱乐部""寻找最美养犬人"的方式，解决了这一社会难题，不失为一种智慧。

"现代社会，尤其基层一线的社会治理工作，仅凭吃苦耐劳、无私奉献还不够，还必须有知识储备、与时俱进、创新理念、统筹各方的水平与能力。我感觉业秀书记具备这些特性。"

年轻的居民小汤，说这通话的时候，眼神中对郑业秀透出几分钦佩之意。这位"教授之家"的"小才女"一连举出了几个例子。小汤说，比如她担任世茂居民区党支部副书记、居委会主任以来开展的"四心"活动，就很有想法、很有特色，确实凝聚了人心，使小区面貌焕然一新。小汤是被郑业秀临时叫住留下的，显然并没有提前准备。但她说起居委和支部这几年为居民所做的工作，却如数家珍。

小汤说的支部开展的"四心"分别是：党建强基"守初心"，居民自治"绘丹心"，部门联动"筑同心"，多元融合"画圆心"。

小汤说：就居民自治"绘丹心"这一"心"来说吧，我们居委会依托社区自治家园理事会，来发现问题、解决问题，推进党建引领下的居民自治组织参与和管理。利用绿色走道长廊打造"丹心绘影廊"，打造居民自治"手账"，展现小区自治成果；以"学习""服务""自治"为主题，依托照片、文字、绘画等形式，在长廊下呈现世贸居民区开展全民学习、互帮互助、社区治理的自治过程，让党员成为居民群众的安全护航员、绿色先行者、群众贴心人、小区园艺师和最美逆行者，彰显世贸党员秉红心、守初心、见行动的成果。党群合力聚焦解决了居民关心关注的热点难点问题,在居民公约、美丽约定、亲子阅读、宠物管理、河道治理、规范停车等问题上,进行了有益探索和创新。

小汤抿了一口茶,接着说:"我们的业秀书记心里装着居民,是一个办实事的人,这几年业秀书记带领居委一班人,通过一系列精准化、精细化的管理和服务,激发了居民的自治热情,'宠物俱乐部''碧水护河志愿队''阿妈读书会'等自治项目应运而生,小区得到了有序治理……"

我没问小汤芳龄几许高就何处,但从她不俗的言谈举止中可以看出,她本人或许也是位知识型、专业型的管理人才。

我注意到,刚才这二"老"一"小"在对郑业秀书记的称呼上,严阿姨、郭阿姨用的都是"业秀",年轻的小汤用的则是"我们的业秀书记",听上去都是那样自然和悦耳可亲。

我曾在某个中心城区的一个棚户居民区挂职锻炼过一年,受益良多。从那时起我就感叹,村(居)一级的干部才是"中华人民共和国的基石"。他们最懂老百姓的冷暖,也只有他们才真正体会到老百姓的幸福感、获得感与安全感。这种"感"受,靠秀才坐在机关办公室是写不出来的,即使是写老百姓的"笑",这种"笑容"也是僵硬的。

一个居民小区的居委会主任与居民之间不存在上下级关系。她也没办法给居民发工资、发奖金,更不可能为我去采访,而临时找来"演员"事先彩排。但面前几位老的少的居民一口一个"业秀""我们的业秀书记"地称呼称赞着,没有半点生硬造作之态,看得出都是发自肺腑的……

"都赛自家桃花好,谁夸他人玫瑰红。"老百姓很质朴,真正为老百姓办好事办实事,他们就认谁是百姓的"菩萨"。奉贤区有350多个村(居)基层自治组织,这些基层组织中的每一名成员都是支撑起奉贤这座大厦的一块基石。

郑业秀就是这些"基石"中的其中一块吧……

尾 声

奉贤,背靠东海,水丰田沃。"金汇港""庙泾港""红旗港河",以及其他一些无名小河、湖泊像一张绿色的网,交汇泽伏在奉贤这片土地上,美轮美奂。

不过，眼前这幅胜景，不是陶渊明笔下或梦里的那个"桃花源"，而是智慧的奉贤人精心绣织出来的"美丽家园"。
　　……
　　"贤城小雨润如酥，草色隐隐日出土。醉是遥望桃花季，不识人间烟火图。"从奉贤采访回市区后，便赶上二十四节气中的雨水。我一边回味着奉贤之行，一边想象着一夜春雨后奉贤这座桃花源的盛景。"桃园深影处，痴看凤蝶舞。"心里念叨着："再过些时日，奉贤该是一片花海了。桃花、梨花、杏花、樱花、李子花……那个百花盛开百鸟逗趣的美景，岂不令人陶醉……"
　　"一川烟雨贤城梦，十里桃花梦贤城。"捂不住心灵的暗示，看来，我是爱上奉贤这片土地了……

（"东方网·教育频道"2022年8月分八期连载）

当女诗人撞进绿色方阵

> 一个有希望的国家,不能没有先锋。一个经历苦难而走向复兴的国家,不能没有英雄。愿我们每一个人都能理解并崇敬那些替我们赴汤蹈火、负重前行的英雄……
> ——题记

如果把《永不褪色》《风展红旗》《医者长征》《蹈火英雄》这铿锵激昂的四部军事题材长篇报告文学摆在你面前,你很难会把著作的作者同一个羸弱的女子联系在一起。

对,杨绣丽,她就是这四部军事题材长篇报告文学的作者。就是这么一位文文弱弱的女子,一位步履轻盈清清雅雅的女诗人,一位轻声细语、笑口常开的女作家。

黄浦区是中国共产党的诞生地,是上海市的政治中心、文化中心、经济中心。黄浦区驻军不算多,但却是"南京路上好八连""南京路上学八连模范武警十中队"和"全国模范消防中队"等英模连队的"集结地"。本着"拥军优属,固我长城,进一步弘扬人民解放军英模精神"的宗旨,黄浦区领导决定,请作家为三个英模连队和驻区长征医院分别创作一部长篇报告文学。或许因我是上海作协会员又在区拥军优属基金会兼职，因此被区领导赋予项目牵头人和联络人的任务，于是便有了走近杨绣丽这位才女的机会。

透过两片深深的镜片，我感受到女诗人那双不大不小的眼睛闪烁着智慧与灵气。合作的时间越长，我越觉得女诗人身上的不凡。

（一）

女诗人杨绣丽的笔很温柔。温柔的笔下所流淌出来的诗行，能催人入梦，能化羽成蝶，能叫人坠入爱河。比如，在她《梦中的新嫁娘》《城市像琥珀般的花园》《雪山的心跳》《彩虹经天》等诗歌、散文集中，你能触摸到莽莽雪山的心跳，你能听到淅淅春雨的低吟，你能看到微微秋风的笑脸，你能呼吸到现代城市给你带来的那种可人的新鲜气流……

女诗人杨绣丽的笔很阳刚。阳刚的笔下，能让一个个铁骨铮铮的血性汉子跃然纸上，能让一块块绿色方阵始终以昂扬的战斗姿态站立东方，能让一座座雪山更加坚挺，能让一条条河流呼啸向前……

生活中的杨绣丽就是很典雅的那种江南淑女，无论面对众人的褒与贬，她总是嫣然一笑，近视镜片后面的那双眼睛，便格外显得温纯与智慧。于是，她给人留下的印象，总是那样诗意化的美好。

那天上午，黄浦区拥军优属基金会班子成员在开会讨论"首届军民融合贡献奖"的时候，关于提到地方这一块名额给谁的问题时，与会人员几乎异口同声喊出——"杨绣丽！"

一位女作家、女诗人，为何赢得这么多老军人的一致赞同？毋庸置疑，这肯定与她为黄浦区创作《永不褪色——南京路上好八连纪实》《蹈火英雄——全国模范消防中队纪实》《风展红旗——"南京路上学八连模范十中队"纪实》《医者长征》这四部红色长篇纪实文学分不开。

记得当初黄浦区人大常委会副主任、区拥军优属基金会会长张武平提出，商请市作协委派作家为驻区黄浦的英模集体与单位担纲四部长篇纪实文学创作时，作协领导不容置疑地推荐了杨绣丽。

一开始，有不少同志还有些顾虑，认为一个写诗的，而且是这么一个柔弱的女子，能走进部队，融入部队，写出军魂，写出军人的阳刚之气吗？

7年后的今天，当杨绣丽把这"红色四部曲"摆在世人面前并引起社会热烈反响时，一个"问号"被拉直，拉成了感叹号。

"四部曲"有80余万字，我不一一细说，但可以从中摘几朵浪花奉献给热心的读者。

那天，正好下着滂沱大雨，格斗训练就在滂沱大雨下进行，场上训练的正是上海的尖刀力量中最锐利的那一抹刀锋——南京路上好八连的战士……

在这个绿色方阵中，我能感受到他们那一身的钢筋铁骨，那满腔的赤诚热血……

人性与血性，从来水火相融……我最想说的是，一个有希望的国家不能没有先锋。一个经历苦难而走向复兴的国家，不能没有英雄。一个企盼平安的城市，不能没有自己的保护神！但愿我们每一个人都能理解并崇敬那些替我们赴汤蹈火、负重前行的英雄……"

我写作的《风展红旗》这部作品想要表达的军人血性、军人士气，既是"听党指挥，能打胜仗，作风优良"的精神，也是长存于我们这个民族血脉里的一股狭路相逢勇者胜的"浩然正气"，这股英勇无畏、一往无前的"气"是打赢战争必不可少的"精神刀锋"，也是我们这个民族自立于世界之林、不断前进的复兴底气。如果这部作品能使得这股"浩然正气"更充沛于天地之间，则幸甚……

我在杨绣丽"红色四部曲"的章节中，每每读到这些文字时，总有一种汹涌澎湃、热血沸腾之感，总能感受到一位女诗人、女作家内心闪亮的民族之魂，感受到那个柔弱身躯内一团民族之火在熊熊燃烧。于是，我们就会更加感觉到，绣丽这样一位女诗人，在写作这四部曲时，不仅真正走进了军营，而且真正走进了这个绿色方阵的灵魂世界！她俨然已经是一名战士。难怪部队领导从头到脚发给她一身军装，说："杨老师就是我们的荣誉军人、编外指导员！"

……

杨绣丽在新书首发式上

（二）

　　与绣丽接触这些年来，就觉得她的身上满是铁骨柔情。绣丽是位才女，且天生丽质，与生她养她的崇明岛一般风光秀丽，景色宜人。一方水土养一方人。崇明岛这块风水宝地养人，养出了许许多多的才子佳人。杨绣丽就是得崇明岛的山水之灵气，汲取中华文化之大观，孕育出了一身才气和灵气。可以说，杨绣丽就是锦绣崇明创作出的优秀作品之一。我之所以用这样一种语言来褒奖绣丽，除却才情，首先是被她的人格魅力所感动。

　　曾经印象极深的一个场景，就在"四部曲"的第三部《风展红旗》的书稿征求意见会上，与会代表来自各界各层面，尤其是中队、支队和总队的历届领导。大家准备充分，发言踊跃，有的甚至一句话一个细节，都谈得很动情。大家普遍认为，一个地方女作家能在这么短的时间内写出这样一部优秀的著作，实属不易。就在大家纷纷赞扬的时候，一位老领导突然桌子一拍，说："我不满意，不是一般的不满意，而是相当的不满意！你这个女同志，是哪个单位的？谁叫你来写这本材料的，材料不像材料，小说不像小说，部队就是一二三四五、方框加直线，哪有那么多扭扭捏捏、儿女情长的东西……"说话间，声音嘶哑，两手发颤。

　　我就坐在这位老领导的对面，听他这么一通发言，我真有些坐不住了。怎么可以这样不懂得尊重人，不尊重一位女同志、女作家，我差一点也拍案而起……

　　多年的带兵经验告诉我，每当领导批评过火或心灵受到伤害，男兵多数或如公牛一般向对方发起攻击，或者跟酒瓶过不去，喝成天旋地转、墙倒人不倒；女兵则多数选择哭天抹地，跟毛巾纸巾过不去……这时，我悄悄瞄了绣丽一眼。只见她依旧那副春风拂面，泰然自若的表情，认真凝神地听着对面那位老领导的"教导"，还细心地记着笔记。

　　就在我欲言又止的时候，这位老领导的老政委张武平会长说话了。他说："这是我们请来的上海市作家协会的著名女作家、女诗人杨绣丽杨老师，你说的'材料不像材料'，我告诉你，这就不是你说的那个一般的材料，是文学，是用文学的语言和形式，叙述真实的故事，叫长篇纪实文学。你老兄不了解情况，上来乱放炮……"

当老政委正批评着对面刚才发言的那位老领导时，杨绣丽赶忙圆场，灿烂地笑着解围说："没关系，没关系，我就想多听听大家的意见和想法……"

其实，当时我确实有些不敢正面去看杨绣丽，生怕她这么一个柔弱的女子在这种莫名其妙的批评声中挺不住，正拾巾抹泪。看来是我低估了杨绣丽所能容纳和承载的胸襟了。

散会后，历届老领导走进盥洗室，在做好"放松工作"的同时，还在对杨绣丽的这部《风展红旗》长篇纪实文学赞不绝口。同时老同志们利用这个机会，集中火力"批斗"刚才那位乱放炮的老领导（他们都是知根知底的老战友）。而杨绣丽却独独地在楼梯口等候那位老领导出来，专门向他讨了电话，加了微信，还约定时间再行采访补充内容……

看到眼前的这一幕，我似乎有些醍醐灌顶地悟出一个道理："一个作家的胸怀只有仰望天空拥抱世界，他的作品才会像繁星一般闪烁。因为这个博大的胸怀必须得装下两样东西：一个是泪水，另一个是汗水。泪水是要往心里吞的，汗水则是要往外流的……"

接受"红色四部曲"创作任务后的连续几个春节，杨绣丽都是在部队与军人或军嫂们一同包饺子过的年。午夜新年钟声敲响时，寄放在崇明岛上外婆家里的宝贝女儿，只能通过手机视频喊一声："妈妈新年快乐……"母亲则对杨绣丽说："丽儿，要注意身体啊……"

战争是不看节日的。在你华灯初上万家团圆之时，或许敌人的子弹已经上了膛，抑或野火烈焰正扑向一张张吃着团圆饭的笑脸。于是，战士就有了这样一句口号："一家不圆换来万家团圆！"

那天，正是在模范消防中队与战士们一同包饺子过除夕的时候，吴淞方向一处棉纺库房突然发生大火。此时的杨绣丽俨然就是一名战士，她迅速放下手中的饺子皮，登上消防车，与消防战士一同冲进了火场。于是"人性与血性，从来水火相融"这样的铿锵句子，就从一个女作家的笔下，像彤红的钢水一般喷涌而出……

第二天，当母亲和女儿在电视新闻中看到绣丽的身影也在火场中同消防战士一起出现时，祖孙二人又惊又吓，相拥而泣……

这就是一位作家、一位女诗人的铁骨与柔情，此时的杨绣丽早已忘却了自己是一个柔弱的女子之躯……

（三）

"我再一次走进'南京路上好八连'，观摩八连所在特种部队的一次军事演练活动，再一次领略到八连'钢性好男儿'的风采。"

杨绣丽说，那天大雨滂沱，面对情同兄弟的战友，实战训练中的他们强调的是"稳、准、狠"，一招一式都如猛虎扑食……他们接受的是一次身体和意志的双重磨炼。而呼啸在训练场上的摩托车，似乎与战士们合为一体，翘边驾驶和隐蔽驾驶，紧急掉头，一制一动，都展示着这支保卫国土、保卫和平的尖刀力量中最锐利的那一抹刀锋。在摩托车的轰鸣声中，能感受到他们那一身的钢筋铁骨，那满腔的赤诚热血……

于是，杨绣丽在写作《永不褪色——南京路上好八连纪实》这本书时，时刻都感受着那些铁血战士热血的奔涌，同时也在这些热血奔涌的场景中，找到了这部长篇纪实文学创作的魂。

"八连"这支战场上能打胜仗的"铁拳"和在实现强军梦中"军事好、如霹雳"的特战先锋，其光辉早已镌刻在亿万人民的心灵记忆中，雕刻在与阳光比翼的城市之巅。无论南京路上的霓虹如何变幻，"好八连"的本色，宣示了我们这支军队永恒的坚守。

为了真实地记录八连所走过的非凡历程，为了在创作中寻找到更深更远的"魂"，杨绣丽除了在上海有关"八连"官兵战斗过的地方深入采访，还顶着烈日，远赴山东滕州、安徽合肥、浙江杭州、江苏南通等地，逐个寻访"八连"历任连长、指导员，寻访"八连"在滕州和微山湖畔曾经游击作战时的遗址。在合肥，参观渡江战役纪念馆……就这样，人民解放军这支威武之师、文明之师、胜利之师的形象，也就一天天地在杨绣丽的血液里丰满起来。

于是，杨绣丽一直渴望着在书中写出雄劲的军队气势，朴实的生活气息，深切的人间感情，催人泪下的军营故事，形成正能量的迸射和真实可信的穿透，以启迪人们对八连魂的深刻理解，更深地激起人们心灵深处的震撼和崇高的激情……这些愿望，后来都一一展示在书中，把一块"南京路上好八连"的精神丰碑，高高地树立在广大读者心中！致使《永不褪色——南京路上好八连纪实》出版后获得军内外

杨绣丽在新书签售活动现场

一致好评，中央军委政治工作部将本书列为"全军优秀读本"发往全军各基层单位……

（四）

随着"南京路上好八连"这部长篇报告文学在军内外不断升温，杨绣丽这位被军魂浸染过的女诗人，在被无数军人认可推崇并被誉为"编外军旅作家"的同时，自己也越加对军队生发出浓厚的兴趣和深深的情感，成为一名真正的"军粉"和"迷彩派"。

于是，2016年冬天，我又一次拨通了杨绣丽的电话，代表黄浦区再一次邀请她采写另一个英雄连队——武警黄浦消防支队车站中队，这是消防部队中首家被国务院命名为"模范消防中队"的英雄连队。

杨绣丽接到采写"模范消防中队"长篇报告文学任务不久，就进入了2017年的春节。由于希望这部书赶着某个节点面世，我们邀请方对创作出版时间要求比较紧，因此杨绣丽对本书的采访、创作就像车站中队消防战士一样，打的也是一场突击硬仗。除夕前后的一个星期，就在车站中队连续采访，大年三十晚上，女儿已经回到崇明的父母家，她就独自整理白天的采访笔记、草拟创作提纲至深夜两点。整座城市是那样寂静，咔咔咔的键盘敲击声陪伴着她，迎接丁酉年的崭新阳光……在除夕夜钟声响起的时候，杨绣丽在键盘上敲下这样一行字："我知道，这个城市有一群人也在默默为我们守望，我感到无比温暖！"

作为这个项目的具体牵头人，同时也是一名业余写作人，我更感受到一个写作人的辛苦。猜想此刻杨绣丽一定还在电脑前敲击着键盘，我只得用微信默默地给她发去一份新年的祝福……

杨绣丽第一次真正接触消防战士，还是2015年11月21日那天。她深刻地记得，那是个大雨滂沱的日子，她遇见了来黄浦支队寻找27年前的救命恩人的孙冰晶。而寻找的救命恩人便是原车站消防中队队长陆玉明。杨绣丽说，我认真倾听着他们的回忆，27年前的画面一片片闪回。没想到，一年后我却被邀请撰写"模范消防中队"。那时我刚从《南京路上好八连》长篇纪实一书中抽身，"八连"的形象仍不时地在我的脑海中闪现，作为同在黄浦区的英模部队，车站中队从另

作者与杨绣丽合影　　蔡维帅 摄

外一种角度深深地感染了我。为了人民的安宁生活，为了城市的繁华绚烂，他们是火场前面最美的逆行者，了不起的消防兵，赴汤蹈火的英雄，我想我们应该记住他们负重前行的伟岸身影！

带着这样一种心境，为了写好这个英雄群体，杨绣丽一次次来到南车站路500号那个干净整齐的小院子，一次次爬到营区三楼，俯瞰院子里这群年轻朝气的战士实战模拟训练。她久久地凝视着那高高的训练塔、塔上高高飘扬的红旗和围墙边缘一片葱郁的翠竹，凝视着那些充满朝气、生机蓬勃的生命；当她一次次在三楼的会议室里和战士们进行交谈、和历任指导员及中队长进行交流时，她也一次次感受到这群热血男儿身上流淌的激情、勇气和胆略，感受到了他们对于消防事业的无比热爱，对于车站中队的无比赤诚，对于军人责任和使命的勇敢担当！于是，她也一次次地被感动并置身于其中，不由失声哽咽，眼眶发红……

杨绣丽至今难忘那次参加黄浦支队春季消防体育运动会上的场景：晨曦播洒的运动场上，黄浦支队的车站、北京、卢湾、外滩、河南、复兴、嵩山7个中队的消防兵手持水袋向前冲刺，他们集体接力、集体跳绳……活力四射的勇士们把运动场搅和得春意勃发、热气腾腾，其中车站中队的小将们更是一冲无阻、大展身手、摘金夺银。这些可爱的虎将接下了老一辈人手中的火炬，把青春和激情继续点燃在车站中队，让英模的风尚继续如蒲公英般飞扬……

……

或许是因为英雄的精神鼓荡着诗人的热血，或许是诗人内在天性里有一股正义之洪流在涌动，杨绣丽对自己每一部军队题材作品的创作近乎苛刻到了极致。尤其是在撰写"模范消防中队"这部长篇时，她把自己创作这部长篇纪实的主基调定在"能够体现出信仰的锤炼、灵魂的塑造、精神的升华、人性的闪光、对荣誉的追求。一句话，写出这支英模部队的'魂'，从而让这支部队成为'修筑在人民心中的一道关于信仰与责任的钢铁长城'！"

2018年八一前夕，《蹈火英雄——全国"模范消防中队"纪实》（获第七届徐迟报告文学提名奖）首发式在南京路世纪广场举行。杨绣丽面对广场上几千名"模范消防中队"英雄的敬仰者，十分感慨地说："从军营中摸爬滚打、在烈火面前赴汤蹈火的这些刚强血汉，给我带来了极大的震撼和心灵的升华——军旅生涯就是血性与人性、信仰与现实的一次强烈有力的碰撞,这种碰撞有如宇宙初开时闪耀出炫目而纯粹的光亮,我想这光亮必将永远高居于城市之巅……"

结尾处,杨绣丽动情地说:"最后也是我最想说的,一个有希望的国家,不能没有先锋。一个经历苦难而走向复兴的国家,不能没有英雄。一个企盼平安的城市,不能没有自己的'保护神'!但愿我们每一个人都能理解并崇敬那些替我们赴汤蹈火、负重前行的英雄……"

(原载《上海纪实》2022年第1期)

鸿儒踏雪 情深无痕
——我所认识的书法大家丁申阳

2022年11月5日至15日,"艺为国器·和美与共——中国国际进口博览会艺术精品专区"在国家会展中心展出上海市文联副主席、上海市书法家协会主席丁申阳先生6件书法作品。

这也是象征中国文化符号的中国书法作品,首次在中国国际进口博览会艺术展区亮相。而丁申阳的书法作品,恰恰是整个"艺为国器"艺术精品专区万余件展品中,最亮丽、最抢眼的艺术作品。

(一)

书法,特别是草书,尤其是大草,并不是人人能懂,更不是书者个个能书的。王羲之、张旭、怀素等有过"草王""草圣"之说。在丁申阳先生这次展出的六件作品中,如苏轼《念奴娇·赤壁怀古》四条屏,就如词中所述的"大江东去浪淘尽,千古风流人物"一般大气磅礴。还有他那副对子"一花一叶藏瑞气,一带一路传真情",其文意与妙笔走势,都让人如入其境,引人走进万国风情之中。

丁申阳先生的草书创作以轻松多变的点与线分割着作品空间,形成字内与字外空间的巧妙组合,从而使其创作具有现代空间的构成意识。那种唯美的线条与空灵感，无不给人带来静美净化的无限遐思。我曾想，要是不把这么美的艺术带向世界，让天下喜爱艺术的人共享，绝对是一件憾事。

一位真正意义上的书法家，是必须具备艺术天赋和真情投入这两样东西的。丁申阳先生的艺术感觉无疑是独特的。在真、草、隶、篆、行诸种书体中，他倾心大草，30余年执着不改，其艺术目标的坚定，艺术见识的独到，卓尔不群。品味丁申阳先生的草书，首先需要感悟其境界气韵，更需要读进去慢慢体会其艺术语言的精妙。我们常讲"物以稀为贵"。草书的抽象性、符号性、时间性、抒情性最为典型，而艺术性最为突出。这也使其欣赏者和从事者，尤其能真正掌握者相对不多，其欣赏价值当然也就更大。

丁申阳书法作品四条屏

丁申阳先生的书法，尤其是草书艺术造诣，在当下中国书坛，毋庸置疑是站在前列的。专论此道我缺少资格，更担心挂一漏万，笑柄百出，所以无须赘言，今天只想讲讲我与先生交往中的一些闲闻逸事。

（二）

初识丁先生，我的第一直觉就是书法高古而为人低调。所谓"艺高人和"，或者说"水深则静"应该就是这个道理。多年来先生给我的印象首先就是"平和"。他喜欢静静地欣赏一个人，静静地观察一个人，然后微笑着淡淡地赞美一个人并与其交流切磋，即使是给对方点拨也是以讨论的口吻。

我是在兼做主持上海市拥军优属基金会黄浦区工作委员会秘书处工作后，开始有了与丁先生接触的更多机会。这得要从"丹青系列"大型书画艺术展活动说起。

所谓"丹青系列"，是由我牵头组织实施开展的"丹青颂军魂""丹青颂祖国"和"丹青颂党恩"黄浦区三个大型书画艺术展活动的主题。2017年8月1日是中国人民解放军建军90周年纪念日。黄浦区是党的诞生地，《国歌》首唱地和上海的政治、经济、文化中心，有其特殊的历史和地理位置。作为拥军优属基金会日常工作的执行人，则把"拥军优属、固我长城"八个字牢牢地刻在心里。在建军90周年纪念日之年的开年，我就将我策划的主题为"丹青颂军魂——黄浦区纪念中国人民解放军建军90周年大型书画艺术展"的方案及实施计划，向基金会的领导做了汇报并得到全会及区领导的一致同意。刚刚进入阳历新年，这份大型书画艺术展的策划方案就算为活动拉开了帷幕。

接着，就开始进入书画展品征集筹备工作。我考虑90周年最少要展出90幅著名书画艺术家的作品，一个小小的区级社会组织搞这么一个展事，我的内心确实存有"扯虎皮树大旗"的想法。于是，我向上海市书法家协会的周志高、丁申阳、张宏生、王国贤、晁玉奎、李静等十位主席、副主席和刘小晴、张森等书协老领导，以及上海和南京、杭州等周边的，包括吴国平、刘树人、陈琪等军旅书画名家分别发去邀请函，赶在新春哨笛吹响的时候，集中开展一次笔会。

非常幸运，我所邀请的这列位"大咖"，如数赴约。像吴国平这样重量级的军旅书法大家当天一早冒着严寒从南京赶过来，参加我邀请的笔会，这让我感动不已。在此之前，我小范围单独邀请了丁申阳先生。

那天，由长宁区书协朱涛主席和上海驰艺文化传媒公司老总程立群先生陪同丁申阳主席，早早地就来到基金会会议室。先生刚进会场尚未入座接茶，就半玩笑地问我："说吧，什么任务请吩咐。"我和在场的基金会领导就觉得先生一句话一下拉近了我们的距离。于是，我把纪念建军90周年书画艺术展的想法汇报给了丁先生：一是想请先生为这次活动题写"丹青颂军魂"的活动主题；二是想请先生再为本次展览献一幅"扛鼎之作"的墨宝；第三个要求更高，我心里没底，但还是大胆说了，就是想请"上海市书法家协会"作为本次活动的指导单位。

丁先生认认真真听完我的活动策划方案和所提要求，先是给我一通表扬，说我"思路很清晰，主题很大气，方案考虑得很完善"，然后开始一一答复。他说："拥军优属，是好事，是大事，也算上我一个吧！"接着有求必应，满足了我提出的全部要求。不仅如此，在场的领导和观众，只要提出向他求字的要求，他都如数满足。先生连工

2022年11月5日上海进博会上,丁申阳先生接受记者采访

作人员为他泡好的茶都来不及喝，整整一个上午，硬是手未停歇。

我还记得那天先生为展会书写的作品是一张六尺整宣毛泽东的《忆秦娥·娄山关》。"西风烈，长空雁叫霜晨月……雄关漫道真如铁，而今迈步从头越……"看先生现场泼墨那股气势恢宏的神情，走笔之势恰如飞流直下，酣畅淋漓，让大家一睹大师风采。

2019年10月1日是中华人民共和国成立70周年，我又早早地搞了个"庆祝国庆70周年书画艺术展活动"的策划方案。就在我和基金会领导一同约见丁申阳主席谈新中国成立70周年大型庆祝活动打算时，竟想不到会是心有灵犀、一拍即合。我们提出一个大胆设想，在南京路上设一个长台，组织在沪的军旅和地方的百名书法家，以新中国70年走过的辉煌历程为内容，书写一张百米恢宏长卷。丁主席及活动组委会一致认可我拟定的活动主题，就叫"丹青颂祖国"。我在策划书中提议，请丁先生站在百米长卷之首，第一个开笔，就书写"丹青颂祖国"5个大字。

这次活动，开了南京路上书写百米长卷的先河，活动十分成功，从央视到市、区及其他媒体共有46家争相报道。我在百米长卷创作现场接受央视记者采访时激动地说："活动能获得如此大的成功，首先应该感谢丁申阳主席和他团队的鼎力支持，感谢全区全市人民的爱国热情……"

2021年7月1日是中国共产党成立100周年。作为中国共产党的诞生地，黄浦必须有一个具有影响力的纪念活动。于是，新春佳节里，我一边吃着年夜饭，一边开始考虑建党100周年大型书画艺术展的策划。我同布展方上海驰艺文化传媒的经理程立群先生，又一次登门来到丁主席的工作室，将主题拟为"丹青颂党恩——黄浦区庆祝中国共产党成立100周年大型书画艺术展"的活动方案初稿，带到丁先生面前。

方案中，有3项内容实际上是涉及我们

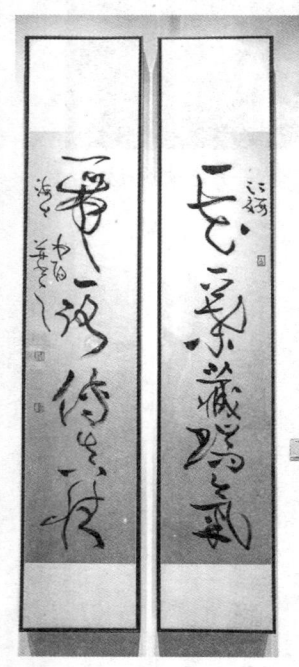

丁申阳对联书法作品

活动能否成功的关键要素：一是请丁主席领衔并组织上海书协的其他副主席和当下知名书家创作提供参展作品；二是请丁主席书写活动主题；三是邀请上海书协作为活动指导单位。

丁先生一边给我们泡茶，一边细细听我汇报。其间，不仅一一满足我提出的要求，还十分仔细地帮助我完善活动方案。

于是"丹青颂党恩——黄浦区庆祝中国共产党成立100周年大型书画艺术展"在上海驰艺文化传媒公司的支持下，空前成功。111幅书画作品，代表着中国共产党蒸蒸日上蓬蓬勃勃永远年轻，作品都是出自当今书画名流之手。

开幕式上，上将来了，市领导来了，区委书记杲云当天活动很多，决定第一场出席我们的开幕式！整个展厅，嘉宾与观众济济一堂，观展人数空前。我作为主办方的活动执行人和现场总指挥，在给嘉宾导览作品时，丁先生看我对展出的一百多幅不同风格的书画作品和作者，如数家珍般地讲解，不断向我点头示意，夸我"组织得好，讲解得也很好……"

开幕式之后，上海书协的其他几位副主席和军队的著名书者纷纷给我来电或发微信，说"一个区级社会组织的书画展，其规模、参展作品和开幕式，办成了国家级水平，确实难能可贵……"

听到这些赞誉，我一方面感激领导给我这个退休干部天大的舞台和信任，另一方面更是涌出对丁先生的深深感激之情。

（三）

我知道，或许是我俩有缘，先生就这样一直默默地为我助力。每次大小活动，只要有我的作品参加展出，丁先生到场总要驻足在我的作品前仔细观看分析，甚至双手联动比画起来，还会当场对我给予一些指点。同时会主动提议，"来，秋生，就在你作品前合个影吧！"行内人都清楚，这是丁先生对此作品和作者最好的认可与褒奖。

我却将此作为一根无形的鞭子，在时刻抽打鞭策我。那天，一群书友应邀到丁先生的工作室喝茶。正逢先生刚出了一部大开本的草书画册，见者有份，便根据各自名号"某某先生雅正""某某女士惠存"，签好名，赠送在场的客人每人一册。轮到我时，先生特意转过身向我点了一下头,"秋生""秋生",嘴里一边念着我的名字,一边十分用心地写上:"秋生道友正!"我用会意的目光投向丁先生,内心却涌出几分汗颜与愧意。"先生""女士"与"道友"这三个不同称谓,明白人一看即明。我当然明白先生对我的垂爱。

这时,我想起一件挺尴尬的事。有一年,市书协某届新人书法作品展终审时,承蒙书协领导抬爱,请我担任本次评审活动的"监审"。而担任本届书展评委的都是上海市书协现任的主席、副主席。我有自知之明,心想权当挂挂名而已,于是一开始没太在意。不过,出于学习的心理,我早早地来到现场,对所有作品尤其对入围作品,我还是认认真真看了一遍,且心里大抵有些数。

就在评审结束后,工作人员拿来一张表让我在"监审"一栏签字时,我随口说了一句:"哦,还要我签字的,那稍等一会儿。"我有些不恭地将列位评委晾在那里,自己独自跑进摆放作品的大厅,又仔仔细细地看了一遍作品。这一看看得我好难受,也好为难。因为入围和获奖的作品中有四幅,分别为两幅草书、一幅楷书和一幅篆刻被我看出了问题。

怎么办?我采用了一个折中的办法:既不道破问题,以免在场的评委老师难堪;也不需我担"监审失职"的责任。于是我走出作品大厅,步子有些沉重,然后对着评委们强作平静地说了一句:"各位老师,我有点事先回了,监审的字我就不签了。"

说完,我径直朝门外走去,准备开车打道回府。我自以为这样处理是最好的办法。没想到在座的主席、副主席等评委比我还认真,硬是追到门外把我拽了回来,非要问明缘由。这种情况下,我走到丁先生,也就是本次评委会主任跟前,说:"请丁老师借一步说话。"

我把丁先生请进摆放作品的大厅,向他分别指出四幅准备公布获奖的作品中所存在的不同瑕疵,尤其是那幅李白《将进酒》草书,先不说草法上有多处牵强,更重要的是丢了好多字,甚至大段地丢句。如果这样的"获奖作品"向全社会公布出去,我想对我们书协势必造成不良的影响。

丁先生对我指出的这些问题,仔细听,认真看,并频频点头示意认同。接着他把外面的评委都叫了进来,一一指出那几幅作品的问题,当场要求纠正并更换作品。

丁申阳先生与作者合影

站在一旁的我十分忐忑,担心丁先生和其他各位老师对我开始心存芥蒂。没想到,丁先生还有其他几位副主席却走到我面前,握着我的手说:"秋生,谢谢你帮了我们的忙噢!要不是你这么心细,真会出纰漏了!"看到丁先生和各位老师如此宽容大度,我那颗忐忑的心慢慢放下了。拿过表格在"监审"一栏签下我名字的同时,暗暗自责"自己君子之风不足,岂能丈量鸿儒大量……"

(四)

那次评审活动之后,我更敬重丁先生了……这就让我想起另外一件事:

我的散文集《雪夜篝火》的封面设计,美编不知出于什么考虑,竟然将丁先生为我题写的"雪夜篝火"四个字书名,排了个满屏。

我们知道,丁先生的草书取法怀素、张旭、孙过庭等人的明快,尤其是黄庭坚草书的形式趣味,形式是简约而丰富的,具有一种画意之美。而在封面设计上采用这种"取法"其:用意是什么呢?责任编辑鲍广丽老师坦率地对我说:"美编也就是想借用丁先生的这种书法

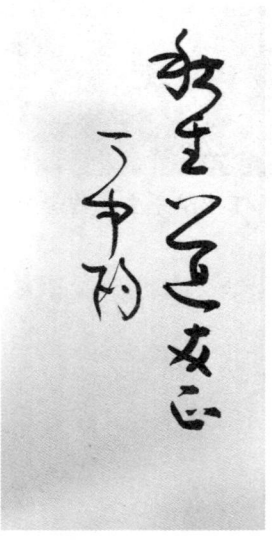

丁申阳先生为作者签名

的'画意之美'呀"……

说到这四个字的"画意之美",一次我们小聚时,鲍老师悄悄问我:"你请丁主席题的这个书名有没有出润笔费?"

这句话一出我立马脸红了,因为我就没给过先生一分钱。我对她说,就在《雪夜篝火》排版定稿并把打印校印稿寄我的当夜,我发了一个微信给先生,说准备出这么一个小册子,求题一个书名。想不到第二天一早,先生发来了为我题写书名的照片,并问:"秋生,大作书名写好,是寄来给你,还是你过来取?"

那天正好区里组织处级以上领导干部到无锡华东疗养院体检,需要住一晚才能回沪。我就回信先生:"人在无锡,明天回沪登门讨!"

随即,我拨通无锡当地一位好友的电话,请他代我准备两盒新鲜的"无锡水蜜桃"。第二天回沪时我直奔先生的工作室,先生见了竟以埋怨的口吻说:"大老远的还带这么重的桃子干什么!"且早就泡好好茶等着我。取好墨宝离开先生工作室时,先生竟然还送我一盒碧螺春,搞得我十分感动,又备感惭愧!

2021年秋,我的拙作《雪夜篝火》荣获"上海市作家协会会员2021年度优秀作品奖"。我倍加珍惜这份荣誉,请到为本书作序的上海作家协会散文报告文学委员会主任、《上海纪实》主编、《新民晚报》原副总编朱大建先生,本书责任编辑、文汇出版社资深编辑、作家鲍广丽女士,当然必须邀请为本书题写书名的丁申阳先生。先生听了很是为我高兴并愉快受邀。

我知道,先生平时极少接受吃请,而且第二天还要去外地出席一个大型文化艺术交流活动,于是电话里事先约好不喝酒。

但话语不多,言不虚发的丁先生,上桌后突然改变了主意,说:"秋生,喝你的喜酒,我很高兴,我得喝两杯,下次你出书我再为你写书名!"说完,一抬手满满一杯喝下去。

一句话,一个不轻易有的举动,感动得我满眼湿润,也把整个酒桌上的气氛烘托了起来。

我想,这就是我认识的那个性情内敛、谦和厚实的丁申阳;这就是那个情趣横生、襟怀万丈、入笔出神的一代草书大家丁申阳……

(原载"东方网·教育频道"2022年12月19日)

南京路上四十年的长征
——陶依嘉从"雷锋姑娘"到"雷锋奶奶"

> 志行万里者,不中道而辍足。
> ——《三国志·吴书·陆逊传》(兼作题记)

多姿多彩的上海南京路,承载和成就了太多人的梦想。

因为工作关系,我在南京路上接触和结识了不少人,明星、名模、名嘴和"名笔"(诗人、作家、书画家)等诸如此类的名家名人和商业达人、政界要人……

但要说,在南京路上所结识的人中最让我不能忘怀的,却是一位知难而进、助人为乐的女退伍军人。她就是我尊敬的陶依嘉大姐!

18年前,我从军队转业进入黄浦区工作。上班的第二天正赶上每月20日"南京路为民服务日"。那天,我认识了她。

正是大暑时节。那天,我早早地赶到南京路。

"莫道君来早,更有早来人。"我刚踏进街面,远处"爱心服务台"的牌子就已经醒目地立在了上海第一医药商店的门前。走近一看,医药箱、听诊器、血压计、电子秤、风油精、藿香正气水、龙虎人丹等夏季常规应急医药用具,摆得满满当当。

多年从事宣传和党务工作的职业习惯和好奇心，使我自然地上前与这几位身穿白大褂的女同胞攀谈起来。一青年女子指着旁边一位年长些的女士对我说："这位就是我们的陶依嘉老师、南京路便民服务活动的创始人，我们开展这项服务活动已经22年了。"那一刻，我就觉得我被一种沉甸甸的东西所击中……

随着见面机会的增多，后来我知道，这位叫陶依嘉的大姐是1971年参的军，早我7年，年长我8岁，是我名副其实的"老班长"、老大姐。

大姐一脸的喜气，始终给人可亲可敬的感觉。与我谈起初创南京路便民服务的那些情景，一幕幕好像就在眼前。不过，当大姐谈到曾经所遇到的那些难处时，不免时不时地也在小弟面前，落下一行行女儿泪。

那是1982年全国开展第一个文明礼貌月活动的时候，作为退伍军人的陶依嘉，约上上海第一医药商店的几位退伍军人、民兵、团员，在南京路上推出了第一辆为民服务的小推车，为过往行人免费提供量血压、测体温、称体重、小病问询、小伤包扎等服务。这一善举让那些阿伯阿婆好是惊喜。不过这些阿伯阿婆很是担心：这几位"雷锋姑娘、雷锋叔叔"会不会也三月里来，四月里走？他们弱弱地试探着问道："姑娘们，你们下个月还来吗？"

"群众的需求，就是我们做好服务的最大动力和价值！"面对一簇簇期待的目光，陶依嘉向他们做出了肯定的回答，"来！今后，我们每个月都来！"

一句承诺，40个春秋过去了，人们对陶依嘉的称呼，从"雷锋姑娘"到"雷锋妈妈"，如今早已习惯喊她"雷锋奶奶"了！这40个寒来暑往里，"雷锋奶奶"坚守着这句承诺，每月20日，都来南京路为大家服务。服务对象则换了一茬又一茬……

那年孟秋的一天，父亲病危，陶依嘉陪了一天一夜没合眼。第二天又是每月20日南京路为民服务日。天刚亮，她就在父亲的病房里用水拍了一把脸，拖着疲惫的身体赶到南京路。这天的为民服务她硬是强撑着，直到活动结束，她觉得自己崩塌了，一下晕在工作台上，被紧急送往医院。父亲离世的时候，做女儿的竟然还在忙着为危急病人送急救药品，连最后一眼也没能看到……

每每想到这一幕，陶大姐总止不住泪湿衣襟。可她轻轻擦过眼泪却说："这几十年里，我也有过一次失约！"她说："那是宝宝刚出生的第六天，这天正是南京路20日为民服务日，我正要下床，医生摁住我说：'月子里不许乱动，一定要卧床休息，女人月子里落下的病根会永远跟着你。'（这种说法，中医西医几乎形成了共识。）女儿满月后的3月20日，我就抱着宝宝回到南京路服务台了。"

说起这天来南京路的事，陶大姐的眼泪扑簌簌地流了下来。

她说，这年的春天，就像逼新娘子上轿，迟迟不肯出来露脸。那时，她家住得远，交通很不方便，上班途中要倒三四趟公交车。这天又是风又是雨，寒风直往骨头缝里钻。出门时天还是黑着的，胸前又抱着宝宝，根本看不清路。刚走几步便一脚踩空，母女俩一同滚落在地好几米远。到了南京路服务台，她脚上的伤口还在流血，宝宝因受到惊吓一直在哭，当晚发起高烧送进了医院……

听到这里，我的鼻子一阵阵发酸，眼泪再也止不住流下来了！我说："大姐，这么艰难，您就没想到过放弃吗？"大姐擦着眼泪对我说：是呀，我也反复追问过自己"坚持，还是放弃？"但"放弃"二字，就像一道横在自己面前的道德门槛，"放弃，就意味着背叛诺言！"我没有退路，必须选择坚持……

古人云："志行万里者，不中道而辍足。"我想，陶大姐是位"悟道者"。

因为坚持，她的服务摊位由最初的小车成长为固定设摊，从传统的柜台式服务到电话热线服务。1997年，公司以她名字命名的上海第一医药"依嘉医药热线"像长了翅膀一样声名远播。2015年，百联集团新路达公司又命名了第一医药（依嘉）劳模服务创新工作室，为老百姓求医问药的服务面更加拓宽，更加便捷了。

德不孤善有邻。陶依嘉大姐的善举得到了各级政府的重视，出现了"滚雪球"式的效应。"好八连"的官兵来了，十中队的官兵来了，消防车站中队的官兵来了；"三姐妹"来了，"十姐妹"来了，各企业的民兵、党团员、青年志愿者来了……

"南京路上好八连"当时驻守南京路，是第一个响应陶大姐开展便民服务的单位。40年过去，"南京路上好八连"早已换防迁至郊区。但是40年来，"好八连"的官兵换了一茬又一茬，南京路上的便民服务始终坚持不断。随着服务队伍的壮大，服务项目和种类的增多，"南

陶依嘉

京路为民服务活动"成了南京路上一道独特的风景线,成了大江南北热议的一个词。

"大姐,您吃的苦,会照亮未来的路……"我在心里常常这么默念着。同时也坚持认为,大姐走过的路,佐证了一句古语:"古之立大事者,不惟有超世之才,亦必有坚忍不拔之志。"

据有关部门统计,40年来,南京路便民服务活动,参与者高达82万多人次,受益者400余万人次。正所谓"博观而约取,厚积而薄发"。这就是最好的答案……

"全国劳模、全军英模、第四届全国道德模范提名奖、全国学雷锋先进个人、感动上海十大人物"……虽然荣誉接踵而来,大姐却淡然一笑。她依旧抱定"金杯银杯,不如老百姓的口碑"。但我相信时间老人是最好的见证者,历史这把尺子会把人间的真、善、美刻下一道道深深的印痕。

陶依嘉的"雷锋路"在南京路上已经坚持走过了40年。对于她来说,因为一句承诺,决定了这是一条永远的长征路。

今天的陶依嘉是南京路上的一杆旗,认识她的人数以万计。但我还是以在南京路上认识了她并结下深厚友谊而光荣。近日,我又一次见到大姐。不经意间,听大姐说,她把所有这些年来所获的各类奖金,建立了一个"依嘉助困基金",把每一分奖金都用在帮助困难人群身上。我听后禁不住哽咽了。或许我和当下的很多人一样,寄希望把陶大姐身上那种"积小善为大善,善莫大焉"的精神,注入我们每个人的肌体!

因为这种精神,今天诠释南京路,已经远不止是一条步行街、商业街的意义。它应该是一个人与人之间心灵沟通的窗口,是一条流淌着爱意暖流的精神之河,是一片播种爱心、普洒喜雨的蓝色天空……

今天的南京路不再是东西两端。由陶大姐开凿出的这条"爱河",会向四面八方伸展出更多的小溪,涓涓流淌,延绵不绝……

(原载《雷锋》杂志2020年第1期)

不当享乐公主

两年前的一个秋夜,我和夫人应梓滢的爸妈盛邀,出席梓滢在上海金茂大厦柏悦酒店举办的"时装品牌 KLATCH & CLOTAIRE"创建两周年庆典酒会。就在此时,我开始关注这孩子。在这之前,或者说是她成为一名服装设计师及创业者之前,梓滢在我眼里,一直就像一个天真娇灵又略带几分傲气的小公主。

(一)

那晚皓月皎洁,上海如梦如幻,金茂大厦的一端挺在蓝莹莹的天空,87层宴会厅流光溢彩,如同与璀璨的星河交织在一起。梓滢穿着那身由她自己设计的具有东西文化相容风格的花格裙子,在芸芸来宾中来回穿行,频频举杯,就像一朵彩色的云,在酒会的大厅中飘来舞去,令整个宴会厅更加迷人夺目……

于是,这样一个光鲜可人的"小蝴蝶"引起了我的关注。梓滢的爸爸是我儿时要好的玩伴,我们两家从上辈人开始便走得挺近。成年后,我从军,他从商,且成为我们婺源老家那一带家电行业的巨头。在今晚的庆典酒会上,我这个儿时的玩伴和他夫人的目光一直紧随着女儿,像在欣赏自己得意的作品,两双眼睛静放光芒,两张自豪的脸庞自始至终绽放着满脸春光。我一边轻轻摇晃着高脚杯,品尝着杯中深红色的法兰西佳酿,一边在想:兄弟你自己做大了,又用一番苦心,把自己的女儿高高举起……

直到有一天,梓滢这孩子认认真真地坐在我的对面,述说起她那条令人艰辛的创业之路,忽然间把我这个半拉子老头的泪腺捅开,硬生生扯出一行行老泪,我才真正开始重新认识并佩服起这孩子……

(二)

人世间最大的烦恼,其实是思想者自己带来的。梓滢毕业于传媒大学。她思维敏捷,口齿伶俐,其实如做一个传媒人,或许也能在万花丛中一枝独秀。或者干脆在父母温暖的翅膀呵护下,衣食无忧,快快乐乐,一辈子像公主一样过好自己的日子。

但梓滢这孩子,天性要强,不愿意当这种"享乐公主"。就在传媒大学毕业捧着毕业证回家的当晚,她突然向父母宣布一个决定:"自己创业,开一家属于自己的品牌服装公司。"梓滢的这一决定像在一汪静静的池塘里投进了一个石块,立刻迎来了一片惊诧和否决声。冷战一周之后,父母拗不过她,只好拿出一笔钱,并白纸黑字让女儿写下借据。本想使出此招,把女儿的创业梦吓退。谁不知"创业艰难百战多"啊!他们深知其中的苦楚,不想这么难走的路,再让女儿走一遍。但恰恰相反,父母的这份压力,却成为女儿创业的动力。梓滢说:"在归还借据和债款的时候,我觉得那一刻不仅是为了回报父母对我'另类'的关爱,也是为了给自己心底里的那份热爱写上一篇序言。"说这话时,梓滢眼睛里闪着泪光!

其实,做父母的平时容易忽视孩子身上的一些细节,或者说闪现的天赋。严格地说,做服装、开自己的品牌服装公司,并不是梓滢一时的感情用事热血沸腾。只不过是几年的传媒大学读下来,随着她知识的不断增长,眼界的不断开阔,加速了她这种念头的生长和迈出成长这一步的勇气。而这种勇气,除去她倔强的个性,还有一个关键词,那就是"热爱"。这种热爱是梓滢从心灵深处给服装行业的具体标注。

梓滢的奶奶在我们当地是有名的裁缝师。梓滢小时候,爸爸妈妈

何梓瀅

因为要创业，就把她放到奶奶膝下照看。最初，梓滢只觉得奶奶脚下踩的那个东西（缝纫机）上下翻飞，嗒嗒嗒地发出声音很好玩。玩着玩着，这种声音也就在她脑海里扎下了根。六七岁的时候，梓滢竟然在奶奶这位大裁缝师面前，自己飞针走线缝起了衣服上的扣子。13岁那年，父母把她一个人扔到南昌住校上中学。送她报到的那天还特意在南昌一家名品商店给她买了一套新衣裳。可父母一转身，她觉得这身衣服不合体，竟然脱下来走进裁缝店找把剪刀按照自己的想法一通剪……我想，让梓滢一定要成为一名服装设计师的梦想胚胎，或许就是从这天开始发芽的……

然而，思想这东西，有时仅仅是一片无序的羽毛。兴趣爱好是一回事，真正要独立创业又是另一回事。就像让羽毛长成翅膀，带上自己的身体翱翔于天空……很快，暴风骤雨即向这只快乐的"小蝴蝶"迎面扑来。因为她的公司注册在香港，而在"港人"眼里，一个来自内地乡下的小姑娘，也敢闯进"东方之珠"里游泳，业内的人几乎一个个都没有正眼看她。接着是她设计出来的作品，走过路过的人都不屑一顾，一次次遭到冷遇，处处碰壁……"小凤凰"成了"丑小鸭"。梓滢的茫茫创业之路或者说是心灵之路被撕开了一道道口子。

彷徨，无助，孤独……两个多月没有好好睡过一觉，睡觉不敢关灯，眼睛哭成桃子，登上飞机，自己立即有一种猝死的感觉，那股烦躁涌出的是一股股无名之火，见谁怨谁……

"命运像水车的轮子一样旋转，昨天还高高在上，今天却屈居人下。"

"是在沉默中消亡，还是在孤独后站立！"

……梓滢在半梦半醒中，好像前面站着堂吉诃德。

"何梓滢，你醒醒吧！你是含着金汤匙长大的，有什么好抱怨的，抱怨什么，路是你自己选的，难道还要靠别人拉着你走吗？没出息，有本事站起来往前走才算是一个人物……"

那天，表哥劈头盖脸地骂了她3个多小时。表哥一边骂，梓滢一边哭。也就在这骂声和哭声的交织中，诞生出一股"只有在弯下腰之后才能抬起头"的信念。同时，自己创立"香港水灵鑫服装贸易有限公司"，创设出自己的时装品牌 KLATCH & CLOTAIRE（中文：克莱奇 克洛泰尔）的决心也在加速。骂停了，哭止了，心里的雾霾驱散了，一觉醒来，阳光出来了……

（三）

　　在外人看来，家庭条件的优越似乎给梓滢的创业之路一路金砖铺路。而当你走近她的时候，就发现让品牌保持稳步前进的，一直是她自己的智慧和双手。

　　从无忧无虑的小公主到亲力亲为的创业人，首先需要一种凤凰涅槃式的蜕变。刚踏入这个行业的梓滢，对中国香港、上海和东南亚的服装厂和制版师都非常陌生，过程固然困难重重。但没想到接下来会如此机缘巧合。

　　"我觉得我是一个很幸运的人，那个服装厂的阿姨厂长是特别好的一个人！"谈到合作的服装厂厂长阿姨，梓滢的眼里透露出十分欣喜的样子。而且每说一个"特别"，她都下意识地放慢了语速，仿佛在回想着什么。"她给我们做出来的每一批货都是很精细的，没有任何线头。"第一次下单时，因为怕压货，梓滢向厂长阿姨询问能不能只做15件。以为会得到冷眼拒绝，结果却从对方口中听到"没问题，你想做多少件我帮你做"。也正是因为这一步，让梓滢从最初的15件到30件、50件以至到后面的100件。这些数字的增长都是她成长的印记。"其实，刚开始跟厂长阿姨说能不能做15件的时候，我的心里都怯怯的，很害怕。"谈起往事，梓滢就像回到那个情景一般。

　　至于为什么厂长阿姨这么帮她，在后来也有了答案，厂长阿姨说："小姑娘创业不容易，她很上进。想想当初要不是有人帮我们，也走不到今天。"道不远人，而天道酬勤。梓滢创业初期，幸运地遇到了一些好人，他们的帮扶让她看到了成功的曙光。

（四）

　　梓滢很执着，可算得上是一个完美主义者。无论是从小公主到亲力亲为的创业者的成长，还是对生活中另一半的寻觅和审视，她要求得都是那样完美……

　　虽然梓滢将今天的成功归结为幸运与别人的帮扶，但其实谁都知道，或许是自身的执着让梓滢遇见了好人。现代职业女性正是像梓滢一样，具备着多面化的形象。而这看似复杂的女性形象，梓滢却善于用简洁的七色板来塑造。她总能在看似极简的服装上，创造出一个个记忆点，并将其融合诠释到品牌的经典与大气感中。

"我自始至终保持一个品牌理念，就是'经典'永不过时。"今天坐在我面前的梓滢，一边喝着咖啡，一边启开樱桃小嘴灿烂一笑，继而淡淡地十分职业地说出一个个职业术语，其形体和坐姿极其端庄典雅。她特别强调并加重语调说："女性，一定是对品质和美有更高追求的人！"

正因为如此，梓滢一直坚守一种承诺："让客户花最值的钱，买到好品质，且在设计上不失格调"，"品牌进入市场很容易，但想在市场里站稳脚跟，就一定要有过硬的产品，这就是品质"……

"我是一个完美主义者，我不想背后有人戳我的脊梁骨！"几乎每一次选择每一批面料,梓滢都会与合作方这样较真地对话。在她眼里，对得起消费者、性价比高、物有所值，太重要了。为了能让消费者认可，她一直在用自己追求完美的态度和决心来做品牌。于是，中国的上海、香港，国外的巴黎、新加坡，梓滢很忙，不停地在空中来回穿梭，在这些国际大都市举办时装秀、召开品牌发布会。那些曾经歧视、斜视她的人，如今一个个追着她，成为她的合作伙伴。梓滢打心底特别感谢这些人，说"是他们手中的鞭子，把我赶上成功之路"……

"价格不等于价值。"回头看，梓滢正是用这一理念，成功创建了自己的品牌。实践证明，也是这一理念使梓滢一步步稳扎稳打，有了今天的结果。虽然一路上摔过跤，但她并没有"放弃"。就像她的父母，一对艰辛并成功闯过来的人对她的嘱咐："一年不行两年，两年不行五年，五年不行十年。"正是因为不言弃的执着精神，才有人愿意在成长的道路上向她伸出手。在他们的帮助下扎稳了根，才有了更大的发展，将品质和美融入每一件服装中……

（五）

在爷爷奶奶和父母的眼里，梓滢这孩子在工作中是一位干练的女强人，而在生活中却是一个充满魅力的小女人、大孝女。她爷爷逢人就夸："这孩子贴心啊,再忙也不忘常来看我这老头子,你看我身上这些棉衣棉鞋,还有这些吃的用的,都是这孩子送来的"……我那个儿时的玩伴,梓滢的父亲和他夫人,更是常常把女儿孝敬给他们的箱包、名表、时装等物件,在微信上晒出来,那种自豪感无以言表,让许多同龄人眼馋嫉妒得要命……

就在前不久,梓滢突然给我来电话说:"伯伯,您的拥军优属基金会收不收慈善款呀,我想为祖国的国防建设事业尽点微薄之力……"我一听,很是感动。这孩子,不仅有一颗孝心,还有一颗爱国之心。真是难能可贵!没过多久,梓滢就把一套饱含爱国主义元素的服装样式设计方案发来给我看,设计图纸中的国旗、国徽和长城图案,摆放得恰到好处。她说要把这个设计方案制作出春秋两季服装,待销售后,将所得款项全部捐献给国防事业。一番话,又把我这个做伯伯的泪水给勾了出来。如今梓滢这孩子,在我眼里是一天天地增加高度……

(原载《上海外滩》2019年第2期)

暖暖的相拥

2022年秋日,我辞去所有的社会兼职回到故乡的养心斋,过自己想要的生活。

清晨,我在星江河边漫步,朝阳照在河面上,浣衣女们在波光粼粼中轻轻摆动手里的衣物,江水荡起层层涟漪。远处的一阵捣衣声,把我推进记忆深处……

40年前的那个初秋,我参军4年后第一次回乡探亲。因为考虑交通方便我先到了哥嫂家。哥嫂所在的林业队驻地是一个徽派建筑风格的自然村,坐落在一片翠绿的竹海中。

第二天清晨,我沐浴着晨晖,踏着青石板路,看着袅袅炊烟与淡淡的晨雾,走向村边的一条小溪,溪水潺潺清澈见底,一排排翠竹倒映在溪水中随风摇曳。在我站定溪边的那一刻,突感一股仙气袭来。

溪水中间一个婀娜多姿的倒影映衬着一张青春稚雅白里透红的少女脸蛋，一双嫩芽式的小手在清澈的溪水中上下捋着一头青丝，我被这画面定住了神。或许水中的"倒影"也发现了岸上那对入神的眼睛，站在溪水中的她猛地抬起头甩甩秀发上的水珠，朝岸上一身戎装的我看来，四目相对，我的心跳比第一次进靶场实弹射击还快……

匆匆回屋问我哥嫂："你们这个小地方好像有个小美人嘛……"接着描述一番刚刚小溪边遇到的那位姑娘……"你眼睛倒是挺刁的噢，她可是我们整个中洲林场的娇娇女咧！"嫂嫂一猜就知道我这个小叔子看上谁了，哥哥更是在一旁偷偷地笑。

我们的目光相遇了
虽然我们不曾相识
但内心的火焰告诉我
我等待和寻找的
——就是你！

我是相信缘分的。没想到，我随手写下的这段话，竟很快被"信使"传给她——后来成了我妻子。这是刻在我骨子里的幸福画面。

她是20世纪80年代初从这个小山村第一个考上师专，也是第一只飞出这座大山的"小蝴蝶"。命运之神就这么巧，好像这只"小蝴蝶"就是上苍专门安排在此等候我的……

与妻相识之前，我不知道什么叫恋爱；与妻相识之后，就认定此生有她足矣。那时我还是个出身寒门的战士，但就在那年冬天，她踩着没膝深的积雪一脸灿烂地随我翻山越岭几十里到大山里去认公婆。我平生最怕的事就是别人对我好，因为我要用一生去回报他。

我们平日没有"海枯石烂""举案齐眉"之类的宣誓，"爱情"其实更多的内容就是"柴米油盐，人间烟火"的生活。不过，40年来我们一直相互欣赏、相互珍惜。无论我在工作上取得了进步还是文学艺术上获了奖，妻总是第一个祝贺我的人。妻从来沪进现在的学校到她退休，换了4任校长，同事也是换了一茬又一茬，我们夫妻情笃如初的"美名"，一直在校园流传。那些年，我在军队从事新闻工作，后又担任一家医院的政治主官，一年365天东西南北到处跑，聚少离多。但每逢教师节、妻的生日或我们的结婚纪念日,无论我身处何地,妻所在学校的传达室,总有我准时寄送的鲜花与贺卡。妻的领导与同事都说我是位有心人。其实要说"有心"这一点,我远不如她。

我们恋爱的 4 年多时间里我给她写过 365 封"情书"。她把这些情书一一编上号,整整齐齐摆在一个专柜里,从江西到无锡,从江苏到上海,从公房到私房,无数次调动搬家,妻抛物无数,唯独把我给她的信一路走一路带,一封不落……

妻算不上最好看,但我觉得她越看越耐看,越老越好看。不怕人笑话,我是"一天离了妻,太阳不落西"的那种男人,即使千里之外,每天必须两到三次电话。有一个习惯不知道什么时候形成的,几十年来无论是出差还是上班,每次我们都要相互拥抱一下再出门。下班回家也一样,无论谁先谁后,先进门的,迎上去拥抱亲吻后进门的。每次相拥浑身总是暖暖的感觉,这已是我们生活的常态了。

唐人卢照邻有诗言:"愿作鸳鸯不羡仙。"我想,夫妻恩爱不是秀给人看的,而是自己感觉幸福就好。40 年一路走来,雪雨风霜经历太多,但一直记住,丢什么不能丢掉初心;走得再远,不能落下与自己相濡以沫、患难与共的人……

(原载《新民晚报》2022 年 12 月 30 日"夜光杯")

春联一贴年味浓

不知是谁动了虎崽的胎气，整个壬寅之年，这只山中之王就没少闹腾。或许是人们在虎年里压抑太久，于是，盼"玉兔报春"，盼"嫦娥劲舞"，盼"玉轮欢歌"，盼"仙兔送福"……从公历新年的第一天开始，无所谓禁令，到处火树银花震天响。尽管新冠这个不速之客尚未走远，但民间的"写春联送祝福"迎新活动，已经早早地拉开了帷幕。

有人问我，你当过农民，穿过军装，又在政府机关吃了多年的俸禄，你觉得你什么时间最忙？我毫不犹豫地说："每年春节前的时间！"

春节前，人们都在忙什么？忙

作者参加"书法界写春联送祝福"活动

走村串户吃喜酒，忙大包小包办年货，忙大会小会做盘点，忙集体个人收欠账，忙上下左右内亲外眷"打情感牌"……这好像是多数中国人的缩影。而我却认为最能代表"年味"的就是"写春联送春联，家家户户贴春联"。也因此，我一年里最忙的就是帮人"写春联送福字"！

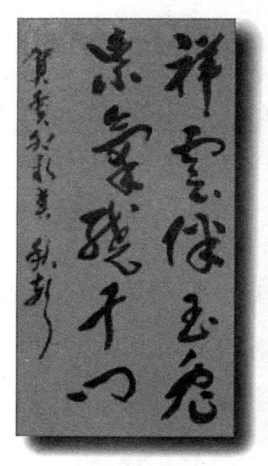

"爆竹声中一岁除，春风送暖入屠苏。千门万户曈曈日，总把新桃换旧符。"王安石的一首七绝《元日》，把中国人的新春风俗写得淋漓尽致。自后蜀君主孟昶写下"新年纳余庆，嘉节号长春"这对有历史记载的桃符（春联）开始，我们民族写春联贴春联的文化风俗，就开始从大江南北，慢慢地演化和普及开来。到今天，"春联"似乎成为春节的首要文化符号，同时也可称作是我国优秀传统文化的门楣。因为春联不仅看字，更要看文。因此，据传书圣王羲之家门前的春联，常常不到下半夜就被人"揭"走……

笔者出生在婺源（古徽州）的一座大山里。虽读书不多，但自幼习字。若从儿时在老祖屋门前写春联贴春联算起，自己与春联结缘的时间已有五十余载。

记不起具体哪年的春节了，那时候父亲还在"工作队"被一群"红袖章"管着。无论月缺月圆日子苦甜，年总还是要过的。母亲含泪强装欢颜，带着我们兄妹用她特有的方式，把苦日子过成诗。除夕的早上，母亲带着我们拜完祖宗，接着对我说："儿啊，拿笔来，你来写一副对联，我出上联。"（这是我第一次写对联，是母亲给的勇气）我还记得那副对联的内容，母亲出的上联是"苦日子渐熬渐少"，我对的下联是"好时光越过越多"。爷爷奶奶在一旁带着泪连声叫好，还奖励了我一块红薯干。对联一贴，满屋的喜气和年味就出来了。

母亲只在乡妇联主持工作时跟着"扫盲班"认过几个字，而我则仅仅在小叔叔那里偷学了几个半生不熟的汉字。母亲虽说没读过书，却无师自通，一肚子的"文化"。且自学草医、草药和接生，救人无数，

在四乡八邻享有很高的声望。从我学会写第一副对联起,母亲就经常给我出上联或出命题,让我对下联或根据命题即兴写对联。母亲把我写的对联不仅贴上自家的房屋,还一脸喜气地拿出去送给山里山外的亲朋好友。时间一长,在十里八乡传成了美谈佳话……

后来,我当兵离开了那座大山。迈出山门已有40多年,乡亲们却念念不忘,每年接近春节,总是盼着我回乡探亲过春节,家家户户备好红纸、墨汁和毛笔,同时也备好一桌酒菜,总要抢着让我帮他们写春联……

成亲之后,我的岳父岳母又是一对热心人。只要是那年回我岳父母家过年,老两口就像一对喜鹊,早就在山谷里叫开了。粉墙黛瓦、炊烟薄雾之下,我的岳母满脑子装的都是前乡后村左邻右舍谁家今年娶妻,谁家明年嫁女,谁家盼着添丁,或谁家出门做生意,谁家今年粮食大丰收,等等。岳母就把这些一一报给我,给我出命题,让我写对联。然后,岳父岳母挨家挨户去分送。送福的人和接福的人,一样喜上眉梢,爽脆的笑声,不断在山谷里回荡……

现如今浪得作家协会、楹联协会、书法家协会三项会员虚冠之后,每年春节"写春联送祝福"自然就成了我的"头号任务"。

当然,这"头号任务"里,有组织派遣的,也有虚名在外"招来"的,更多的是虚度60余年情感积累的。无论哪一种类型,都无法拒绝"迎吉祥""送祝福"!

这些年,无论自己在上海还是在老家婺源过年,父老乡亲、老战友、老同学、老同事,多少年约定俗成,我必早早为他们写好春联福字。老家人就稀罕你那两个字和满是喜气的对联文,以至到了大年三十,门外还常常响起上门求对联的敲门声。

与此同时,随着朋友圈、读者群的不断扩大,大江南北千里之外的新朋友、新面孔,也源源不断地向我请春联。每当这时,我总要列好名单以防遗漏,然后一一满足大家的要求。不过,即使如此,每年还会有不到之处,常常节后才发现,还是有遗漏发生,尤其是越亲近的人越容易忽略……

特别是近几年,机关、部队、企业、学校、社区、干休所,这些单位越来越重视传统文化。于是,市、区书法家协会,楹联协会,就主动承担起"文化使者"的担子,积极组织书法家进机关、进校门、进军营、进社区、进企业,"写春联、送祝福",传承与弘扬中华优秀传统文化。因为众人抬爱,我被戴上"军旅作家"和"军旅书法家"的高帽,这些年只要各会会组织活动,都会点将让我参与。即使代表大陆赴台开展两岸春联文化交流,我也有幸成为其中一员。

说实话,我不管参加哪次活动,都是不打无准备之仗的。每一次,我会根据活动的主题、对象,甚至地理位置、天气情况,提前认真备好课,已备在现场做到"难不倒"。无论是写春联,还是写福字,现场求字的对象胃口(味觉)"深、浅、高、低、胖、瘦、简、繁、真、草、隶、篆、行",各取所需,各有不同。比如写福字,我会为在场的每个人写出各不相同的福字,这样大家都有一种新鲜感。对联文则根据对方的要求或不同特点,为他们即兴创作,或事先拟好内容打印好让不同对象挑选。

写对联这东西离不开书法,又不全在书法,只有被在场的人认可,你笔下的墨和联中的文,才会受欢迎;否则,你就会在众目睽睽之下,干坐冷板凳。来求"福"的人,是不会论你是什么"家"、什么"会员"、什么"主席"的,他只看你手上的"活儿"合不合他的意。

就为这,这些年我着实无意中得罪了不少"大牌"。同来参加活

作者在家写春联送友人

动的一干人马，说起来他们头上的光环都比我鲜亮，但写着写着，那些"大师"却成了"看客"，而我的左右两侧却排起了长长的队伍。

笔者认为，自己是一个认真做事且有几分天赋的人。无论写联还是写"福"，都是根据求字者要求下笔创作的。或许是我们的国人都有一种聚众心理，我两侧的人总是越聚越多。于是，我一个人写的时间也就越来越长，经常是上午9点开始，写到下午近1点，队伍还是排得很长。我也是耳顺之人，你说这时候不累、不饿是假话。但是看着一圈渴求的眼神，我实在不忍心放下手中的笔，让那么多人扫兴而归。每每这时，只好靠单位的领导和组织者出来解围。尽管如此，我心里还是久久不能落稳……

人们常说"送人玫瑰手留余香"。我想：写春联送祝福，就是给人送上一束束最好的祝福玫瑰，我的心里自然是十分欣慰的。虽然很辛苦，但是很幸福！对此，几十年，我乐此不疲！ 我知道，求联者转身贴在大门上，浓浓的年味就出来了……

附作者为兔年（癸卯）新春创作的春联（选刊）——
五言联：
嫦娥舒广袖　玉轮舞春晖
祥云伴玉兔　紫燕入千门
祥云伴婵娟　紫气绕家园
祥云绕玉兔　紫气萦朱门
祥云伴玉桂　紫气润春晖
玉蟾奔盛世　紫燕舞新春
春入仙兔屋　福进百家门
红梅贺新岁　玉兔撒欢来
红梅贺新岁　玉蟾报春来
瑞雪迎春到　玉轮贺岁来

江山添秀色　大地换新颜
日出千山秀　花开万里香
红日千秋照　神州万载春

七言联：

观嫦娥长空善舞　看玉兔志在乾坤
嫦娥善袖长空舞　玉蟾轻歌遍地欢
观嫦娥长袖善舞　看月兔登顶昆仑
玉轮欢歌丰收景　喜鹊衔来幸福春
观嫦娥长空奔月　看仙兔志满昆仑
绿柳摇风燕织景　红桃沐雨兔奔春
虎年谱就惊天曲　兔岁写成动地诗
兔奔碧野千畹绿　郎种枣园万里红
年年顺景财源广　岁岁平安福寿多
五湖四海皆春色　万水千山尽朝晖
一帆风顺年年好　万事如意步步高
春回大地千山秀　日暖神州万物荣
春临大地百花艳　节到人间万象新
虎捧金穗辞旧岁　兔奔绿野开新春
风调雨顺延吉岁　四海欢歌唱丰年
玉兔跃蹄奔盛世　紫燕欢歌唱新春
玉蟾奋蹄奔盛世　紫燕欢歌唱太平
红梅吐秀换新岁　玉兔喜奔四海春
云影天光千古秀　花香鸟语四时春
年丰人寿福如海　柳暗花明春似潮
千秋岁月千秋美　万里江山万里春
春光一片连天碧　笑脸千张映日红
春入春天春不老　福临福地福无疆
春光秀丽花妩媚　山河壮美人青春
花开富贵年年贵　竹报平安岁岁安
春光十里无限美　紫气东来绕千门
瑞气煦煦千门绕　红梅点点伴春来

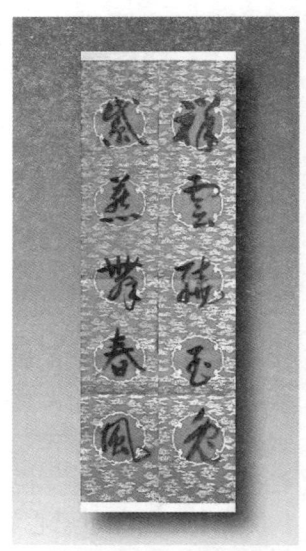

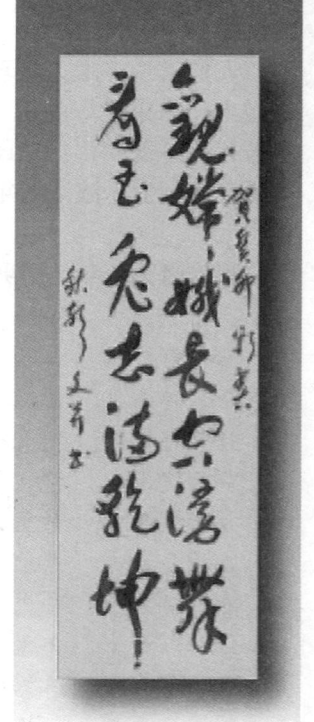

玉兔欢腾播新绿　红梅赋诗万里春
仙兔奋蹄千山绿　紫燕欢歌万里春
嫦娥善舞挥彩袖　玉兔欢歌送吉祥

九言联：
春光明媚祖国逢盛世　华夏腾飞山河万里春
虎别兔归一元欣复始　春明日丽万象喜更新
红日出东方春光万里　福海满乾坤大地花红
摇虎尾拜别艰难旧岁　竖兔耳迎来吉祥新春

横批：
玉兔欢歌　癸卯大吉　国强民富　国富民强　惠风和畅
国运齐天　盛世清风　人寿年丰　春满人间　五福临门
百业兴旺　喜迎新春　吉祥如意　瑞气盈门　吉星高照
草茂兔欢　欢度新春　福满新春　无限春光　新春吉祥
家门兴旺　春光无限　年丰人和　人兴财旺

（原载"东方网·教育频道"2023年1月9日）

感受新苗成长的快乐

那天,我的老上级窦芒先生,给我发来视频:"秋生,我正在学习你的大作!"

画面里的老领导正坐在一家星巴克咖啡店里,一边潇洒地喝着咖啡,一边像煞有介事地捧着一本《上海外滩》杂志。画面先从老领导的尊容推到《上海外滩》杂志的封面,再将特写镜头推到当月《上海外滩》上刊用的我的一篇文化散文——《祖屋遐想》。

老领导表扬说:"秋生此作写出了古徽州的历史神韵和广博的徽州文化,也写出了作者对那片土地抱有的无限深情,文章从祖屋切入,慢慢化开,入情入理,很生动!"

……

老领导是位资深媒体人,至今笔耕不辍。看完老领导发来的视频,我自然很高兴。首先,老领导几十年对我关爱有加,对我一点一滴的成绩与进步,都给予褒奖;其次,自己撰写的反映古徽州文化的小文,能被杂

《上海外滩》刊影

志刊用并得到广大读者的认可，心里总有一种获得感；当然，更多的是看到《上海外滩》这本杂志，能走进千家万户，深受读者好评，我备感欣慰。

一树"琼花"今夜开，引得书虫八方来。记得5年前，也是这样一个冬日，当首份《上海外滩》杂志出现在大家面前的时候，我和众多的读者一样，忽觉眼前一亮。那种感觉就像冬日里的第一场雪，让人格外惊喜新奇。尤其是当你读着刊中丰厚的内容，再看看外观的质感，你不由得觉出这份杂志的大气象。

其实，门内门外的人都明白，随着现代传媒手段的席卷，现在的传统纸质报刊，曾经的"皇家公主"一天比一天凋零了。甚至不少曾经的知名期刊，有的发行量在逐步萎缩，奄奄一息，有的早已悄无声息地关门大吉。即使是一些"大报要刊"也靠着层层发文指令订阅勉强活着，其信息和稿源多数竟来自网络，成了"二道贩子"，自觉自愿订阅的读者就更是寥寥可数了……

就是在这种残酷的态势面前，《上海外滩》这株小苗破土而出。我想，虽说是上海外滩，但敢于顶石而上的气魄，其勇气不亚于在戈壁滩上栽苗啊！何况，她出自区县仅有几条"枪"的力量。

作为《上海外滩》杂志的娘家人之一，我一直关注着这株新苗的生长状况。因为浪得上海市作家协会会员的头衔，案头上书柜里摆满了作协为我订阅的林林总总的报纸和刊物。我甚至难以顾及这些名刊、名报，而特别细心地关注起《上海外滩》这本区县级办的刊物。

其实，《上海外滩》问世以后，我有时候挺矛盾：如果你不停地给他们发稿子，人家会觉得你"近水楼台先得月"。就像我刚来黄浦的那些年，《黄浦报》的负责人经常约我写点东西，我不便推辞。时间一长，一些"热心人"便私下议论："曾经给'两报一刊'写稿的人，现在却落得个总在自家自留地里打转转的境地！"

自从本人开通了个人微信公众号"春秋之声"后，说句实在话，无论"官媒""民媒"，用不用我的文章，我并不抱有多少奢求。因为个人微信公众号或朋友圈发出的文章，每天都能及时了解到读者的阅读量和获得点赞的那种快感。

但《上海外滩》是本部门办的，又是好兄弟主编的刊物，我不能视而不见。于是，我会隔三岔五、认认真真地给他们写点稿子发过去。说来有缘，这些年，我在军队时期的很多战友同道，上自将军，下至士兵，慢慢地都喜欢上了《上海外滩》，并陆陆续续成为《上海外滩》的热心读者和作者。

我与《上海外滩》印象最深的一件事，要数2019年的一次征文活动了。就在上海南京路步行街开街20周年之际，《上海外滩》面向海内外搞了个"我与南京路20年"的征文活动，上海市资深老报人储有明前辈，把本次征文活动的启事转发给了我。一开始，我还真低估了活动组织的规格，以为就是邀上几位"圈内人"组织几篇文稿而已。不过，转而一想，既然是储有明这样的知名前辈转发给我的征文启事，我不能置之一旁。这时候，我脑海里即刻出现了在南京路上坚持38年学雷锋做好事的老战士陶依嘉大姐。于是，一周后，我的一篇《我在南京路上认识的她》的征文稿，发给了征文组织方。

我是先发给储老师请他看看并提些意见的。没想到他只字未改，只竖了三个大拇指。我再把文稿发给文章的主人公陶依嘉大姐，请她看看还有什么不到的地方。陶大姐则对我说："几十年来，写我文章的人不少，但真正把我自己写哭了的，你还是头一个！"当时就觉得这次征文一等奖唾手可得。心想，过去国家级、省部级的拿过那么多奖，这次不就是一个区县级自己部门办的杂志嘛……

获奖名单公布了，我果真榜上有名，不过是三等奖。当时有点失落。但仔细看看获奖名单和来稿情况，一下让我"自知之明"许多。好家伙，前三的获奖名单上，有上海市的老领导，有黄浦区的老领导和本市、外省市的一些知名作家。而且鼓励奖的名单里，还有我很熟悉的几位老作家"老笔杆子"。再看来稿情况，更让我吃惊，竟然有来自全国各地和海内外的500多位作者参与投稿，且不少来稿题材大、角度好、文笔优美。重量级的评委阵容更是令我肃然起敬，其中就有我尊敬的上海市作协赵丽宏副主席等一批享誉海内外的著名作家。这么一看，我想我能够获得三等奖，已经足矣。

这时候，我觉得单就自己一篇文章获什么奖的问题，已经微不足道了。可喜的是，我看到了《上海外滩》杂志能够引起海内外的广泛关注，说明这株新苗小苗，在辽阔的大地上已经深深地扎下了根，开始茁壮成长了……

（原载《上海外滩》2019年第5期）

石城茶叙

婺源,曾为古徽州六府一县之一,也是"徽文化"的主要发源地之一,今被世人称为"中国最美乡村"。

"徽州"是中华民族历史上一个响亮的文化符号,是藏学、徽学、敦煌学三大中国地域文化的构成之一,是古徽州物质文明与精神文明的光荣标志。徽州沿新安江百里画廊而立,青山绿水,粉墙黛瓦,清气蒸腾,如梦如幻,是装点俊俏黄山的百媚裙摆。一生痴绝处,无梦到徽州。这是个让世人流连忘返的痴迷之地……

今天的婺源隶属江西上饶市,古称"饶州府"。饶州,顾名思义富饶之州。境内囊括的名山有许多,其中就有三清山、大鄣山和占据三分之二面积的武夷山。而三清山又为道教发源地,茶与道,灵与魂,总是融为一体。被誉为茶圣的唐代茶文化大家陆羽,对这块土地情有独钟。据考,陆羽的《茶经》多半是受饶州的山水与茶的影响写成的。

婺源第一山大鄣山,绵延百里,为庐、浙两水的滥觞,位于古徽州的北部,在黄山与武夷山的接壤处,集两山山水之灵气,纳二峦山风地气之仙骨。古诗云:"蹯踞徽饶三百里,平分吴楚两源头。"主峰擂鼓峰海拔1629.8米,是婺源群峰中的翘楚,巍巍屹立在赣皖边界,沐浴着白墙黑瓦和碧水修竹间的朝阳,诉说着赣地先民和古徽州人南来北往的过去。

大鄣山乡有个石城村。这是一块令很多人深入梦乡的土地。"深秋一叶红破天，朝阳伴雾亦如烟。深闺二八梳妆女，错把仙界比人间。"石城村与自古就是名茶产地的浮梁县比邻，终日云雾缭绕，半阴半阳的山坡上兰草丛生，周边古红枫树成片，早已在美国纽约时代广场的大屏幕上为世人所识。由于婺源与安徽的黄山市（原为屯溪市）在地理上又都同属黄山山脉，黄山地区所产的毛峰绿茶和祁门红茶，俗称黄山的"一红一绿"，这两大名茶至今已有100多年历史。综上所述，比邻地区的茶文化与婺源茶叶的生长环境，有着割而不开、扯而不断的"血缘"关系。"兄住东山头，弟住西山尾，朝沐甘露夜沐霞，共饮一江水。"造物主这位大地的祖母，早就把"黄山茶""武夷茶""龙井茶"和"婺源茶"这些个地缘"兄弟"，紧紧地拽在同一块钟灵毓秀的土地上了……

熟悉茶圣陆羽《茶经》的诸茶仙，都知道《茶经》中关于茶叶产地述说时有这样的描述："其地，上者生烂石，中者生砾壤，下者生黄土。凡艺而不实，植而罕茂。法如种瓜，三岁可采。野者上，园者次（意思是茶叶的品质，以山野自然生长的为好，在园圃栽种的较次）。"石城村离婺源县城75公里，盘山公路如绕云端，一树树野山茶，就镶嵌在千年古树下，沐浴在云雾山泉涧。制茶工艺也是祖祖辈辈言传身教留下来的，且出茶率相当低，正是养在深闺人未识。在这样一个山高路远的小山村里，朴实的山民，一辈子看重的就是"信誉"二字。于是，脱手的每一片茶叶都必须确保天然无公害的绿色食品，"品质第一"成了山里人的一条铁律。"让更多的人品尝到这山野茶独有的味道，喝出更健康的身体"，便成了山里人的一种朴素心愿。

"婺里红"，当地人称之为"仙枝"。这种茶一般在每年的谷雨前后几天开采，而且每年只采春茶一季。这也是祖祖辈辈传下来的规矩。"留足饥荒粮，不抢子孙饭。"敦实厚道的山里人，从来都是替别人着想，替儿孙打算。其实这也与特殊的地理环境有关。山高气温低，在最炎热的夏季也只有30摄氏度。每当数九严冬，天寒地冻，一株株山茶挂满了冰凌，这时先人"只采一季"的膏方显灵了。因为夏天秋天，茶树会长满丰厚的新枝，到了严冬，这些长老的枝叶便成了一层层厚厚保暖过冬的"衣服"。而且这期间所有危害茶树生长的病虫，都会被冰雪打扫一空。

大鄣山的茶,既是高山茶,其实还是真正意义上的野生茶。除了每年七八月的人工除草外,其余时间都是暴露于山野间自由生长。1785年美国《茶叶金书》中评价说:"婺源茶不独为路庄茶中之上品。"婺源茶出于荒野却与生俱来带着徽文化的书香气质,"笑向陶潜篱下时,一蓑烟雨任平生"。以往,婺源的绿茶已经为爱茶人士所熟知。"婺里红"高山有机红茶,秉承婺源茶一贯的有机种植、人工采摘、无化肥农药危害,香气馥郁、滋味醇厚、耐泡的特点,必将带着婺源的秀美山川一起走近爱茶人士的杯盏茶桌……

人是万物之灵,茶是百草之精华。独特的地理条件,生长出独特的山茶。大鄣山深处的"婺里红"就这么曼妙。"春来半片入君梦,深秋一叶三江通。寒夜客来茶当酒,围炉茶叙火正红。"眺望马头墙外的一枝梅,看云卷云舒,诗如泉涌;东篱下抚一曲《高山流水》,品一口香茗,茶文化的感觉,醇厚甘甜,一口通体,满嘴生津。

您的生活本该就这么美妙,如神如仙……

(原载上海"老小孩"网2022年3月25日)

树人树文
——我对刘树人先生的一点认知

中华文化历经五千年，虽然也经历过"焚书坑儒"那样的劫难，但依旧是十分丰富的。与中国文字相伴而生并以表现文字为基础的书法艺术，无论产生的长度还是传播影响的广度，都是最深远的。

我认为，书法艺术是中华文化中的门楣和标签……因此，在看待中华文化尤其是中华书法文化时，我们不能把它当作一种流于其表的形式，更不能把它当作装点门面的一种物件，更多的是要体现出一种中华民族的内涵。中国书法家协会会员、上海市书法家协会会员、江苏省甲骨文学会副会长兼书画院院长刘树人先生深谙其道。

熟悉刘树人先生的人，都深有感触，他身上独有的那股儒雅之风，有一种文气逼人的质感，就像一块厚重的文化化石，是几千年中华文化浸润风化的结果。

自古扬州出大才。我想，刘树人先生便是当今扬州出的大才。

当下社会"浮夸浮躁"之风盛行，文化乱象丛生。先生却不浮不躁，不跟风不赶潮，依旧老老实实、扎扎实实做自己的学问。他的字初看有些"拙"，细看却是"拙"中见智。他之所以深研甲骨文，目的就是从老祖宗那里汲取精髓。以至从甲骨文至金文，再从隶书至章草融会贯通。于是，先生的横竖撇捺之间便有了"高古""朴拙"之韵。

刘树人

我与刘树人先生相识已有三十五六年。20世纪80年代中期，我是江西红土地上某部的一名战士报道员，他是军区机关的一名处长。那天，他作为军区后勤部工作组的领导，下部队调研并点名找我谈话。实际上那天所谈的内容是带有命题性的。那时候，因为军队干部的使用与培养上，只有军事院校一条腿走路的方式，致使军队干部和人才培养上过于单一化，并不利于战士的进步和人才成长，也影响着军队战斗力的养成。我是带着个人的夙愿和不平，向首长敞开心扉谈感想的。那天，彼此默契谈兴很浓，不经意间，也谈到了书法。因为当时我已是当地作家协会和书法家协会会员。就在那天，我们谈得越深，首长身上的儒雅之风在我脑海里扎根越深……

近几年，在军地书画艺术交流活动上，我们有了更多见面的机会。前不久先生取"平常心象"为题，在上海图书馆开了一个个人书法作品展。至于他第几次举办个人书法作品展，我也忘了。参观本次作品展后，我的第一感觉就是，这个书法作品展，虽然取名"平常心象"，在我看来实则为"正大气象"。

虽然我也涂鸦多年写字消时，但就单凭腹中所粘的这点书法理论皮毛，是绝对不敢在先生作品面前说一道二的。好在，我与先生相识数十载，甚至可以说是先生的追随者，于是我相信，我说多说少，说对说错，先生都不会责怨于我。

就先生书法本身而言，相比于当今大多数书家在结字、笔法、章法的尚艺方面所取得的成就，树人先生的书法，既有锋芒雄武的内敛，又有涵养斯文的底蕴。其字碑帖合璧，拙秀并茂，五体兼备，大小由之，是军人之书，也是诗人之书，很耐看。在今天的书坛，理应引起更多人的关注和欣赏。

"腹有诗书气自华"，这话放在一幅作品上也是相当适用。书家常讲某某书法作品缺口"气"。而这口"气"，实际上讲的就是底蕴不足，内涵不够。行内还有一句话，叫作"功夫在字外"。所谓功夫在字外，不是不让你下苦功练字，而是要更多增补"文化课"，增加文化修养，增添气韵内涵。因此，我认为，临帖只是手上功夫，而要达到心手合一，让自己的笔墨体现出自己的灵魂，你必须得有博学的内功。我们注意到，树人先生的书法创作内容，除书写古今经典诗词名句之外，更多的是书写自撰的楹联、诗句。而且，我们从树人先生自撰的众多楹联、诗词作品中,可以看出平仄工整,押韵合辙,且意境高雅。不难看出,这种国学功底绝非一日之力。对于古代或民国前后的老一辈书家,具有这种水准,可能不足称奇。但在今天,不要说一位军旅书家,就是那些高等学府文史专家教授,也很少有人擅长此道,更不用说写出这样叫好的楹联、诗歌作品了。

树人先生戎马一生,却始终笔耕不辍。从领导岗位上退下来的这几年里,仅撰写发表关于书法研究方面的文章就多达十几万字。他理论联系实际,一边深研理论加强内功,一边不断实践习书不止,书法技艺日晋笃升。

这次在上海图书馆个人书展上展出的80多件作品中,有巨幅横幅、

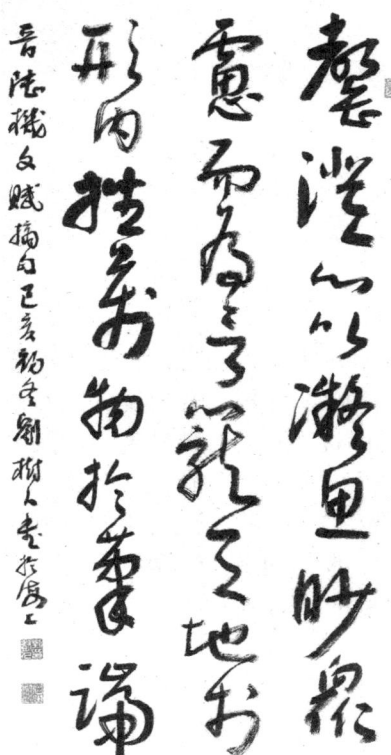

刘树人作品

六尺中堂，有条屏，有对联，有小品，可谓品种繁多。其中真、草、隶、篆一应俱全，巨幅草书，气势恢宏；条屏楷书，力透纸背。当中数幅篆书，则更能体现树人先生的风骨气韵和知识涵养。看着一幅幅作品，再抬头看看树人先生的人，就更能读懂先生身上那股温文敦厚、文质彬彬的儒雅气质和他的清真雅正、文心雕龙的书风文风了。

书者必临帖，这是书家的法则。树人先生潜心临帖数十年，临过的帖不计其数。如篆书帖中的《毛公鼎》《散氏盘》《石鼓文》《泰山刻石》，隶书帖中的《曹全碑》《张迁碑》《乙瑛碑》《石门颂》，章草帖中的《平复帖》《出师颂》等。草书中的帖更多了，张旭、怀素、米芾、王羲之、王献之和孙过庭的《书谱》等，这些书家先祖的草书都各有千秋。树人先生汲古人之精华，后消化于自身血液，力求"博观而约取，厚积而薄发"，形成自己独特的风格。有人把临帖看作苦行僧。但很有意思的是，树人先生临帖能临出诗情画意来。比如，他在临写《好大王碑》时，引发诗兴，即兴创作了一首七绝：

笔势圆融体势方，
态憨气足意苍茫。
偏师借重高标格，
写出精神比晋唐。

偏师高标格，精神比晋唐。是心得，还是励志，抑或是树人先生对于自己书法的心印独创。所以，我要说，树人先生的书法是有文化的书法。虽然这话可能过于扁平，但先生的过人之处是当今书坛众多书家中所不及的。人们常说"文如其人，字如其人"。在书画界，人们则说"书格画格亦人格"。我认识的树人先生是先树人再树文，抑或是人、文同树的人。他的内敛、低调，为人谦和的行为方式，恰恰在人们心中默默地竖起一座高山……

（原载《上海外滩》2022年第8期）

他从海边来

  20世纪80年代中后期,福州、南京两大军区合并时,我即被选调至南京军区宣传部新闻处和军区人民前线报社代培学习。这时候就见浙东一个海岛上的守备部队有一个"管苏清"的名字,频频出现在军队报刊上。他发出的一篇篇文章,几乎都是吹海风、沐海浴、听海啸、斗海浪的一个个护礁守岛人。报社的老编辑说:"这小伙子不简单,是我军首批南京政治学院新闻系的高才生。"
  是年冬月,军区召开新闻工作总结表彰大会,我俩都在表彰名单里。于是,我俩在领奖台上面对面彼此看到了对方的真容。苏清个头不高,白白净净,两眼清澈,板刷头,浑身透出一种干练,秀郎框镜架下映射出一脸才气。这时,我的第六感觉告诉我,此人可交。于是从那一刻起,苏清便烙在了我的心坎上……
  巧的是,3年后,我所在的南京军区后勤驻赣某部和苏清所在的舟山驻军某部同时撤编(才过一年又复编,没过多久又撤编),我们俩竟然被驻无锡的军区后勤某政治部同时"收编"到一个宣传科。我们报到的时间仅相隔一个月。苏清的智商高,情商也高。他来报到的时候,还从海边给我背来了两大罐海鲜蛤蜊子。我这个红土地上吃辣椒长大的孩子,与海鲜那东西没什么缘分。但苏清的一片心意,我还是感到暖暖的，一直留存在心底。

一开始，我们各自的另一半一个在海岛，一个在老区，我们两个"外来和尚"就被安排在部队招待所的一个双人间里。工作分工上一个管教育，一个管理论，既有分工又有交叉。都是初来乍到的"新同志"，所以我们俩真的就像亲兄弟一般，不分你我，相互帮衬，两块工作齐头并进，红红火火，所写的材料不断被上级机关转发。乐得我们科长和主任整天笑眯眯的，大会小会总表扬，使其他同志好不羡慕。

别看苏清谈吐儒雅文气十足，可上了酒桌却是豪情万丈。那时候只要我俩结伴外出参观学习搞调研，能把我俩在酒桌上"放倒"的单位和个人不多。而要是上级机关、兄弟单位或者是基层来了客人，领导派我俩陪客的话，客人能自己扶着墙走回房间的，就更少了。这当然主要仰仗苏清的实力。

可惜，这样的日子太短。来年春上，苏清就被军区后勤某部门给调走了。苏清走后不久，我也被军区"争先创优办公室"借去帮助工作了。据说为这事，单位领导一直不开心，以为我"身在曹营心在汉"，而我却一直被蒙在鼓里。

其实，我这个人应该属"牛"的——单纯。心随眼走，眼随鼻子走，鼻绳在牵牛的人手上拽着。主人牵着我去耕东边那块田，我绝不会选择去耕西边的那块地。就这样走着走着，我这个呆人也有呆人的福报……

苏清在军区因为组织的需要，先从后勤部门到政治部门，又从政治部门到后勤部门，最后从联勤部党委秘书的位置调到军区驻上海某部当了处长。或许是受海岛风吹浪打的缘故，他一路走来，干啥像啥，且从来没扔下手中的那支笔，职务也随之晋级提升至正团上校……

光阴似箭，一晃 30 多年过去了。这个世界说小不小，说大不大。没想到，我们两家又都在上海会师了。前两年，苏清转业至市 12345 管理办公室任副主任，办公地点就在我转业工作所在的黄浦区。天高云淡的时候，我们站在观光层还能彼此看到对方的办公大楼，而且两家住得不远。苏清几乎还是 30 年前的那个模样，脸蛋依旧白白净净，两只眼睛还是那样清澈见底，眼镜的镜架也是几十年保持一个风格。年轮的风霜剥蚀，好像与他无关。谁说"岁月是把杀猪刀"，我看在苏清的身上，岁月就是一支天然的山水画笔，越描越清秀，越描越俊朗。

管苏清

有缘人天作合。这几年，我们又可以隔三岔五地小聚聚了。就在前不久，苏清拿了一瓶藏有年头的好酒。两人一开始也都说不是30多年前的那股豪情了，喝多少算多少。我俩喝着喝着，结果满桌的菜还在，一瓶高度酒却被我俩喝光了。

那一夜，我满脑子的苏清和苏清的文章，以及文章里的那些有血有肉的人："一代战将"向守志、"军中儒将"刘树人、"红脸汉子"邓泽洲、"小英莲之父"胡石言、铁血"师兄"展亚平、"独步画坛"的陈琪，整整100位……最近苏清又走进了古代，把唐、宋、元、明、清那些我们耳熟能详的唐诗、宋词、元曲、明清小说的鼻祖人物，一个个请了出来，让高适、王维、王勃、李白、杜甫和苏轼、汤显祖、曹雪芹，一个个人物形象清晰可见地走到我们面前。

我一篇篇读着苏清的这些人物，忽然间想到一个典故。明代冯梦龙《东周列国志》第九十六回写道：赵奢之子赵括，自少喜谈兵法，家传《六韬》《三略》之书，一览而尽。尝与父赵奢论兵，指天画地，目中无人，口出狂言，说即使赵奢领兵也一样败在他脚下。结果，这个"目中无人"的赵括没过多久便败给了寒门子弟"狼崽子"白起……

能人有天赋，但并不等于他一定是战无不胜的。在我们的生活中也不乏有一些"目中无人"的人，他们能力不大架子大，水平不高眼界高。而苏清，我相信他是有天赋的，不仅有天赋，而且后天也很努力，别人一小时午休的时间，苏清随手画画，一个人物特写就出来了。谁说"能人目中无人"，苏清平日待人一脸谦和，无论长幼不论衔级，见面都是笑容可掬，没有半点骄奢之气。你要有兴趣可以翻翻他即将面世的新书《战旗美如画》（上海文艺出版社2019年版），他这个能人的笔下全是人。写人的人首先是热爱人。于是，从水手到舰长，从士兵到将军，从远古到当下，从文曲星到武状元，各色各样，足足100个人物，像挽起一座长城，浩浩荡荡。

不过，苏清笔下的这100个人物中，要我看写得最用情的，还是写他夫人穆红艳的那篇《妹子永远二十一》。苏清的夫人穆红艳，当年就是海岛上的一名白衣天使，如今还是驻上海某海军医院的一名高级医务管理人员。这位川妹子因为长在苏州，她把川妹子的泼辣和水乡吴越女子特有的温情，融于一身：她武能上舰参加亚丁湾护航、直奔汶川大地震灾区抗震救灾，文能在国内外发表医学论文数十篇，数次获得全军和上海科技进步一、二等奖。如今女儿都已经有了如意郎君,自己的笑声却还像姑娘时代一样灿烂,樱桃小嘴旁边那对仙人所凿的酒窝,依旧能迷倒英雄汉。这位俏妹子21岁时,在她最美最清纯的时候,穿一身戎装,嫁给了管苏清。俏妹子自己觉得多了一份安全感,也让周边军地青年军团安定团结了许多。于是,苏清心中的妹子自然是永远21岁的。苏清真是艳福不浅!难怪他的笔下亦如一条延绵不绝的小溪,总有流不尽的甘泉……

　　苏清一生与海结缘。他的出生地江苏盐城,那个丹顶鹤的故乡,便是一片浩瀚的海滩。生在海边,从军驻守海岛,今天又进了大上海,他的胸襟也如大海。他是离不开海的。应该说,今天的这片"海",远比以往的海,宽得多深得多。而苏清注定是一名一流的"水手",似乎面对今天的这片壮阔无边的大海,更让他热血澎湃,更让他酣畅淋漓,一往无前……

　　(本文系为战友管苏清《梨花雨中又逢君》作品集所作序言)

新春探访菖箬山

　　菖箬山,坐落在江西婺源县境内,应属黄山(大鄣山)山脉,按《婺源县地名志》"因居地山谷原丛生菖、箬水草而得名"。由于是一个自然村或村委会的地位,或许养在深闺人未识。

　　然而,菖箬山不仅地形地貌上沾染了黄山(大鄣山)的古风气韵而雄姿巍峨,还是我党我军孕育革命斗争胜利的红色圣地之一。沿着

俯瞰婺源大鄣山菖箬山村

古村落一路前行，清一色的徽派建筑错落有致。应该说，这里是一个留得下传统、记得住乡愁的地方。说她是一座"红山""圣山""宝山"一点也不为过。

今年新春的大年初三，应战友、现任莒莙山村党支部书记吴天顺的邀请，我携夫人和在江西省城就职的程为民战友夫妇，一同驱车来到莒莙山。天顺战友问我驾驶技术怎么样，要不要下山来接。因为他和程为民战友都是汽车连出来的"老把式"，言下之意，是山路难走。应该说，路并不难走，难的是新手会车。路不陡，且水泥路修得十分平整，主要是弯多，一弯套一弯。不过，每一道弯就是一道风景。汽车在森林植被中穿行，犹如穿行在一幅绿色的画卷里。

我们不得不为开山修路者叹服。公路修至村口戛然而止，切出半片山掏出一块大平地，周边是红色根据地的旗帜和支部建设的画廊橱窗，对面是当年红军上下走的那条古驿道和古亭古桥。这既是停车场，更是一块爱国主义教育基地和支部建设的镜子，抑或是每位党员和村民的警思钟……

"拜山者"从进村开始。这是莒莙山人的智慧，抑或是古朴村落自然的生成。以至于无论山外如何变，这里质朴纯厚的古风未变，又与山外的现代文明新桃新姿融为一体。

车子停定，我们环顾四周，先接受了一下"红色洗礼"。这时，我战友天顺书记和我大姑姑的儿子、我的老表哥吴禄荣等一行急匆匆赶出来迎接我们了。

我这位老表哥原是莒莙山所在乡的老乡干部，也是土地革命时期莒源乡首任乡长吴启耀的女婿，且饱读诗书，当地人都说他是"活字典"和皖浙赣革命根据地革命历史的百科全书。于是，我这老表哥和天顺战友便领着我们一边走一边抢着当起红色革命根据地的义务讲解员。

莒莙山以吴姓为傲。按《史记》记载，吴氏出自姬姓，为周文王姬昌之后。莒莙山的吴姓原是此村的开山之祖，也曾是当地带头参加红军、开辟建立革命根据地的领路人。婺源"闹红"，源于1930年共产党人方志敏领导革命斗争扩展到婺源。1935年4月，熊刚、刘毓标率皖南红军独立团来到莒莙山。次年1月，在莒莙山凤基畈，重新建立中国共产党婺源特委，莒莙山也就成为中共婺源县委所在地。首任书记就叫吴镇清。当时有三个区委，领导26个村参加革命。莒莙山和鄣公山一带成为当时皖、浙、赣边区游击根据地活动中心。莒莙山村民为最初革命斗争，做出了巨大贡献。

解放战争时期，莒莙山一带发动群众开展以救荒为中心，结合三抗（抗丁、抗粮、抗捐）和反奸、反霸斗争建立革命根据地，为当地的全面解放发挥了积极的作用。

今天我这战友吴天顺，接过前人的红色旗帜和植下的绿荫，带领"一班人"，在婺源县委和大鄣山乡党委的领导下，借改革开放的春风，充分挖掘红色资源，在莒莙山这地方，为官一任造福一方，把这个支部书记当得是风生水起，有模有样。我们看着莒莙山的汨汨泉水潺潺滢滢，清澈蔚蓝，村民们绽放着一张张笑脸，善良淳朴的眼眶中溢满幸福……作为战友，也作为家乡人，我的心中涌出无比的欣慰……

（原载"魅力婺源"公众号2018年第1期）

莒莙山"红军广场"

一江两岸观三桥

"老巷着墨痕,小桥越古今。田畴山作骨,胜境水为魂。"但凡到访过婺源的仙客,无不感叹婺源山灵水秀与文化气韵之美!不过如今每次回家乡小住时,最让我迷恋的还是家门口那条绿得醉人的星江河与河面上的文公、天佑和景观这三座大桥。

说到"桥",在婺源或许绕不开坐落在清华古镇上闻名中外的"彩虹桥"。其实,在婺源境内各个时期各色各样的桥很多,其中"板凳桥""石拱桥""廊桥"和"三眼桥"较为常见。始建于南宋(1129)的"彩虹桥",其历史比婺源建县要晚了680多年。婺源的建桥史,最少也要追溯到隋文帝时代,也就是"徽派文化"的起源。所谓"徽派文化",其重要元素便是石雕、木雕、砖雕。而婺源的桥恰恰是融"三雕"于一体,是"徽文化"的缩影。

"翠色晴来近,长亭路去遥""烟气笼青阁,流文荡画桥。"历代文人墨客就婺源的桥,多有诗文传颂。而我对"桥"的理解,素来把它看作是一种文化的证明,更是智慧与力量的象征。"逢山开路,遇水架桥"八个字,就是很好的诠释。

桥就是用来渡人的。在我儿时的记忆里尤其对"板凳桥"和"石拱桥"印象最深。因为几十里山路的走读,路上山重山水复水,都得靠这些"板凳桥"或"石拱桥"来渡过,一直到40多年前将我渡出大山。不过今天的回乡路上,儿时记忆中的那些"板凳桥""石拱桥"已经所见不多了。因为柏油马路碾过了石板路,钢筋混凝土代替了木头与石头,连同儿时大山里的记忆也已难寻踪迹。

　　随着年龄日长,思乡情结越浓,索性想到在县城找个有山有水的地方寄放乡愁。于是,十几年前,知心的战友帮我找了个好位置,就在紫阳镇星江河畔景观桥头,买了一套景观房,左边有山,右边有水,倒也怡情舒适。

　　说到县城紫阳镇,据考,唐开元二十八年(740)婺源建县,县治设在清华镇,后迁至弦高镇(又叫蚺城),也就是今天的紫阳镇。什么时候更名"紫阳镇"的,我没做细考。不过可以肯定,之所以更名为"紫阳镇",一定与南宋大理学家朱熹有关。因为这位政治家、理学家、哲学家、诗人,别号"紫阳先生",祖籍就是婺源。"半亩方塘一鉴开,天光云影共徘徊。问渠那得清如许,为有源头活水来。"据传,这首七言绝句《观书有感》,就是朱熹当年在此(今天的"熹园")游学时即兴而作。

　　"古来存圣迹,从此识前贤。"学会挖掘上祖资源,端好文化遗产"饭碗",这是改革开放以来,人们学会的一大聪明举措。像婺源这样钟灵毓秀之地,更是被运用得淋漓尽致了。

　　扯得有点远,我们还是说"桥"。山缺水则无韵,水因桥而鲜活。

天佑大桥

星江河畔夜色迷人

走在婺源境内,你就会发现,山光水色与各色桥体共同构成的美景融化在游人眼里,使得婺源这块宝地更加生动起来。"泉声喧后涧,虹影照前桥"就是很好的说明。今天星江河上的文公大桥、天佑大桥与景观桥,便是紫阳人的一种骄傲。

其实老紫阳人都知道,星江河上并不只有文公大桥、天佑大桥、景观桥这三座大桥,另外的东门大桥、西门大桥、武口大桥三座大桥,也都飞驾在蚺城域内的星江河上。但如今站在一江两岸,尤其是站在景观桥的步道或瞭望亭上,能一览无余且最为壮观的,当数景观桥、文公大桥和天佑大桥了。其他的三座大桥,要么由于岁月的打磨已退去往日的光华,要么时代的列车跑得太快,早被淹没在周边一片片徽派建筑的楼宇之间。

……

晨练时,我从家门口的景观桥头出发,沿星江河北岸而上,绕过文公大桥,顺势沿星江河南岸而下,再绕过天佑大桥,回到景观桥头"秀水华庭"小区。不论是景观桥、文公大桥,还是天佑大桥,每当

天佑大桥夜景

站在桥面步道靠着栅栏俯瞰脚下清凌凌的星江河，微风中，河面波光涟漪，倒映在水中的桥体，轻轻摇曳舞动，那婀娜多姿的桥体与长廊，恰似嫩柳池边初拂水的杨玉环，十分妩媚动人。若是文人墨客来观"三桥"，我想最吸引他们的，肯定是廊亭廊柱上的楹联妙句与气势恢宏的书法大观。"天佑襟怀春不老，文公笔墨夜生辉""水自星源朝海去，山从鄣岳抱城来……"仔细瞧瞧廊柱楹联落款的大名："方跃明""黄兴林""黄红灯"……都是我熟悉的好友，也都分别是中国作协、书协的会员。这些美文墨宝，更是为这座小城添上了点睛之笔……

"桥横水墨寄乡愁，月影清泉送情歌。"夜间的紫阳镇是一座不夜城。"一江""两岸""三桥"成了一片欢乐的海洋，星江河仿佛就是一面巨型魔镜。夜幕下的天佑大桥、文公大桥和景观桥，进入了最耀眼的时刻。天上一轮明月，明月下一道五彩缤纷的彩虹。彩虹下的水面上，又是一道彩虹与一轮明月交相辉映，时而变幻色彩，魔幻一般，实在是勾人魂魄。桥上的每个廊亭中，紫阳人吹、拉、弹、唱，八仙过海各显其能。快板、相声、数来宝，评书来段《捉放曹》；越剧、徽剧、黄梅戏，现代京剧《红灯记》……这座小城里人们的幸福感、获得感，尽显在夜间灯火辉煌的文化广场与三座大桥上。

紫阳沐山川，天佑故乡人。"三桥"点亮了一江两岸，也点亮了紫阳镇这座小城。

……

从紫阳城返沪的那天早晨，我自驾坐骑缓缓驶出车库，右拐几步便上了景观桥。车在景观桥上穿行，穿行在一江两岸的巨幅山水画里。车窗外的文公大桥与天佑大桥，如同整齐列队左右两侧的乡亲，在夹道目送游子的又一次远征……车从北岸驶向南岸，看着景观桥和一江两岸从后视镜里慢慢远去，我这颗心好像被一根无形的线紧紧地拽着，于是我忽发奇想，吟起诗来——

回望蚺城星江河，长亭深处故事多。
一桥穿越游子梦，明日他乡不蹉跎。

……

（原载《上海外滩》2019年第2期）

走过"八连"雕塑群

今年4月25日,是"南京路上好八连"命名60周年。我们这一代人,尤其是20世纪60年代出生的一代军人,是呼着"雷锋""好八连"的名字,跟着"雷锋""好八连"的脚印成长的。

南京路是我常去的地方。自从2012年8月1日"南京路上好八连雕塑广场"落成后,我每次去南京路都要在"八连雕塑广场"驻足。因为这里留下了我人民军队光荣传统与优良作风的一段缩影,也留下了我对"八连"的一份深深眷念。

新春正月连日阴雨,因为赶写约稿,我从赣东北穿雨破雾自驾500余公里赶回沪上。第二天,忽然阳光娇美。于是,我又一次来到南京路,来到"南京路上好八连"雕塑广场。

"好八连,天下传。为什么?意志坚。为人民,几十年。……不怕压,不怕迫。不怕鬼,不怕魅。不怕帝,不怕贼。……军事好,

"南京路上好八连"雕塑

如霹雳……"《八连颂》，这是毛主席写的诗。笔者曾有幸目睹"八连"官兵集体朗诵这首诗那撼天动地的感人场景。此刻，我又一次站在"八连"雕塑广场《八连颂》巨幅雕刻墙下，默默地诵读伟人的《八连颂》。这时有关"八连"的故事和"八连"雕塑广场诞生的情景，一幕幕浮现在我的眼前……

　　60年来，应该说从74年前八连进上海睡马路开始，关于八连的感人故事如天上的星星，数不胜数。从我敬仰的前辈沈西蒙执笔的电影《霓虹灯下的哨兵》，到我尊敬的老领导、老师朱争平、徐志耕采写的《我们的队伍向太阳》长篇报告文学，再到我身边熟悉的著名女诗人、作家杨绣丽创作的《永不褪色——南京路上好八连纪实》，无数作家、记者采写过"好八连"的光辉事迹。从城市卫勤保障到一线特战尖兵，"好八连，天下传"，他们几十年所产生的故事本身，我无法用一篇短文来概述，只能就笔者与"八连"结缘和参与"南京路上好八连"雕塑广场筹建中的一些细枝末节加以追溯。

　　或许因我曾是军队的一名老战士，有对军队的特殊情感，同时略掌握一些"好八连"的事迹，有一天，时任黄浦区民政局党委书记侯继江和双拥办副主任詹广泉两位同志找到我，说黄浦区正在筹建"南京路上好八连"雕塑广场，有两方面的工作想得到我的支持：一是"好八连雕塑广场"，作为黄浦区"红色文化"建设之一，由我负责打报告向市委宣传部报批；二是希望我能为《"好八连雕塑"设计方案》多提建设性意见……

　　按照组织分工，当时我在区委宣传部负责社会宣传板块，正在对黄浦区境内的爱国主义教育基地重新梳理挂牌。听到区双拥办要筹建"南京路上好八连"雕塑广场，就觉得是一件"功在当代，利在千秋"的好事，当即给市委宣传部宣传处领导拨通电话，汇报此事，随后送上报告，并很快得到批复。

　　过了几日，詹广泉副主任给我来电话说："下周二下午，军事博物馆和河南三门峡等几家设计单位来设计师，听取各方对'好八连'雕塑设计方案的意见，蔡书记点将，要你做重点发言。"

　　"头脑风暴"那天，果然由时任区委副书记蔡志荣同志领衔坐镇，与军博等多家设计院的设计人员一同倾听大家意见。讨论现场很是热烈。不少同志尤其是"好八连"所在单位的代表和区人武部的代表，都发表了许多很好的意见。而当一位重量级的领导提出一种想法后，会场讨论出现了"一边倒"现象。这个领导的意见大致是这样的："好八连是为人民服务的八连，是走在人民中间的八连，所以我的意见是，对八连的雕塑，就要以普通一兵、普通老百姓的形象出现，不要高大威武，而是放置南京路两侧，游人和孩童路过想摸摸想亲亲都可以……"

就在这时，蔡志荣副书记把目光直直地落在了我身上。

"秋生，我很想听听你的意见！"

蔡书记此刻点我的将，我虽然有些忐忑发窘，但内心受一种责任和使命的驱使，我还是毫无保留地谈出我的想法。我说："好八连的使命宗旨就是人民解放军全心全意为人民服务。但好八连又是人民解放军的精神旗帜。我认为精神旗帜是人们敬仰和学习的灵魂。既然需要敬仰和学习，他肯定是也应该是高于一般的……"

接着，对技术层面我大胆地提出了一些设想。我说："我根据申通地铁公司对广场承重做出的严格评估，认为好八连的雕塑应该分组设计，比如可以分为主雕与副雕。主雕设在广场正前方的中央位置，可以是以不同时期的三到五位八连官兵组成，既高大英武，又和蔼亲民，游人参观时以略仰姿势，以体现'好八连'这支威武之师、文明之师的光辉形象；副雕也可称作群雕，则可追溯到'好八连'进上海睡大街，沿袭不同时期不同任务，并与上海以及全国人民心心相印的历程，沿主雕四周分块面讲故事的形式展开……"

我的发言还没有落音，蔡书记开始带头鼓掌，接着表扬说："秋生讲得好，你刚才讲的正是我想要说的。看得出来，秋生是做过深度思考的。"蔡书记一边表扬，军事博物馆的两位设计人员也跟着频频点头赞许。

第二次讨论会，是看三家竞标单位的标书和样稿。我又一次"被诏"参与"定标定稿"讨论。与会人员一圈看下来，直接把目光集中盯在"军博"设计的样稿上。我心里自然是暗暗生喜的。因为"军博"的设计稿，不能说"照抄"却敢说将我"头脑风暴"的发言进行了复制和拓展。既然与会者已经完全赞成"军博"的设计方案，我当然跟着点头示好。最终"军博"取得了中标权……

雕塑广场落成后不久，区双拥工作领导小组召开了一个小型表彰会，我在"有功人员"名册之中光荣出席会议。蔡志荣同志以一级巡视员兼上海市巡视组副组长的身份到会,时任区委副书记孙甘霖同志主持会议。没想到,我的一孔之见却得到市、区领导和"军博"设计人员的高度肯定。席间,蔡志荣同志又一次对我予以褒奖,还对甘霖副书记说:"这是你的兵噢。"甘霖书记谦虚地说:"同事同事!"话语之间洋溢着几分欣慰的微笑。

"南京路上好八连"雕塑群(局部)

……

"好八连雕塑广场"因为地处人民广场8号线地铁口,客流量大,经过多年的风霜剥蚀,雕塑广场设施受损严重,已经影响观瞻。

2017年是人民解放军建军90周年,时任黄浦区拥军优属基金会会长的张武平决定将"好八连雕塑广场"来一次大修,作为向建军90周年的献礼之作。

历史有太多的巧合。此时我正受区领导指派到区拥军优属基金会秘书处兼职,于是,雕塑广场大修的具体工作自然地落在我的肩膀上。就在大修工作接近尾声时,施工方遇到了一个难题:因为悬挂在广场右侧的《"南京路上好八连"雕塑简介》采用的是中英文对照,原来牌子上的英文部分已完全无法辨认且原始资料已丢失,身边却找不到翻译者。我灵机一动,打电话"求助"正在豫园景区当外语直译志愿者的儿子,让他为"好八连"雕塑广场的大修工作当一次志愿者。儿子愉快受命且很快完成翻译任务。为确保万无一失,我爱人又将译文发给外国语学院的老师把关,确认准确无疑后,正式上墙,算是儿子为雕塑广场立了一小功。

……

感情这东西是烙在心窝里的。去年,在我决意辞去上海市拥军优属基金会黄浦区工作委员会秘书处兼职前的一天,我又一次走过"八连雕塑广场"。这时我在想,在我"告老还乡"之前应该再为"南京路上好八连"这面光辉旗帜添一根红色丝线。

于是,我动员起了作家队伍、新闻传媒中多年积攒的人脉和骨干力量,面向社会开展了一次"光辉足迹——'好八连'和他们的故乡"征文活动。全国各地的许多新老战友、作家文友得知消息后纷纷响应,就在新冠肆虐的当口,征文稿却四面飞来,给了我极大的支持和鼓舞。活动十分成功,给"好八连"命名60周年提前备了一份薄礼……
……

岁月悠悠,在我的生活里记录的许多事情慢慢淡化了,而与"好八连"和"好八连雕塑广场"的这段结缘却让我难忘……

(原载《上海华夏文化创意研究中心》2023年3月12日)

"南京路上好八连"雕塑群(局部)

致敬银杏林

　　深秋的大自然,是供人写诗的。因为她丰硕的果实,让诗人把幸福的生活歌唱;因为她醉人的色彩,让诗人胸中的燃烧点纵情怒放……
　　我总认为造物主有意偏袒深秋,因为这位艺术大师喜欢把最美、最贵的颜料色彩,毫不吝啬地用在这个季节。比如红色,它就这样让一片片枫叶,红得醉人,红遍千山万岭。
　　而我最推崇大师用料最妙、最大胆的地方,是敢于把太阳神释放出的一根根金线裁下,搓揉成金粉,放在调色板上,用太阳神的金辉颜色为银杏树上着色。由此,这种植物的颜色到了深秋更是无与伦比了。好像诗人李清照对银杏树的挚爱与我有过同感,你看她这样写道:

　　　　风韵雍容未甚都,
　　　　尊前甘橘可为奴。
　　　　谁怜流落江湖上,
　　　　玉骨冰肌未肯枯。
　　　　……

　　我感谢造物主的偏爱,因为我家附近就有这么一片银杏林。她犹如一条玉带,从我们家的小区挽起前方的曲阳公

园。春夏秋冬，变幻着颜色和姿势，展示在世人面前，给人四季温馨，令人常看常新。而我在每个季节里每次去公园健身兜风，必放缓脚步慢慢从这条玉带中穿行，以便细细品味这片银杏林带给我的各种景致。

穿行这片银杏林的四季，每一次我都能感受到她的一种精神。

春天，当你走进这片银杏林，就像在一条翡翠走廊里行走。你会觉得在这里能最早呼吸到大自然春的气息，你觉得最早从隆冬萧瑟中醒来的就是这片银杏林，它的每一枝芽每一片叶都那么青翠欲滴，生机勃勃。我已经忘掉它花的颜色了，反正它不张扬，悄悄地把春送来，一切都显得那么平常、优雅而自然。

这时，我就想化作一只燕雀，欢愉地站上那嫩绿的枝头，愉快地不停地摆尾跳跃，引吭高歌，并想唤来众伙伴分享银杏树为我们送来的春讯……

走进盛夏的银杏林，你会看到，一个以绿色扇面结成的同盟，遮天蔽日，婆娑幻影。烈日下，它用浓郁的绿叶和密密匝匝的青翠果实挽起臂膀，把烈火般的骄阳遮挡得严严实实，每一片绿叶都像是一把绿色的扇子，在轻轻摇曳，任树下的行人悠悠然地在林中穿行漫步……

到了秋风乍起大雁南飞的时候，则是银杏树开始书写一年中最华丽篇章的时节。这时银杏树的叶子慢慢在变，但它不像多数树叶那样变赤变黄或蜷缩枯萎，而是变成了灿灿的金色。从远处望去，就像天边升起的一抹金色霞光。

走近树下抬头仰望，你会发现，在这金灿灿的银杏叶丛里，还有着许多若隐若现的小白点。这就是银杏树在这个硕果累累的季节里所结出的果实——一个个白胖胖、圆嘟嘟的银杏果。秋天来时，这些可爱的小家伙儿开始由青变黄由黄变白，一串串挂在树上，所以银杏果又称"白果"。

秋日的银杏树，是用诗写成的。或者说它的美和它美中的神韵，又是无法用画笔描述用诗歌言情的。好像她把大自然"金秋"这两个字的韵味，全都浓缩在家门前的这片银杏树里了。置身这片林中，果是白的，叶是金的，透过树叶的一束束光也是金的。仰头望，整个世界都是金的。这就是秋日的银杏树，一个金色的世界充盈你的整个视野。这时，你会自然地感觉到你在一个收获的季节里，自信地行走着……

冬日的银杏林，在寒气渐渐袭来之时，一夜寒风洗礼，抖落了满身金甲，于是这条玉带便伸展成一条金色的地毯，让每一寸阳光照射下来都金光闪烁。霜天冻地时惜日如金，此刻穿行在银杏林中，它们会把每一寸阳光都奉送给树下的行人，你也一定会驻足于此迟迟不肯离去，用一双深情的目光注视着这片只留一身铮铮铁骨屹立于寒风之中的银杏林……

我想，造物主所造之物，或许每一样的出现都有他的生存权利和必然性。但并不是每一样生物或植物的出现，都会自觉自愿地或多或少地在这个世界上创造出价值。而对于银杏树，我打小就听人说，"银杏一身宝"，它的根、茎、叶、花、果，无不企及，全是人类的宝物。或者换种说法，银杏树就是带着"美"带着"爱"这两个字，来到这个世界的。

我常常伫立在这片银杏林中久久不肯离去。有灵魂的东西是不需要有多少语言的。或许我们是用彼此的心灵在对话，我不能不说是被它的美所吸引所痴迷。但我知道，我更多时间的伫立，是在默诵与致敬它的一种精神，一种能让无私的"美"与"爱"站立成一片森林的精神！

……

(原载《常德晚报》副刊 2020 年 12 月 4 日)

静观古丹青复活手术

> 越是不顺的时候越要沉住气,艰难的路不是谁都有资格走的。扛得住涅槃之痛,才配得上重生之美。
>
> ——题记

因为写作需要,我曾被特许走进医院手术室、科研实验室、大型飞行器和发动机组装车间等特殊场所采访。去年10月1日,我同样走进了一个"特殊"房间——"古字画修复工作室",采访上海城建学院文物保护与修复专业老师、奉贤博物馆文物保护与修复中心副主任、特聘研究员秦威威。

在我看来,"静观一台古字画修复手术,胜过三桌美酒佳肴"。这是我采访秦威威并现场观摩他修复《古菊图》时感受到的。

书画艺术雅称丹青。而为古字画修复的人,我把他称作"古丹青外科大夫",这是一项"冷门"绝活。去年10月1日一早,我伫立在外形具有艺术美感的奉贤博物馆前,眼观周边秀丽的景色,心里想:秦威威这种职业就应该选在这样一片仙境之地。36岁的秦威威老师领着我走进博物馆地下室,用他持有的智能卡,打开一道道钢制结构的密闭门,来到他和他的爱徒工作的书画装裱与古字画修复工作室。

今天,秦老师要修复一幅古菊国画。他小心翼翼地从柜子里捧出那幅用绢纸包好的"作品"。轻轻打开一看,全场惊呆。说是"作品",其实就是一堆废纸,氧化破损程度难以言表,几乎微风一吹那些碎片即成灰土。我甚至无法想象接下来秦老师会用什么回天法术让这件"作品"复活。

这时候在场的人几乎都屏住了呼吸,静静地把眼睛盯着秦威威和眼前的这堆废纸。秦威威进更衣室穿好工作服,从从容容地打开那盏他自己发明并获专利的书画文物修复调色灯,对着这堆菊花古画碎片沉思良久,接着开始用那把也是他发明并获专利的书画修复专用镊子,把那些碎片在一张干净的仿古宣纸上,一张一张拼起图来,此刻空气近乎凝固。渐渐地,菊花图逐渐显现……

"噢……"大家长舒了一口气!"这只是万里长征走完了关键的第一步!"秦老师说,接下来就是为作品"清洗、揭背、补洞、托裱"。他边做边说:"第一步就是先对作品进行清洗。所谓清洗,就是把作品上的脏东西清洗掉。清洗完之后再去揭背,把后面的背纸一层层地揭掉。揭掉之后,把有些破洞破损的地方进行修补。补好洞之后,进行小拓。小拓完了,把它晾干。晾干之后,再打胶矾。打完胶矾再全色。

这是秦威威修复后的白菊图

全完色，这个时候把它上墙绷平，绷平之后开始染料配料，所配的颜色我都是自己调配自己染的。染料配料都是修复工作的工序之一。"

"噢！我原来以为都是买的现成材料，原来都是你自己染的。"我有些惊讶地说。

"必须自己染，因为所有的书画颜色氧化程度不同，必须根据画的氧化程度，来配画心外沿。"秦老师指着作品说，一般情况下，画心与边沿的色调要相对接近，不可以有突兀感。因为装裱只是中国书画的一种配属，不能喧宾夺主。我们要的是与原作一致，也就是修旧如旧，原汁原味，找不出毛病来。如果这个东西是旧的，你弄个新的东西裱上去，就会起反冲。

说着，他拿来一张白纸做比较，说："现在你看，这个色料和这个色料基本上看去都是有点淡淡的黄色，这一比老旧程度的效果马上出来了。这个稍微有一点散，这个有一点淡淡的色。它和日本不一样，日本是属于你写你的，我裱我的，只管我自己裱出来的漂亮就行，典型的喧宾夺主，这在我们的民族文化里不允许！"这位非物质文化遗

秦威威在修复古字画

产(中国"书画修复技艺")代表性传承人坚定地说。

就在秦老师一边做活一边与我交流"中国传统文化传承如何区别于别国做法"的过程中,这张"古菊图"已基本修复成型。外行人基本看不出瑕疵。这时候,秦老师拿来同样是他设计并获个人专利的一把书画装裱马蹄刀说:"看出里面的一些斑点和裂痕了吗?最后的步骤就是复原术。"说着,他把身体伏在台子上,对着图开始细心操刀……

因为写作需要,我曾被特许走进医院手术室采访肝脏移植手术。此刻看着秦威威手握书画装裱马蹄刀一招一式给"古菊图"修复还原的神情,绝不亚于手术台上外科大夫给病人缝合毛细血管手势的精细度……

……

面向大海、背靠吴越文化之风的奉贤,是文人墨客的集聚之所。"融媒体看新奉贤人"采写对象资料显示:秦威威生于1935年4月,上海城建学院文物保护与修复专业教师,教育部最佳书画指导教师,15年来为奉贤区博物馆、文化馆、档案馆、图书馆、张弼纪念馆等鉴定、整理、征集、修复文物共计一万余件。先后获"全国文物修复技能大赛"第一名、"锦绣华章"2022长三角民间艺术文创大展优秀展品奖、第46届世界技能大赛中华绝技展演赛晋级国家100项目之一等奖,被指定负责全国文物修复师教材(书画方向)的编写制定……

秦威威还被特聘为国际乒联博物馆纸质修复专家顾问、上海市档案局书画修复顾问、日本东京国立博物馆书画修复顾问,曾应美国克利夫兰博物馆、日本关西美术社、日本东京国立博物馆邀请,前往各地进行书画修复和指导讲学……

罗马不是一天建成的。年轻的秦威威能在"书画修复技艺"上取得如此骄人的成就,其中所付出的汗水,他自己清楚,他的师父与同门师兄弟心里最有数……而秦威威始终激励自己:"越是难的时候越要咬紧牙,艰难的路不是谁都有资格走的。扛得住涅槃之痛,才配得上重生之美……"

注:奉贤融媒体中心委托市作协组稿

在"书写"中感受宁静与快乐

"心清水现月,意定天无云。"当奥密克戎如影随形般在黄浦江上空盘旋,往日最繁华的"东方巴黎"戛然停摆、数千万颗毫无准备的心脏惴惴不安的时候,我却在"书写"中感受那份宁静与快乐。

我知道这时候各种信息形形色色,真真假假,铺天盖地,充斥在各地无数个朋友圈里。而我尽量使自己"神闲气定",不被外界气氛所左右。

平日就喜欢安静的我,此刻并没觉得足不出户是一种"苦囚";相反,我在少了周边的嘈杂而显更加静谧的空间里,有了更好的创作灵感。从政府宣布进入"紧急"状态开始,我本着"对人不抱怨,对己不放弃"的积极态度,每天至少有一幅"抗疫"作品面世。做到"以笔代戈",如萤火虫一般发出微光。同时每日作文不止,一个月内散文、诗歌、报告文学、随手短文等近5万字从我笔下生成,且陆续在媒体刊出。我在其中找到一种愉悦。尤其当自己的"抗疫"拙墨被多家媒体争相刊登时,越觉自己并非"百无一用"。

(一)

3年前,我的一篇小文《快乐写作》,被《上海作家》杂志刊用后引起不少同行的共鸣。之后,在我《雪夜篝火》散文集出版时,我又将此小文作为跋，放在书尾，意表"写作不是苦行僧，而是一种吐露心声的快感"。

写作是快乐的，写字亦是如此。我的业余时间就是写作与写字，这已是我的生活方式。且以文润书，以书韵文，双栖并进，互为作用或相互调剂，起到了相得益彰的作用。

我没说"书法"，而说"写字"，是因为有自知之明。"书法"是我中华民族灿烂文化最具影响力的代表，从"二王"到"欧、褚、柳、虞"再到"苏、黄、米、蔡"，在这浩瀚闪烁的星河中，"书法"二字何等神圣。无论当今社会如何浮躁，不管道上多少人如何随意封"家"称"帝"，我依旧对"书法"二字有一种敬畏感，不敢轻言"书法"，更不敢把"家"字随便往自己脸上贴，还是说自己"写字"踏实一点。但正因敬畏"神圣"，所以觉得自身能在这块"圣地"中坚持习步行走，甚感快慰。

从"字"到"书法"是有相当距离的。自己的习作能被书家认可已实属不易。我的体会是，书写绝不能负重前行。如果为追名逐利而来，这是对祖先对民族之根的不恭。书写是在宁静中寻得一种快乐，是在性情压抑中得到一种释怀，是内心有话却如鲠在喉时的一种真情表白，是吸附在灵魂深处如深呼吸般的一种意象展露……

正因为有了这样一捧民族文化之"土"为自己习文练字奠基，我肯定不会为"五斗米折腰"，而会努力在书写的道路上，洁净躬耕、快乐前行。

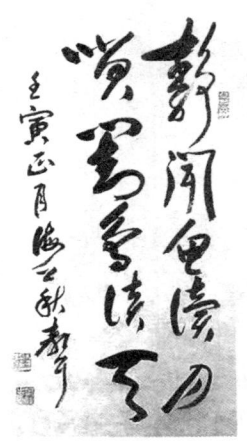

◀ 静闻鱼读月 笑对鸟谈天

作者在自己书房创作

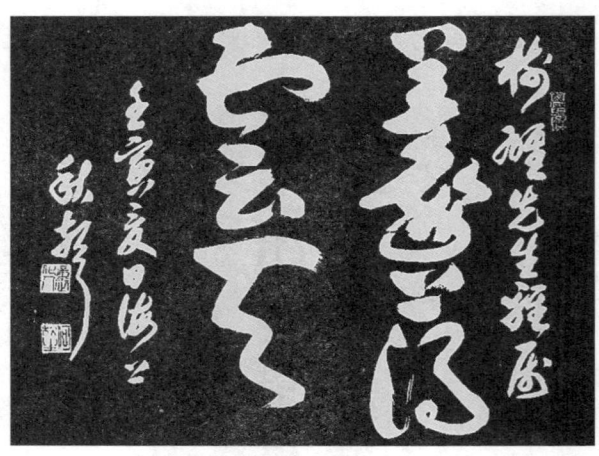

"义薄云天" 作者书法作品

（二）

当然，既然要习书，就得有章法，亦如走路跑步，不可无道。因此，我对习字的浅见是："深进去，走出来，在'古'字上生根，在'苦'字上发芽，在'悟'字上结果。"

所谓在"古"字上生根，就是强调习书必须根植在老祖宗的文化根基上，扎扎实实打基础，不能绕过临帖读帖这门基础课。而在"苦"字上发芽，不言而喻就是要"苦练勤练"。在"悟"字上结果，就有说头了。一个"悟"字，不是人人得"悟"的。前面的"古"与"苦"是为后来的"悟"服务的，也就是"深进去与走出来"的关系。只有领悟，领悟到先人古韵中的"灵与魂"，变成自己的东西，才算是你这个枝头上结的果。否则，一不能称其字，二不算你自己的字，要么一生照猫画虎，要么就是"纸上涂鸦"。因此"丑书"当嗤之以鼻。

记得两位古人就书法书写时有过这样的话，一位是唐人耿湋在《咏宣州笔》中写道"落纸惊风起，摇空见露浓。丹青与文事，舍此复何从"。另一位是宋人邵定在《山中》诗里写道"眉头无一事，笔下有千年"。

不悟此道不明其意。而当你与纸墨交合甚久，或许就有顿悟之感。字如其人，字的气质就是书者的气质。字在于气，气盛则壮。书写者应该是万壑在胸，气吞山河。这是一种格局。"笼天地于形内，挫万物于笔端。"一位哲人说，"你要让阳光洒在心上而非身上，让溪流从心上淌过而非身边流过。"字是有灵魂的，只有把祖先的"骨"子"悟"透，你才能在下笔时找到"魂"。"退笔成山未足珍，读书万卷始通神。"苏轼可谓把读书与写字的关系说得很通透了。杜甫更是一语如雷："落笔惊风雨，诗成泣鬼神。""字"是有灵魂的，多读书写字自然有悟性，否则永远是照猫画虎。历朝历代有成就的书家，都是把读书写作与写字有机结合，这样下笔运笔就会有一种通透，一种灵与肉的遍体通透，或者

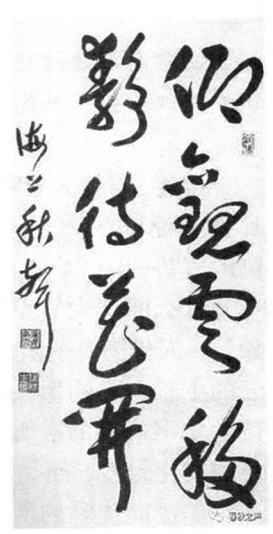

▲ 仰观云移 静待花开

叫快感。

（三）

书写中是可以找到宁静与快感的。比如，我不论是临《兰亭序》或是读《兰亭集序》时，常常会出现穿越。发现自己就站在王羲之身旁，仰慕王羲之在会稽山阴浣沙江畔，潇洒挥毫创作《兰亭集序》时的景象。感受着脱去"右军"官服、远离了浑浊官场的王羲之，此刻那种身心与灵魂全然释放的快感。看着他一头扎进江南，在秀山丽水河流大地之间，摘取日月星辰，以宣纸为载体，在笔与纸每一次接触之时，胸中的那份天朗气清、惠风和畅、游目骋怀、仰观宇宙之大，俯察品类之盛，上下几千年，纵横几万里的神情。把由此衍生出的一切优雅或玄妙的宇宙大观，皆汇聚在笔端，凝聚和写尽地域之美、人生百态，焕发出一种巨大而瑰丽的历史文化光晕……

当我铺开宣纸的时候，有时也想起苏东坡，甚至走进他遭贬在黄州的那间农舍。看着这位农民从田间回来，在那张自制的木桌上静静地铺开长卷宣纸，挥洒自如地写出《定风波》和《念奴娇·赤壁怀古》这样的绝世名篇——

回首向来萧瑟处，归去，也无风雨也无晴……
大江东去，浪淘尽，千古风流人物……

接着，陪他大碗喝酒，大块吃肉，感受着东坡居士那种自在与豪气，那种洒脱与心灵的空旷，那种大河上下大江奔腾的气势……

什么叫"大气象"，那种感觉就叫"大气象"。人借墨，墨依笔，你可以看到风的生长、云的生长、水的生长和玉的生长。从而感受到诗歌文字通过书法所产生的大美，不是一种简单的文化附着，而是浑然一体的"美美"生成，一种美丽而优雅的洇染和坦荡自然之美。我想象他们泼墨落纸的瞬间，挥毫如奔驰，出神入

化于浓淡沉浮的宇宙之中。

　　书写就是这样,纸与墨,人与笔,在这四者黏合之间,看似漫不经心,却又是用情用力。每一个真正的书家,他在用笔说话,娓娓道来的时候,即是直指中国传统文化的精髓所在。如玉般温润而泽,不仅美丽如云如风,还亦儒亦佛亦道,如哲学一般存现而弥漫。

　　在一个真正书家的笔下,"行、草、篆、隶、楷"齐聚,以自由和玄妙之气韵,像源源不断的河流奔腾而下,布满了日月星辰的天空,盛满着和煦温润的春风,一路走来,一代代在中华大地上孕育和催生着无限的生机。

　　于是,我们在宁静与快乐中感受到"纸寿千年"的真谛。无论是王羲之的《十七帖》,还是颜真卿的《祭侄稿》、苏轼的《寒食帖》,抑或是智永的《千字文》……所到之处,落英缤纷,迷离悠扬。每一个留在字帖上的字,都带有独特的芬芳,可视为在纸上绽放的灵魂。这些浸透了岁月的笔墨,一直不急不躁,安静纤弱,静候着那些蹲守崇墨者的走进,像初冬的山川在等待一场瑞雪的降临……

　　"书写"就是这般神圣、奥妙与快乐!

(原载"东方网·教育频道"2022 年 4 月 12 日)

作者在书画艺术展上,为少年儿童讲解书法作品

为了这颗"中国心"

在我们的生活中常常会遇到这样三种人：一种人让你头疼，另一种人让你牙疼，还有一种人让你心疼。眼前这位年轻人，中国航空发动机集团上海商用航空发动机制造有限责任公司高级工、副主任技师吉仕强，就是那种让你心疼的人。

"我好像听说我们的大飞机发动机已经部分实现国产化了？"

"不是这样的，在我们整个天空中飞行的商用飞机上，目前还没有一台发动机是靠我们国人自主研发制造生产的……"

一年前，我们见面谈话时，一开始，年轻的"大国工匠"吉仕强，就抛出这么一个沉重的话题。话语间，他双眉紧锁，那种背负民族责任和担当的语气与眼神，好像是在向一个14亿人口大国的考问，又好像是在用一根鞭子重重地抽打着自己年轻的灵魂与躯体。整个神情中，一种自我加压又无法释怀的负重感，远远超出了一个当代青年本身所应承载的分量……

第一章："二郎神"出川

吉仕强出生那会儿，山里人还是信奉"多生孩子多植树，将来一定能致富"。于是，吉仕强的父母生了二胎，这就有了吉仕强。

排行老二的吉仕强，与远古时代的川主二郎神杨戬是同乡。父母喊吉仕强老二，外公是乡村教师，文化人，所以亲昵地叫外孙吉仕强为"二郎"。说是"天府之国"，可四川南充市仁和镇"二郎"儿时生活的农村，还是十分清苦的。"学而优则仕""书中自有颜如玉"……外公嘴里念叨的这些东西，"二郎"虽然似懂非懂，但自幼要强的他想要改变命运，不得不靠自己放鸭、掏粪、割稻、插秧、施农肥和上树掏鸟蛋、下河摸鱼虾，换得几块铜板交足学费。小镇上的乡亲们见吉家二郎乖巧伶俐，又长着一身本事，就喊他"二郎神"。一来夸他懂事，二来也是乡亲们的一种祝愿，希望他将来能成为川人二郎神杨戬一样的救世英雄……

山里人靠两条腿走路。最多沿山道乘乘牛车、板车、拖拉机。至于天上的飞机，好像与山里人没关系。但吉家二郎，天生就像奔着飞机来的。就在他刚有动手能力的时候，就敢把邻居家的收音机、镇里的拖拉机，拆了卸，卸了装，每次经他一折腾，又有了声响。

改革开放之初，吉仕强他们家乡的农村有些乱，既没有几个安心种地的农民，也没有几个安心读书的学生。就见那些老少爷们儿三五成群，整天在大街小巷抽烟喝酒，打架斗殴。二郎家门口那条河原本鱼虾成群清澈见底，结果，被那些想一夜暴富的人淘金淘得浑浊不堪。脑子活的老师，率先逃到南方"淘金"去了。吉仕强想读书，却鲜见好的读书环境，甚是苦恼。他咬着牙读到高中，因为从小喜欢捣鼓机械之类的东西，就拼尽全力考进了成都航空职业技术学院。这就为他日后迈进成都发动机集团有限公司铺了一块垫脚石。

从大山里走出来的吉仕强，自进航空技术学院那天起，就打开了一个全新的世界，也从理论上渐渐找到一些国与国之间的差距。尤其

吉仕强工作照

是当他进了成都发动机集团公司后，他的那种"科技兴国、科技强国"的意识，就一天比一天浓烈起来。

吉仕强很幸运，碰到了一位严苛的好师父。师父见他是块好料，就来了个"鞭抽快牛"，使出了一套"魔鬼训练法"。即使这样，吉仕强却觉得"没过瘾"，没达到自己的学习和训练极限。一台发动机分多个部位，前后左右多个工区，他一边在这个工区学着，另一只眼睛却在"凿壁偷光"偷学别的工区技术。自己的师父课间休息，他就跑到友邻的工区求教。工友们有午休习惯，他却未曾睡过一个午觉……他的训练强度，甚至超出了常人的好几倍。功夫不负有心人，他很快成长为公司的技术骨干。

然而，让吉仕强"志高气短"的是，公司发动机组装，不少配件靠外援供货，常常出现断货。一断货，工人就没活干。没活干，生产就下滑。生产一下滑，工人就没钱发。这种受制于人的日子不知道哪是个头。

牢骚当不了饭吃。"命运只负责洗牌，出牌者永远是自己。"这时，吉仕强想起外公说的"洋钉""洋火""洋盆"的国人时代……不过那个时代很快被取代，一个刚刚经历了28年战火积贫积弱的穷国，竟然打败了以美国为首的16国强权。接着是原子弹、氢弹爆炸，卫星上天……国人很是扬眉吐气。小吉说，家乡有句谚语叫"蚯蚓不能掀翻石墩，虱子不会拱翻被子"，一切要靠实力说话……

就在这时，吉仕强看到了一则"中国航空发动机集团上海商用航空发动机制造公司招考技工"的启事。吉仕强眼前一亮，他看到了一片更加广阔的天地。

"研发制造国产航空发动机，这绝对是利国利民的好消息！它能提升国家制造业的实力。如果自主研发制造的商用发动机批量生产后，今后国人的腰杆就直多了。而且老百姓乘坐飞机出行，肯定是更经济更便捷了……"想到这里，吉仕强毫不犹豫地报了名。

机会是给有准备的人的。吉仕强凭着他在成都发动机集团打下的坚实基础，在参加"中国航发上海商发"招考的各项笔试面试中，一路高分，顺利通过招考。

是蛟龙就应该深潜大海。家乡的天，尽管很湛蓝，但已远远装不下吉仕强的一腔壮志。"二郎神"要出川了，要为中国的航空事业造出"中国心",贡献自己的青春和力量!

有哲人说,没有一种生活是可惜的,也没有一种经历是不值得的。只有不确定的东西才会让人患得患失。一个人当你确定了人生坐标,就会义无反顾地勇往直前!

第二章:约见"二郎神"

自从那天上海市作家协会组织若干作家赴临港与部分"大国工匠"座谈初次见面之后,"吉仕强"三个字就一直萦绕在笔者的脑海里。巧的是,小吉1987年11月生人,与犬子同年同月同一个星座,一样的小兔子。或许事业逼人吧,眼前这只"小兔子"的成熟稳健,远超乎我的想象。

座谈会那天,留给作家与"工匠"见面的时间仅有半小时。组织方只负责牵"红线",搭"鹊桥",剩下的全靠"自由恋爱"。不过,这位年轻人那种朴实而坦诚的为人方式,给笔者留下深深的印象。小吉刚进会场时一脸淡然,笔者主动向他做了自我介绍并说明来意。以笔者几十年的经历认定,通常当事人都会有些激动,会向来采写他的人有意示好,或用一种特定的方式迎合……但眼前这位年轻人并没有马上显现出一种热情,只是抿嘴一笑,自言自语道:"我有什么好写的!"就这一瞬间,我决意走近这位年轻人。

"小吉,约一个周末,我们找一个地方好好聊聊,好吧?"我问小吉。"何老师,这恐怕不行,我最近都在加班,没有周末。"小吉回答得直截了当。

"噢,那这样,你给我指定一个离你住所最近的饭店,白天我去你车间看你上班,晚上我约你到我住处聊。你看行吧?"我问小吉。小吉回答说:"那我得请示一下领导。"

等了几天,小吉回话了,同意我进工区车间采访,还给我发来了他公司工区和住所附

吉仕强休闲照

近的饭店位置图。

按小吉发给我的定位，第二天一早，我自驾 70 余公里，先到小吉附近的饭店登记好房间。这家饭店坐落在一片蔬菜地的中间。正是瓜果蔬菜长势茂盛的时节，一些菜农趁着太阳初升、鸡鸣蛙跃的晨光，在自留地里侍弄着瓜苗菜秧。不远处，散落着几栋居民住宅楼，我想小吉的宿舍就在附近了。抬腕看看时间，差 20 分 8 点。我发信息给小吉："我已到你附近的饭店，你们几点上班？"小吉回话："公司通常 8 点半上班，我 6 点多已进公司了。""好，我马上过来。"发完，我调出小吉公司的位置图，驾车行至 6 公里外小吉的工区。

这天本来是公司高温放假，但吉仕强所带领的总装区（又称整机装配区），正赶上一台实验机的总装，不仅不能放假，而且工作时间还要延长，于是早早地就进了工区。小吉接到我已到大门的电话，出来陪着我办完一道道手续、测完体温、穿好隔离服、防护鞋，交出手机、照相机、笔记本等所有的随身物品，把我领进了 2005 厂房。

笔者曾无数次进过手术室、无菌室、实验室、炼钢车间采访，虽说也经历过一些惊心动魄的场面，但今天看到如此庞大而神秘的厂房，我的视觉还是受到了一种震撼。

走进工区，正前方横梁上有一条最耀眼的巨幅标语："牢记习近平总书记指示，加快实现我国航空发动机自主研发与制造生产。"在这巨幅标语正对面的横梁上是"中国梦""中国心"6 个大字，与对面的口号相对应。工区右前方的墙面上，刻着"生命至上，国家利益至上"10 个大红美工字。工区左前方的墙面上，刻着一副对联，上联"实干担当 集体奋斗"，下联"心怀梦想 永葆激情"。

小吉陪同我在"集中故检区""转子装配区""静子装配区""风扇装配区""燃烧室装配区""核心机装配区""低涡轮机装配区""高涡轮装配区""整机装配区（又称机匣装配区、总装区）"等工区逐一参观，我们一边走，小吉一个个如数家珍向我介绍各个工区的工作职能。据小吉的工友介绍，一台航空发动机有 3 万多个配件，能够对整个装配流程讲解成说书一般，非"强哥"莫属……

就在小吉陪我走到"低涡轮机装配区"时，几位工友跑过来对着小吉喊："强哥（也有人喊'师父'），出问题了，这台低压涡轮机有一片封严片脱落了，找了半天没找到脱落的位置。"吉仕强是第一个进的"整机装配区",既是这帮工友的领导、带头人,也是他们的师父和小哥哥。就见小吉不慌不忙,从不远处的工具间拖出一台仪器,取出一根细细长长的金属管子,头上还亮着灯。小吉将这根小管子插进这台低压涡轮机,好像在给机器做胃镜,经过一阵诊断,小吉指着仪器的屏幕说,封严片脱落的位置找到了。"强哥牛!"就在工友们齐声夸他的时候,小吉对我说:"这个没什么,无非就是借助这台'孔探仪'。不过不要小看这么一台小小的仪器,可要一百多万元噢!"言下之意,国家为研发航空发动机,是舍得下血本的。

给"低压涡轮机"做完"胃肠镜"后,吉仕强转身来到"转子装配区"的一台仪器面前。他打开电脑,就在一个转子单件上,用测试仪反复检测,并根据电脑上显示的数据,再做好精密的观察与修正。就这么一个单件,一个动作,他反反复复检测了一个多小时。时间已过了中午12点,工友们早吃午饭去了,偌大的车间只有他一个人在埋头工作。当他转身看到身后的我时,脸一红,说:"对不起,何老师,事情太多,我把您给忘了。走,吃食堂去。"

其实这段时间,我就在他的身后一直静静地看着他操弄着测试仪、读取一个个外文数据。看着他专心致志的神情,我真想为他拍些影像资料,可惜我的这些设备全都交给安保了。

走进饭堂,因为午饭时间已过,窗口只剩一点冰凉的饭菜了。我们随便要了点剩菜,快速盛了一碗米饭。放好餐具,小吉对我说:"何老师,我要加班去了,我们晚上再聊。"说完,他拔腿走向车间,又一次把我一个人撂在一旁,竟然也没问一声"何老师,记不记得出厂区的路"?偌大的一个厂区,真是考核我的记性了。好在我这个老头子,通信兵出身,学过军事地形学,方向感还行。因为约定"晚上再聊",我便驾车先回住处了。

我想,小吉6点来钟就该到我房间。匆匆吃过晚饭,我就在饭店门口像等待赴约的情人等待着小吉的到来。6点,6点半,7点……我在门口的走廊上来回踱步。盛夏的傍晚,地表热浪蒸腾,各种不知名的虫儿声嘶力竭地叫唤着,令人钻心地烦。7点,7点半,7点50分……左等右等,就是不见"二郎神"的影子。这时,我的脑海里冒出种种不愉快的想法。要知道,一个老兵、一个长辈,驱车来回100多公里,自己掏腰包烧汽油、住旅店,去采访一个与自己儿子同龄的小年轻,这在我的人生履历中还是头一回，竟然受到如此"礼遇"。准确地说，我已经做好放弃的准备。

饭店大堂的那口钟敲响了晚8点的钟声，我终于把"二郎神"给盼来了。就见他在饭店门口不远处停好摩托车，快速摘下头盔，一边朝嘴里塞着面包狼吞虎咽，一边行色匆匆急速向我走来。见到我时连打招呼："对不起！对不起！手里的活儿赶得急，让您久等了……"

看到眼前气喘吁吁、大汗淋漓的小吉，听着他的一番道歉，我两眼一酸，之前所有的不快都烟消云散了。相反，几分怜爱之情涌上心头……

第三章：拼命"二郎"

"真是个拼命的孩子啊……"我自言自语道。这一晚，我们长谈至深夜……谈到事业上碰到的难处、生活中遇到的痛处和人生道路上的拐点处，性格倔强的小吉也会长叹一声。

"这孩子身上背负的东西太重、太多，太不容易了……"我两眼湿润，心口酸酸的……

鲁迅先生曾说："中华民族自古以来就有埋头苦干的人，就有拼命硬干的人，就有舍身求法的人，就有为民请命的人。他们都是民族的脊梁……"

一个人一旦撑起一个家的时候，他就懂得养家的艰辛。而当他担负起一份国家重任的时候，他已经把自己的生命完全交给国家了。吉仕强说："一个大国的航空没有自己研发制造的发动机，就得看别人的脸色。今天的美国在航空制造业，依旧享有霸主地位。要改变我们目前的现状，这副担子历史性地落在了我们这代人的肩上！"

二郎吉仕强说这话的时候，语气凝重。他是山里走出来的孩子，山里人一根扁担两条腿，天生敢于担当，脚踏实地。

吉仕强他们所担负的责任就是航空发动机装配。航空发动机装配是一项复杂、烦琐、环环相扣的工程。尤其是吉仕强的总装区，支架、管路、电缆、附件、螺栓螺帽，近万个"宝贝疙瘩"，都需要通过装配人员的双手，让它们各归其位、各司其职。

一群生龙活虎的年轻人，却干着比绣花更精细、更枯燥的活儿，

吉仕强在装配车间工作中

这需要多大的耐心与毅力。正常情况下，一台航空发动机到了总装程序，从装配前准备到装配完成，总装小组需要连续奋战十七八个昼夜，几乎每晚都是凌晨之后才能结束当天的工作。工友们记起了去年的一次总装任务：大家一鼓作气干到了凌晨2点，为了不耽误工期，第二天早上8点，这群身着工装的"蓝精灵"又出现在了商发制造的车间。

"虽然连续的加班已经让大家有些吃不消，可任务在那儿，就没有不去完成的道理。"小吉淡淡地对笔者说。就在那次总装节点冲刺夜的凌晨3点，所有人都开始犯困放空的时候，吉仕强却依旧拿着扳手战斗在第一线。当好不容易装配完成，所有人都欢欣鼓舞，准备休息的时候，还是吉仕强，依然不急不躁地将每一个螺栓、每一个保险都检查再三才放心离开。

"总装"环节，既是工序最多最杂、工作量最大，又是最受人关注的冲刺部位。几乎每一台航空发动机，从初装，一个涡轮一片扇叶一个铆地过来，到了总装、整机交付这个环节，几乎所有的目光都聚焦到了这里。这需要一支绝对过硬的团队，因为下一步就是点火了。

吉仕强永远忘不掉装第一台发动机时的情景。真是万事开头难。当这台发动机进入总装阶段后，整个总装组，就他这个社招生带着一帮校招生。这些个校招生来自城市，家庭条件好，根本吃不起苦，活还没干，先开始讨价还价……

民间有句"三两麻雀四两嘴"的谚语形容耍嘴皮的主。吉仕强最看不起这类货。他认为，人与人，国与国，光靠动嘴皮子就能办成事的话，还要那么多吃苦耐劳的人干啥！他相信一切靠实干。"喊破嗓子，不如做出样子。"吉仕强什么也不说，自己做主力打头阵，一个人当成几个人干。列宁说："没有实力的怒吼，实属无益。"就在多数人对总装不看好，想做做样子过去的时候，吉仕强负责总装的首台发动机，竟然一次性点火成功。这回，整个公司沸腾了。很快，所有的目光

吉仕强与工友们在工作

聚焦在了吉仕强身上……

吉仕强之所以被中国航发集团树为"大国工匠"和"十大杰出青年",公司领导总结说,就一个字"干"!就是吉仕强从不计较个人得失,不被外界因素所干扰,埋头苦干,带头实干。别人不肯干的活,他来干;别人怕干的活,他来干;别人干不了的活,他来干!他把工作当事业干,把国家的任务当成自己的大事干,而经他所干成的事都经得起考验检验。他加班加点干的这些活儿,多数都是别人干不了的,也就是不可替代的。

战场相识是最彻底的相识。作为技术攻关小组长,作为师父,吉仕强考虑的是集体自尊,民族自尊。他说:"大国重器,刻不容缓。如果不想自己的人生满心遗憾,那就拼尽全力去干。"他说艺不如人就得"赶",腰杆不硬就去"干"。国家等不起,时代等不起,时间等不起。只有赶,只能干,拼命地干,才有出路!

就在前两个季度,因为去年的新冠疫情耽误了工期,为了夺回疫情带来的损失,二郎吉仕强,一个浑身散发着中国航空人坚韧意气的四川小伙,带着总装班组连续加班4个月,这些天已经到了关键阶段,身体已经疲惫,但他依旧拿着扳手,用尽全力拧好每一颗螺栓,打好每一个保险丝,向整机装配完成做最后的冲刺,把好每一道关口。这些日子来,后勤送来的方便面夜宵实在吃腻了,剩了八大箱。小吉说,即使再饿,一讲到"方便面"三个字就想吐。

吉仕强的身体不是铁打的。但是为了民族工业,为了国产航空发动机这颗"中国心",他总是习惯将倦容掩盖在灿烂的微笑里。这种微笑像一团燃不尽烧不绝的火,不断地激励着他的工友们。

然而,那双眼睛里那些掩饰不住的红血丝和满脸杂乱的胡茬儿,却无声地向人们昭示着一个男人的责任与担当……

第四章:"二郎神"领跑铸"心"人

都以为青春就是一个人年轻时走过的那么一段时间。我却认为,青春不应该是一个人的时间段,而是一个人的一种精神状态。

众所周知,航空发动机作为飞机的"心脏",被誉为"现代工业皇冠上的明珠",是一个国家科技、工业和国防实力的重要体现。作为小组负责人，吉仕强牵头实施完成了多台份的整机、核心机、试验件的总装操作任务，为我国民用大涵道比商用航空发动机的研制奠定了基础，成为研发、探索、锻造"中国心"的拓荒者之一。于是我想，吉仕强的青春是与中国航空的发展之路紧密连接在一起的。这种"青春"将会成为一种力量的符号升腾在万里长空。

作为一名当代青年，吉仕强敢于紧跟项目实践求真，几乎参与了商发所有的发动机型号任务。最终，成为装配技能骨干，树立国内行业标杆。在型号研制过程中，关键时候不惧挑战，越有难度越能激发他的斗志，遇到问题能够保持清醒条理分析，每每都能出人意料地拿出一种简单且行之有效的装配手法来破解难题。

吉仕强是总装工区通过"社招"过五关斩六将进来的第一个技师，是位"年轻的老同志"。作为装配中心总装技能小组的小组长，其实自吉仕强走进中国航发上海商飞发动机 2005 厂房的那天开始，他就承担起了"收徒领军"的任务。

有一个"师徒门事件"让吉仕强刻骨铭心。那是 6 年前，也就是小吉刚来上海航发的第二年，刚带徒弟不久。那天，作为师父的吉仕强讲得舌苔发干，干得满头大汗。可他那位学弟兼师弟，却坐在一旁优哉游哉玩手机。当吉仕强看不过去批评他的时候，对方还振振有词："这种活又苦又累又枯燥还拿不到几个铜板，谁愿意跟你这么狠命地干！"年轻的师父吉仕强一听徒弟这样的态度和口气，一股怒火冲上脑门："你给我滚——"说着，飞起了右脚，几乎用平时踢足球射门的姿势和力气，踹了过去，直接把人高马大的徒弟踹倒在地上……

这一脚踹在徒弟的身上，却疼在师父的心窝里。毕竟自己二十六七岁年轻气盛。事后想：一把尺子有长短，为什么非要把自己的想法和做法嫁接给别人，一定要让每个人都做到最优秀？虽然科学来不得半点虚伪，但心急吃不了热豆腐。

让吉仕强有些迷惑的是，这个"师徒门事件"没有任何发酵，就这么悄无声息地过去了。那位挨踹的徒弟，第二天一早就在车间里默默地忙开了……

古人有"慈不掌兵"和"严师出高徒"的说法。但古人也有"爱兵如子"和"抱团取暖"的表述。尤其是当代的师徒关系、师生关系、官兵关系，都讲究的是一个互助互爱。

"强哥,明天放假,去你那儿蹭饭噢……"

"师父,晚上来一场球吧,看你射门的姿势帅呆了!"

如何使工友们产生最大的热能,凝聚力很重要。"师徒门事件"之后,吉仕强慢慢学会了柔性带兵。如今他这位总装工区的领军人物,对于如何带好一支队伍,分寸已是拿捏到八九分。用他的话就是十二

吉仕强组织工友们在休息时间踢足球

字令:"严中有宽,宽中有严,宽严相济。"吉仕强有"两大法宝"可为黏合剂:一是他能烧得一手好川菜,尤其烧鱼,什么"酸菜鱼""辣子鱼""水煮鱼""烤鱼""三椒鱼"(黄椒、红椒、花椒)……(这得感谢他家乡门口的那条河,儿时让他在河里捉鱼摸虾)……小吉说,大食堂的饭菜再好,天天吃也腻了。更何况夜间加班面对那些面包、方便面,年轻小伙们,谁不想换换口味?于是,只要有空,吉仕强就把他的团队聚在一起,露一手自己的厨艺。二是绿茵场上显神威。年轻的工友不是抱怨航空发动机研发装配工作乏味枯燥吗?于是,吉仕强这个大学里的足球前锋开始发挥作用了。他以商发制造足球协会名义组织起了一支足球队,从公司踢到了集团。

男人之间的运动激情,总是一点即燃。生命只有在运动中才感受到火焰的燃烧。在足球场上,目光锁定那个带球高速奔跑的身影,那是一个全新状态的吉仕强。他爱踢球,更爱为团队小伙们加油助威。说到足球,貌似歌星刘和刚的吉仕强两眼放光。他说,我最开心的事,除了发动机点火成功,就是有空领着这帮兄弟在绿茵场上展示青春的阳刚,让静寂的临港沸腾起来。

中国航发商发承担着国产商用大涵道比涡扇发动机研制生产的重要任务。商用航空发动机研发制造这项工程投入大、过程长,比人们想象得更复杂。吉仕强做好了长期作战的心理准备。他所带领的总装技能团队小组成员来自各行各业,创建之初能力素质参差不齐。面对日益繁重的装配任务,他用自己的吃苦精神和人格魅力感染鼓励着每

一位成员，建立起如今这一支基础能力过硬、职业素养优良的技能队伍。总装工序装配周期从17天到15天到10天再到7天，一次次完成节点突破，并在发动机管路装配技能方面达到国内领先水平。这就是吉仕强及其团队成长的最好证明。

作为公司装配中心副主任技师、总装技能团队的第一位员工，发动机交付试验前最后"一棒"的工作重任就压在了吉仕强的肩上。加班至深夜11点、12点甚至凌晨2点、3点都是常有的事。不过，时间一长有些力不从心。于是他下决心，培养成熟的技术能手，让一双"神手"带着一群"神手"干。

吉仕强为了提振班组和徒弟们的士气，会经常向大家描绘蓝图："等天空中穿梭的飞行器上安装的都是我们自己研发制造生产的发动机时，那时候我们的腰杆就硬了……"

作为国之重器的航空发动机，装配工作不仅要有娴熟的基础技能，更要有一颗严谨的敬畏之心。一台航空发动机由3万多个零件组成，总装装配阶段就有近万个零件，任何一个零件的漏装、错装、装配不到位都会引起发动机故障甚至损毁。吉仕强对此深有感触："装配过程中的操作不当或疏忽不但会给国家和公司带来重大的经济损失，更会打击研发人员的士气。""能装、会装只是刚刚起步，只要用心钻研，一块大铁疙瘩也能散发出艺术品的光彩！"吉仕强工作越久，对师父当年的教诲体会越深。

于是，吉仕强把自己通过苦干积累的经验毫无保留地教给徒弟，在流程中学会如何单体优化、方法统筹。如今，他已经从一个青涩的"学徒"，成长为一名无私授业的"老法师"了。他言传身教，以科研项目为平台，带领出一支有成熟技能的14人队伍，其中大部分人都能够独当一面了。

……

吉仕强常常深情地仰望着深蓝色的天空。他一刻也没有忘记航发人的光荣使命，那就是早日在国产大飞机上装上"中国心"。

于是，吉仕强的眼光不仅盯在眼前的发动机装配上，在他的眼里，甚至看到了中国未来航空事业的辉煌。他带头自学了工商管理的本科专业。他对他的团队说，一定要用发展的眼光看待眼前手里装配的发动机。今天我们的2005厂房，或许就是当年井冈山上的星星之火，未

2022年5月14日，中国商飞对外发布消息，编号为B-001J的C919大飞机从浦东机场第四跑道起飞，并安全降落，标志着中国商飞公司即将交付首家用户的首架C919大飞机首次飞行试验圆满完成

来的你们都是火种，都是"各个方面军的司令员"……

一个率先垂范又能学会给人指点未来的人，能不聚沙成山聚水成海，在他的团队产生向心力吗？工友们都说，他这个"十杰"和"大国工匠"，我们服！

家乡仁和镇的乡亲们，或许你们当年期许的"二郎神"，今天已经慢慢驻进了中国航发人的心里。

……

子夜时分，一对忘年交依依不舍地结束了谈话。就在目送他走出大门的那一刻，我感受到这个青年的背影沉稳中透着果断。这是责任与担当带给他的笃定，这是今天中国的综合国力和万众一心的民族之魂赋予了他的底气。

透过他坚实稳健铿锵向前的那股神韵，我想，离我们的"中国心""民族心"翱翔蓝天的那一天，已经为时不远了……

（原载《主人》杂志 2022 年第 6 期）

吉仕强（右二）出席临港新片区第二届"临港工匠"表彰大会

让我的血融入你的生命

无论东方西方，无论远古当下，爱与被爱，一直是一个亘古不变的话题。

牛年惊蛰之日，笔者驱车 33 公里来到闵行区梅陇镇中海寰宇居委会一间挂满锦旗，摆满奖状、奖杯、奖章的荣誉室。今年 67 岁的陆志刚，如今就居住在这个小区，并担任这个小区志愿者服务队海蓝支队的队长。

就像春雷炸醒了一个春天，笔者是被陆志刚先生的感人义举所惊叹而慕名来访的。

一只永远不能伸直的胳膊背后，讲述着一段酸楚而感人的故事。

出了外环，从莲花路上行驶 4.8 公里后，车载导航将笔者导向中海寰宇小区。军人出身的陆志刚，一米八多的身躯，依旧像当年哨位上的哨兵，早已挺立在了小区门口。就在见面握手的那一刻，笔者发现陆大哥的右手是伸不直的。于是，我们的谈话，就从他这只弯曲的胳膊开始……

20 世纪 70 年代的第一个秋天，15 岁的英俊少年陆志刚从上海卢湾区报名参军，来到了原南京军区炮兵某部。一心立志军营想在部队干出一番事业的他，经过新兵连3个月"魔鬼"般的艰苦打磨和层层筛选，被挑选进了侦察连。

年纪不大，个头不小，帅小伙一个。谁说上海兵不能吃苦，这个"兵娃娃"事事抢在前头。军人都知道拿破仑的那句话："不想当将军的士兵不是好士兵。"班、排、连，各级领导都看好"这是一棵好苗子"。陆志刚就这样开始每天阳光灿烂地往前奔着……

然而，天有不测风云！就在陆志刚踌躇满志在连队干得正欢的时候，来年夏天的一场暴雨，吞噬了陆志刚扎根军营的梦！

有哲人这样说过："未曾哭过长夜的人，不足以语人生。"陆志刚有多少个长夜曾经以泪洗面，他永远难忘。就在那天夜里，暴雨如注，一道道雷电撕碎着一片片夜空。很快暴雨形成了山洪，正向连队的炮弹库冲来。山下是一个几百户百姓的村庄，如若炮弹箱被洪水冲进老百姓的村庄，后果不堪设想，必须迅速转移至安全处。陆志刚早被战友们忘掉是个"娃娃兵"，就知道这个大个子新兵腿长手脚快，别人扛一箱，他两手一揽，一手抱一箱。就在炮弹箱仅剩最后一垛的时候，山洪冲过来了。这时陆志刚发现那垛炮弹箱摇摇欲坠，正向那垛炮弹箱前的战友倾倒过来。为了救战友，陆志刚毫无犹豫地冲过去把战友推开，并向那垛倾覆而来的炮弹箱扑了过去。说时迟，那时快，紧挨陆志刚身后的排长却以更快速度，扑到了陆志刚的前面……顷刻间，整垛炮弹箱向他们的身体压来。排长被彻底压在整垛炮弹箱底下，而摞在垛中的其中一箱，重重地砸在了陆志刚的右胳膊上。两人均被砸晕死过去，被立即送进医院抢救。陆志刚救人又被人救，右胳膊粉碎性骨折，留下终身残疾。而扑在他前面的排长，则伤势过重终身瘫痪在床……

青春并不是鲜花的代名词，也不是一个人生长的时间段，而是一种灵魂裂变和心灵洗礼的过程……

从医院出来后，部队发给陆志刚一个残疾证，恋恋不舍地送他走出军营，复员回到原籍。

男儿有泪不轻弹。离开连队的那天，大个子陆志刚无法止住自己的眼泪，索性放开嗓子号啕起来……这天离陆志刚当兵走进军营的时间是九个月零九天。他带着战友们深深不舍和无限遗憾的泪水，背负着排长对他的舍身救命之恩，一步三回头，拖着一双像灌了铅的脚，

陆志刚向作者介绍历年获得的荣誉

沉沉地走出连队院门，告别了他的侦察连，回到生养他的上海。

……

一位诗人这样说："痛苦是有限的，而我们的心胸可以无限扩大。"陆志刚复员回到家的前三个月，闭门谢客，对政府、对乡亲，从不诉苦提要求和表功炫耀讨掌声。他觉得做"祥林嫂"式的人无济于事。"一日为兵，终身为荣。一个战士，要么战死沙场，要么站成一棵树，绝不可苟且一生！"他没有拿着部队发给他的残疾证，向政府讨价还价，而是遵照政府的安排，很快到吴淞饮食公司春光饭店报到去了。

一双操枪弄炮的手，一下子让他走进厨房学做饭菜做糕点，一时间觉得笨手笨脚。加上胳膊上的残疾带来工作上的不便，一开始他做啥啥不像，甚至还恨自己手脚笨不争气，偷偷发狠摔锅摔盆……

"任何事情都有一个过程，坚持一下，再坚持一下。播种与收获，本来就不在一个季节。"陆志刚学会用这样的方式暗示自己，他天生就是一块不服输的硬骨头。就在他被分配进公司食堂不到一个季节的时间，他的刀功火功已经开始有模有样了。尤其是在面点方面，已经与外面有名的糕点师手艺不分高下。公司领导发现陆志刚这方面的天赋，很快又将他调至老字号乔家栅食品店，成为店里的一名糕点师。

人生的路无法预测，"世事难料"总是与之相随。遇到暴风雨时，你必须咬咬牙挺过去，或许前面就是一片艳阳天。就在陆志刚在乔家栅这家食品店干得风生水起的时候，一股经济寒潮袭来，乔家栅无情地被卷进了海底。陆志刚瞬间也被拖进那波汹涌的下岗潮。

"没有过不去的火焰山。"陆志刚记起了当侦察兵时学会的一句俗语"兵来将挡，水来土掩"。这时候，生性要强的他，不愿站到政府门口加入"要工作要饭吃"的工友上访队伍里，而是决定自谋生路，开起了"残的"。

陆志刚的"残的"一开就是七个春秋。

开"残的"的陆志刚，又想起了舍命救他的老排长。于是，他把自己驾驶的"残的"不仅看作是谋生的工具，更多地当成是一个"助人为乐"的助手。从驾车上路的那天开始，他就给自己立下一个规矩：送医院急诊搭车的病人不收钱，送腿脚不便的老人、残疾人不收钱，送考场赶考的学生不收钱。七个春秋寒来暑往，风里来，雨里去，"残的哥哥"陆志刚，三分之一的时间几乎都是在做"义工"。陆志刚的事迹传到了时任上海市常务副市长冯国勤的耳朵里，冯副市长被他的义举所打动。直到1999年某一天，冯副市长在街头观察工作时偶遇陆志刚，对他嘘寒问暖之后说："你去找区劳动局，他们会给你安排工作的。"

陆志刚半信半疑地踏进区劳动局的门。当他说明来意之后，劳动局的领导热情地接待了他，并请他回家等消息。没想到，很快好消息来了。1999年9月6日（陆志刚把这个日子记得特别清楚），他被安排到徐汇区长桥中学当食堂管理员。

在去学校报到回来的路上，兴奋的陆志刚一边走着一边在想："用什么来回报社会、回报党和政府对我的关怀呢"？正在想的时候，转身看到东方商厦广场上一辆流动献血车。

陆志刚灵机一动："对，献血，义务献血！可以用我的血去帮助更多的人！"说着便登上采血车撸起袖子，献出了200毫升的鲜血。捧着红彤彤的献血证，陆志刚喜滋滋的，高兴得像个孩子……

从此，陆志刚开始了默默的义务献血之路，并且一献就是16年。16年，他把自己的鲜血一次次注入他人的身体，让一条条生命获得新生……

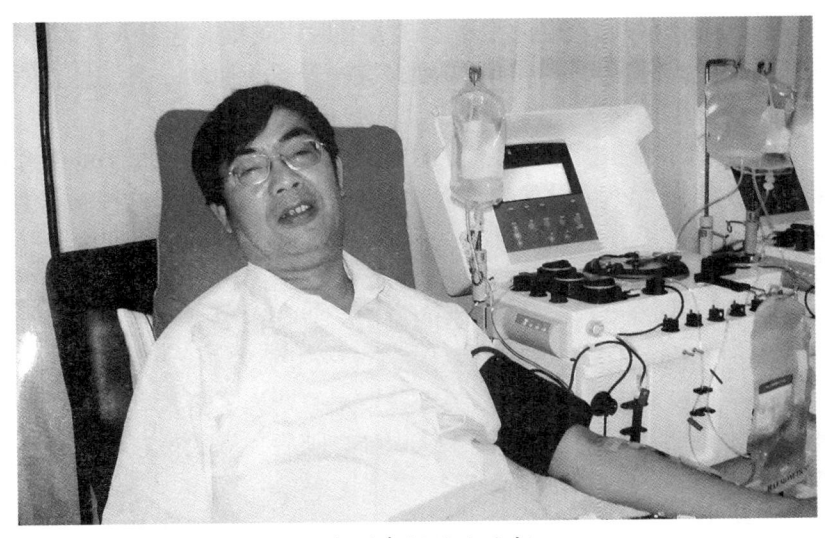

陆志刚在捐献血小板

"能用我一条命换来三条命,值!"这是一道用生命演算的计算题。

成为学校食堂管理员后,陆志刚不经意地发现,每天放学后,学校静悄悄的,但是学校领导还有好多老师办公室的灯光却还亮着,有的甚至亮至深夜……

"这些领导和老师真辛苦啊!"陆志刚自言自语道。从那时起,只要还有一盏灯亮着,陆志刚就在食堂等着。他每天注意观察,到了晚上9点以后看看还有几盏灯亮着,他就悄悄地按照人头数量开始磨豆浆、做小点心,把一份份可口的夜宵做好端过去,还不断地翻新花样。每次老师们看到陆老师送上夜宵时,都有一种家的温暖涌上心头。一开始,老师们以为这是学校的一项福利,后来才得知,这些做点心的费用都是陆老师自掏腰包来的……

笔者在古徽州民间的古宅中,曾读到过这样一副对联:"能受苦方为志士,肯吃亏不是痴人"。陆志刚在食堂管理员位置上干到4年8个月的时候,他无论如何也想不到,他这样一个一无靠山二无学历的伤残退伍兵,会被破格提升为总务处主任。而学校的师生却认为,组织上让陆老师当总务处主任,真的是慧眼识英雄,选对人了。

"一人博得百人爱"的陆志刚,有一天关于他的一条消息忽然在学校彻底炸开了……

卫生部门对陆志刚多次捐献的血液化验后发现,他每100毫升血液中血小板高达28万单位,将近常人的一倍。医生说,这种血医学名称叫Rh型,也就是人们俗称的"熊猫血",非常适合拯救白血病患者。这种血型在亚洲黄种人群中,极其少见和珍贵。

笔者在想,把这样一种珍贵的血型,造就在一个一心想帮助别人的人身上,不知是机缘巧合还是上天有意安排。

或许很多人都曾听神话中关于普罗米修斯为了给人类取得火种,宁愿用自己的生命一搏的传说。认识陆志刚后,就觉得这不就是我们身边活脱脱的"普罗米修斯"嘛!

"只要是能救人,即使是百分之一的希望,我也要把血献给他!"这是陆志刚每次接到求救信息时,常说的一句话。

陆大哥向笔者回忆起了一些关于他献血的故事,说到动情之处,陆大哥不免老泪纵横。他想起了2004年的那个除夕夜,全家人正围坐在一起吃年夜饭,就在这时,房间里响起了急促的电话铃声。是红十字会的工作人员打来的,电话那头说话的声音有些吞吞吐吐:"陆老师,不好意思,除夕夜还给您打电话打扰您,我们犹豫了很久要不要给您打这个电话。有一名白血病患儿明天做手术需要输血小板,但很多献血志愿者都去外地过年了,您能不能……"

"只要能救人,没什么说的,我来!"

在场的亲人听到了电话里说话的大致内容。原本推杯换盏、热热闹闹的年夜饭,瞬间沉寂了下来。这时妻子向丈夫投去疑惑的眼神,并质问道:"陆志刚,怎么回事,大过年的怎么会叫你去献什么血?怎么了,我们家穷到靠你卖血度日了?"

餐桌上其他兄弟姐妹,也一时不知所措,面面相觑。

面对亲人们关切的眼神,此时的陆志刚有点像犯了错误的孩子,嗫嚅着向妻子解释说:"我没卖过血,我只是想救人,我的血很特殊。刚才电话里医生说,如果我去献血的话,这个孩子有七成活的把握;如果我不去献,孩子就没救了。我要去救人,救一个算一个……"

听完丈夫的解释,妻子顿时眼圈红了。在场的兄弟姐妹也跟着动了情。他们都了解志刚这个人认准的事情,九头牛也拉不回来。其实,

陆志刚(右三)参加"6·14世界献血者日"专题晚会

好几年过去了，有关他在外面义务献血的事，陆志刚一直瞒着家人。尤其是妻子身体不好，怕她担心，他一个字没吐过。今天既然秘密已经泄露，索性全"招"了。

……

第二天一早，陆志刚谢绝了对方派车来接，自己骑一头"电驴"就赶到了血液中心。

猴年的大年初一，上海的街头到处张灯结彩，一个个栩栩如生的生肖猴脸谱画像提线木偶，纷纷向人们送来新春的祝福。一路上，陆志刚默默祈祷和祝福的只有一个，就是希望自己的血能救那个患白血病的孩子，也让这个家庭高高兴兴地过上团圆年。

到了医院才知道，原来这次让陆志刚捐的是血小板。捐献血小板和普通献血大有不同：捐献者需要躺在病床上，从一只手臂静脉进针，全身血液须经血液成分分离机过滤滚动6～7遍，通过全自动血细胞分离机分离出血小板，最终过滤后的红细胞与血浆再输回捐献者体内，整个过程长达一个多小时。

先不说从体内输出那么多血，就是大年初一躺上医院的病床一个多小时，这是上海人很忌讳的事，很多人也会据理不从。正当医生给陆志刚讲解过程，最后征求他的意见时，陆志刚毫不犹豫地躺上输血床伸出他的左胳膊，说："赶快抽血给那个孩子吧，还有什么比救命更重要的事……"

于是，年轻的生命得救了。

类似的全国性荣誉，陆志刚获得了很多

没想到，陆志刚这次献血，红十字会邀请了多家媒体，他的义举被多家媒体争相报道。一夜之间，好人陆志刚，大年初一捐献血小板挽救白血病患儿的消息像长了翅膀，传遍了沪上大街小巷。

许多人都对他的这种义举深感钦佩。学校师生得此消息，上上下下很惊讶，这么多年大家认得的这个"好人"，竟然还悄悄地一直在外面义务献血……学校领导和德育老师第一反应就是，"这不就是我们身边最好的德育典型教材吗"？

第二天，校领导给他送来了 2000 元的献血营养费。这是陆志刚多年献血以来，拿到的第一笔营养费。陆志刚感谢校领导的关怀，他觉得这个信封拿在手里沉甸甸的。这时候，他首先想到了躺在床上的老排长。正好利用春节假期，陆志刚又一次来到杭州，把学校给他的 2000 元营养费，再从自己微薄工资里拿出 2000 元一同送给了老排长……

每个人身体的付出都是有上限和极限的，即使是钢铁也经不住磨损。眼前 67 岁的陆志刚，明显要比他的实际年龄苍老得多。

为确保血液质量，更好地救人，身有残疾的陆志刚，多年来很注重锻炼身体和饮食结构。但因其捐赠意愿强烈，尽管超过国家提倡的 55 周岁年龄上限，在签署了自愿承担责任的承诺书后，他还是 5 次超龄献血。他的老友、凌云街道和平居民区原党支部书记周伟明，红着眼眶心疼地说："他这条路一旦跨出去，就没有办法回头了……"

不知情的人以为他这个人就像苏联人说的"布尔什维克人的身体是用特殊材料制成的"。事实上，为了挽救别人的生命，他却一次次给自己的身体做减法，付出了巨大代价。

陆志刚忘不掉 2010 年的那次献血。一位身怀双胞胎的白血病孕妇从四川赶到上海动手术。对此，上海红十字会十分重视，广泛征集献血志愿者，最后好不容易召集到了 4 名愿意捐献血小板的人。就在开始捐献的时候，意外发生了。4 名捐献者中两名酒精严重超标（据了解，实际是本人改变主意不想捐献，故意大量饮酒），孕妇患者已经上了手术台，这可是三条生命啊！一旦血小板供应不上，后果不堪设想……

紧急关头，医生找陆志刚商量："陆先生，情况危急，您能不能献双份血？"对于捐献血小板的人来说，他这个双份血身体所要付出的能量，实际上是常规献血者的 4 倍。当时已 56 岁的陆志刚按照国家规定的 55 岁上限，已是"超龄献血者"。更何况献出双份血小板，其危险程度不言而喻。医生没有丝毫隐瞒,把最坏的结果告诉了陆志刚,献与不献,全由本人决定。

一念生一念死的天平,此刻就摆在陆志刚和另外三条生命面前。

已经献了16年血的陆志刚,此时手心里也冒出了冷汗,要知道"蝼蚁也会贪生",何况是这么一位堂堂八尺身躯的人。可一想到正躺在手术台上的患者和其腹中的两个胎儿,善良的陆志刚,把生的天平再次倾斜到了他人的一端。陆志刚用坚毅的眼神对着医生说:"即使自己保不住命,能用一条命换三条命,值了!"说完,签好自愿书,躺上了病床……

躺在输血床上的陆志刚,一双眼睛带着生命之光,深情地看着自己全身的血液在分离机里来回滚动,经过14遍反复过滤之后,他体内双倍的血小板,此刻就像一条生命之河,正静静地流进白血病孕妇的体内……

三条生命同时得救了!

完成双倍捐献血小板后的陆志刚,憔悴的脸上充满成就感,嘴角上微微绽开一种胜利者的微笑。他舒缓地合上双眼,平复地静静呼吸着……或许是他坚强的意志,或许是上苍有意对好人的眷顾,陆志刚挺过了风险还活着,只是觉得浑身无力,想静静地躺一会儿。人们能从他的眼神里,看到拯救生命后内心的自豪……

……

医生给他体内补充了些营养液,在病床上躺了6个小时后,他爬

陆志刚获"无偿献血白玉兰奖"证书

起来打车回家了。所有过程，陆志刚都是瞒着妻子孩子的。陆志刚告诉笔者，他平日里最不喜欢闻鸡汤的那个味。可这次回到家，他却主动跟妻子说："给我买只老母鸡炖炖吧，我身体有些发软……"

之后，至少两个月的时间，陆志刚觉得食不甘味，眼冒金星，两脚走路打飘……这回，身体真是大伤元气了！毕竟在他的血管里，先后抽出了14000多毫升的血液。我们常说，大自然不注意保护，资源早晚有一天会枯竭，何况一个人的身体。

说到这里，眼前的这位八尺汉子，情不自禁地拾起桌上的纸巾，轻轻地擦拭起两眼淌出的泪水。他何尝不知超龄超倍献血对身体的伤害之大……但陆志刚话锋一转，带着几分悦色，说："我的血和别人的不一样，一个人顶两个人，用我的血治疗白血病人最有效，我知道这是上天赋予我的'特异功能'，我也甘愿用这份特殊功能去救更多的人。只要能救人，就算有一天我死了也绝不后悔……"此后，红十字会拨通他的求救电话，他仍然义无反顾："只要能救命，我马上来……"

自己脚上的袜子穿破了好几个洞就是舍不得换，当别人遇到困难时，他却总是慷慨解囊……

"一个人做点好事并不难，难的是一辈子做好事。"几十年如一日，陆志刚一直记住毛主席的这句话。

于是，笔者想起了古人的几句话："勿以善小而不为""不积小流，无以成江海"。其实，陆志刚几十年来一直默默地做着这些善事小事。

陆志刚记得，就在他开"残的"的那些日子里，有个老街坊是个无儿无女的孤老太。老太太生活自理很困难，陆志刚每天出车前先到老太太房间把早点做好，下班回来又先去给老太太煮好晚饭再回家。遇到天气好，他还拉上老太太出去晒晒太阳兜兜风，直到把孤老太寿终送走。陆志刚说："我这个人就是看不得别人受苦。"这是一句多么朴素的话，是从一颗善良的心里发出来的。

他想起了小时候的一件事。那时候，上海很多人都吃不饱。他正是长身体的时候，为了能填饱肚子，他每天在放学回家的路上都去帮人推车，五分、一毛的，总能赚点小钱，在街上买个包子馒头的吃吃。有一天路过学校的一个窗口，看见一位自己熟悉的老师被关在一间黑屋子里。

陆志刚很熟悉这位曾经参加过抗美援朝的老师,是位精通儒释道、博学多才的战斗英雄。但关他的那些人说他是"资产阶级的臭酸儒,是黑五类"。陆志刚没管那么多,只认得他是学校的老师。从那天起,陆志刚就把在外面推车攒到的零钱,偷偷给老师买吃的送来,天天如此,一直到老师被放出这间黑屋。这位老师用一双深陷的眼睛注视着眼前的小伙,自言自语道:"这世间真有菩萨转世,你是这个世界飘来的一片祥云……"

"让内心的阳光照亮别人,自己只会变得更明澈。"小时候的陆志刚可能没想过有这么透彻的道理,但或许这就是他的初心。

我们在想,在当今的社会环境里,有人抑或觉得这棵树长得有些"突兀"。笔者也很想在陆志刚身上找到他那种"一心为人的纯粹革命主义"者的答案——

于是,陆志刚与笔者聊起了家史。他说,1937年日本小鬼子践踏上海时,母亲惨遭毒打,落下严重的疾病,是共产党把侵略者和反动派赶出去,把人民从侵略者和反动派的铁蹄下解救了出来。上海解放后,党和政府还帮母亲治好了病,让母亲获得了新生。后来母亲就常常叮嘱孩子:"长大了有机会一定要报答共产党、报答国家、报答社会!"母亲还说:"蜡烛之光虽弱,总能照亮一方黑暗。"

……

把善良刻入骨血,把爱意留在心里。赠人玫瑰,手留余香。古老的中国传统文化也在不经意间慢慢影响着他:乌鸦反哺,羔羊跪乳……这

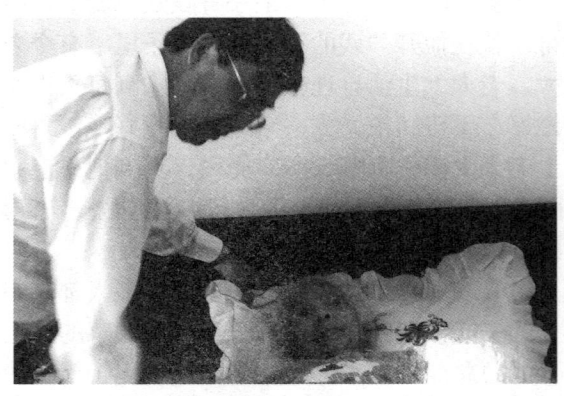

陆志刚在照看他收养的孤寡老人

或许就是母亲在他幼小的心灵深处种下的一颗懂善良、知感恩的种子。

陆志刚记得有一次他在南站流动采血车上刚献完血,一名中年模样的妇女怯生生地走过来,问:"请问这里可以卖血吗?"就见这名中年妇女泣不成声地说,她从石家庄来上海打工,接到家里电话,说妈妈生了急病住院,丈夫赶去医院的路上又被车子撞了。自己来火车站买车票皮夹又被人偷了。听到这里,边上有人提醒:"当心上当,别理她。"陆志刚则认真听完对方的陈述,觉得不像是假的。他自言自语道:"如果我被骗了,大不了损失一点钱。如果是真的,我要没帮她,我这一辈子都不会心安的!"说完,陆志刚给这位中年妇女买了一张200元去石家庄的车票,又买了饮用水和面包,再掏出100元钱,把这位妇女送上了车。

两个月后的一天,校领导叫住了陆志刚:"你又在外面做好事了?"原来这名中年妇女确实如她所说,家里出了一连串的事,待她处理好事情后,立即请在上海打工的同乡在采血站按照"好人"的体貌特征打听到了陆志刚的姓名和单位。于是,一封感谢信寄到了徐汇区教育局……

几十年来,陆志刚就是这样倾其所能,自己就那么一点养老金收入(养老金5300元),单位给他的献血营养费,他从不留一分,都捐给了社会。女儿有时也看不懂父亲,一不抽烟,二不喝酒,三不打牌,一套黄军装一穿几十年,脚上的袜子穿破了好几个洞,就是不舍得换。而当别人遇上困难时,却一次次把自己那点积蓄拿出来救济别人……

像蜡烛一样燃烧到最后,让自己的人生每一寸都能发出亮光。

就在笔者与陆大哥相谈甚欢时,居委书记蔡芸听说有作家来采访"陆大叔",便主动赶了过来。年轻的蔡芸书记小巧玲珑,与人说话交谈时,微微启开樱桃小嘴,一笑两酒窝,甜甜的,很典雅,就像三月的桃花,是那种典型的江南美女。

"有陆老师在我们小区,我身后好像就靠着了一棵树,心里很踏实,小区居民也觉得,有他在就有一种安全感。"蔡芸书记向笔者说这话的时候,有一种小辈崇敬长辈的表情,两眼凝视着陆志刚。其实,蔡芸书记来中海寰宇上任也才两个来月。但仅仅两个月的时间,讲起她眼里的"陆大叔",故事就像吐鲁番的葡萄,一嘟噜一嘟噜地说不完。

刚刚过去的这个春节是国家第一次提倡全民就地过年。中海寰宇小区已经出了外环,是在烟花爆竹禁燃区域之外。这个年,居民们几乎没有外出,是在本小区就地过年人员最齐的。经过鼠年一年的压抑,人们都期盼在牛年里有一个好光景。而燃放烟花爆竹是中国人最典型的期盼和祝福的风俗。但是为了安全起见,居委会党支部还是根据上级精神,统一思想,禁止燃放烟花爆竹。

已是腊月二十九,离除夕仅有一天,这时的蔡芸书记刚来小区上任一个月,加上居委干部全是女孩,能不能让这个小区过上一个平安祥和年,年轻的蔡芸书记心里实在没底。这时候,她想到了大个子陆志刚陆大叔。正当她犹豫着要不要去找陆老师商量时,"说曹操,曹操到!"陆老师竟然大步流星地出现在她面前,后面还跟着一支十几个人的队伍。见面就说:"蔡书记啊,你是不是在愁过年期间的小区安全问题?我请战来了!放心吧,我都替你想好了,我会带着我的这支志愿者服务队24小时轮流巡逻,一直到过完元宵……"

"接下来果真是,大过年的,天那么冷,陆老师带着他的这支志愿者队伍,地上地下一遍遍地仔细查看,水管龙头、煤气阀门、水表电闸窨井盖,一个环节、一个细节也不放过……为了大家能安心踏实地过好年,陆老师却不顾自己这般年纪和浑身毛病,从除夕一直忙到十五……"

蔡芸书记同笔者说着说着,两眼闪出泪光……

"疾风知劲草,板荡识诚臣。勇夫安知义,智者必怀仁。"李世

陆志刚在为上海世界博览会做志愿者时所获得的荣誉

陆志刚虽家徒四壁,但他的精神生活却无比富有

民的一首《赠萧瑀》，可以当作后人识人用人的试金石。凡是结识过陆志刚的人，都认为他就像一棵精神之树，可以让人倚靠。

陆志刚属马，但他喜欢人们叫他"老黄牛"。他说要用自己的余生耕耘好"志愿服务这块田"，就像蜡烛一样燃烧到最后，每一寸都有亮光。

2014年春天，陆志刚迎来了他的退休生活。进入耳顺之年的他也早已超出法律规定的最高献血年龄，不得不告别16年的献血历史。

女儿为父亲购置了位于闵行区梅陇镇的中海寰宇小区的两居室，希望父亲能在这里安享晚年。岁月不饶人，随着年纪的增长，高血压、高血糖等中老年常见多发病症也不请自来。

但刚入新小区的陆志刚，屁股就坐不住了。他跑到时任寰宇居民区党支部书记朱宝祥的办公室，用一种请战的口吻说："朱书记，我是一名共产党员，我想在有生之年，再为党多做一些工作，请派任务给我吧！"朱宝祥书记一听喜上眉梢，对陆志刚说："早就听说您是一个热心肠，几十年做善事、做好事，正想去拜访您呐。我们正想组建一支志愿者队伍，想请您来担任楼组长，不知您是否愿意？"陆志刚立即站起身子，一个立正，说："一切行动听指挥，什么时候上岗？我现在就可以报到！"依旧是一副"召之即来，来之能战"的战斗作风。

"德不孤，必有邻。"一颗善心一身正气的陆志刚，无论走到哪里，都会自然形成一个磁场。很快，陆志刚所在的小区志愿者服务队伍，像滚雪球一样越滚越大，如今已有60人之多。陆志刚也由4年前的楼组长升任为"海蓝志愿服务支队支队长"。

如今他的这个海蓝志愿服务支队，服务种类繁多。有人称他"居委编外干部"，有人称他是"小区管委会主任"。这不，3年前，陆志刚又毛遂自荐担任起"小区品质管理督察员"。他认为小区就是一个大家庭，只有管理有序，环境幽雅，大家才会心情舒畅。他要用"品质管理督察员"的身份，在业主与物业之间搭建起一座相互沟通共同促进的绿色桥梁。他还动员起他的志愿者团队，一同帮他做工作，一旦发现小区环境脏乱或管理失职，他都会在500人的"@物业经理"业主群中，发帖督促整改。渐渐地，小区遇到管理上的问题时，无论大小，业主们不仅在微信群里"找陆老师"，也会趁饭前饭后小区散步时,与陆老师聊天"汇报"。在这些业主的心里,陆老师就是最靠谱、很贴心的居民代言人。"陆大叔"成了贴着居民心窝的一棵"大树"。中海寰宇物业经理朱红军十分感激陆志刚为提升小区品质所做出的努力,心怀敬意地说:"小区里有这样一只啄木鸟真好!"

人们忘不了 2020 年那些惊心动魄的画面。中海寰宇的居委干部和小区居民,更是忘不了"陆大叔"在新冠病毒最猖獗的时候,挺身而出敢于冒死保护大家的一个个举动。

随着疫情一天天吃紧,居委干部一方面要做好居民居家隔离的工作,另一方面又要组织好志愿者走上街头和蹲守小区,堵截切断病毒传播,不留死角、不留隐患。对于居家隔离"蹲在家里做贡献",绝大多数居民还算配合。而"上战场",去阻击"看不见的敌人",这个活儿实在不大好干,"兵员"也不容易调动。因为谁都不知道"鬼子"在哪里,长什么样,什么时候出现……

"共产党员跟我上!"……

正当居委干部为此纠结的时候,陆志刚身穿军装、脸戴口罩,一副雄赳赳气昂昂的样子站在了志愿者服务队的前列。在此之前,居委干部在排摸"参战"人员时,考虑到陆志刚年龄偏大,还患有高血压、糖尿病,明确内定不让他"参战"。现在他用这种方式出现在大家面前,让所有在场的人无不感动。

人们看着全副武装走进灯火阑珊处的陆志刚,鼻子不免有几分发酸。而他却嘴里哼哼道:"我自横刀向天笑,去留肝胆两昆仑。"看

陆志刚在"关心下一代"报告会上,向听众敬礼

似面无惧色一身英雄气，实则是走夜路，吹口哨，给自己壮胆。谁都知道，这"老头"又一次把可能出现的凶险，抢过来担在自己的肩上……

尾 声

一些经历过风雨、走过不少山路的老居民，不无感慨地说："毫不利己，专门利人"的人，只有在书里看到过，没想到这样的人，今天就在我们面前……

居委老书记朱宝祥心疼陆志刚，觉得不能总让人家付出，作为基层党组织应该为他做点什么，就主动问起陆志刚说："你为社会、为社区付出了那么多，你看我们能为你做点什么事吗？"

陆志刚这回倒也没客气，搬来5个大纸箱，说："家里实在太小，这些东西朱书记您能不能帮我处理一下？"

朱宝祥书记将箱子打开一看，"上海好心人称号""十大无偿献血风云志愿者""上海市无偿献血白玉兰奖""全国无偿献血奉献奖"……满满五大箱全是金杯银杯和获奖证书，摊开来铺满了整个会议室的桌面，每一项荣誉分量都很重。朱宝祥最后把视线定格在了那本"遗体捐献证书"上沉思良久……

多年从事基层党务工作的朱宝祥，眼前忽然一亮，大有如获至宝之感："陆志刚同志，你给我们送来的是无价之宝啊！这是我们小区的光荣啊，我代表党支部和小区全体居民感谢你！"朱宝祥说完，即刻叫工作人员专门腾出一个房间，将陆志刚搬来的五大箱奖杯证书锦旗等荣誉作为展品摆放整齐。然后，朱宝祥书记当众宣布："从今天开始，这间屋子就是我们小区的革命传统教育室。我们要让陆志刚同志的精神，在我们小区发扬光大，生根发芽！"

朱宝祥宣布完毕，又把眼睛盯在了那本"遗体捐献证书"上，陷入沉思。他在想，谁能说陆志刚家徒四壁？一个视军人荣誉比天高、连自己身后遗体都准备捐献给国家的人，应该是一个彻底的革命者，是世界上最富有的人……

（原载"学习强国"2021年8月26日）

战地幽兰

引 子

"戴爱兰从武汉前线回来了,明天我们婺源乡友会为英雄接风。"接到乡友群通知后,我第一时间回复:"参加欢迎英雄凯旋会。"

那天,我们在瑞丰精膳坊向乡友小汪店长要了一号贵宾厅。英雄进场的时候,厅内的乡友全体起立,热烈鼓掌。店长小汪捧着一大束红得夺人的玫瑰跑步迎了上去。大家一边鼓掌一边齐声高呼:"欢迎英雄凯旋!欢迎英雄归来!"

我本以为这株群芳不妒、特立空谷的"幽兰",见到如此热情的乡友,一定会感动得如沐春风,开颜怒放,向大家一一鞠躬致意。

然而,她却以淡淡的,甚至有些阴沉的表情,走过欢迎的人群。瞬间,全场气氛一下凝固了起来。口才尚佳,性情奔放的那位同乡召集人,本来认真打好腹稿,准备热情洋溢地致一通欢迎词,结果突然卡壳了。

"你这是怎么了,刚才路上还阳光十里的,这会儿工夫就晴转多云了?"爱兰的先生余奇耳语道,话音里带有半分怜爱、半分责备的意思。

"我不是英雄,我不喜欢大家叫我英雄!"话音刚落,平时泪点有点高的爱兰,两行女儿泪一下从她眼窝里扑簌簌地溢了出来。

或许因为自己有过参战的经历,我很快读懂了爱兰此刻的话与泪。

这时，我站起来拿起餐桌上的纸巾盒递给她，就这一刹那，我也跟着两眼湿润、喉咙哽咽起来……

英雄，是当然的英雄。而女儿毕竟是女儿，只要触痛到深处，不怕你平日泪点再高。或许此刻，爱兰的泪，是从心灵深处流出来的一种痛。很显然，这泪里有着千言万语……

席间，我盯着高脚杯里红得如血一般的葡萄酒，脑子里浮想联翩。爱兰的表情这会儿平静了许多，并举杯走下座位，向大家一一致谢。我却在一旁一个人自言自语地吟道：

巾帼出征露风寒，自古英雄泪不干。
搁笔沉吟聊战事，横琴未必解幽兰。
……

空谷仙子出乡关

数月后，又一次乡友聚会，我有意朝那天活动的主持人打趣，能否说说，欢迎戴爱兰凯旋的那天，你准备好的欢迎词？他还真的郑重其事地回答我，说他那天特意为戴爱兰写了一首诗，准备用在开场白，接着就有板有眼地吟诵起来：

彩虹桥头育幽兰，清华古巷爱九畹。
空谷仙子卫武汉，国香千里凯歌还。
……

我一听，连声叫好。诗中的彩虹桥和清华古巷，写的是江西婺源（原为古徽州）的一个地名和建筑物。诗中的"幽兰""九畹""国香""空谷仙子"，均为兰花的雅称，这里专指戴爱兰。

戴爱兰就出生在彩虹桥畔的清华古镇上。唐开元年间婺源县建制时县治就设在这里，比拥有800多年历史的彩虹桥，还早200多年。这里山是绿的，水是绿的，走出来的姑娘，个个都是水灵灵的。

我的祖籍菊经，就在戴爱兰家的上游。沿着彩虹桥下这条清澈的河，尽赏四周的金猴逗趣、百鸟啼鸣和红鱼戏水与百花争妍后，见到一个号称"中国最圆的村庄"，就到了。婺源村村不同音，而我与爱兰家

戴爱兰

同饮一河水,同操一口腔,乡情也就相对更浓些。

1974年7月一个如火炙烤的日子,清华古巷一个戴姓的普通农户家里,迎来了"弄瓦之喜"。那年代四处红旗招展、口号喧天。而古镇上的农户们依旧民风质朴、老幼相和。戴家添丁好像家家添喜。一时间,送鸡蛋、送面条、送红糖的,拥满一小屋。那年月谁家都拿不出比这更好的东西了。镇上那个叫"秀才"的乡村教师,把自己窗台上一盆侍养多年的秋兰,作为新生命的见面礼,送了过来。全家喜出望外,异口同声:"秀才,您给孩子取个名吧!"

"秀才"看着眼前这张可爱的小脸,再看看他捧过来的这盆兰花,顺口说,就叫"爱兰"吧!"爱兰!""爱兰!"同屋齐呼,这名字好!

虽说都是农户,戴家人生性朴实。那时候家家户户日子都差不多。爱兰的母亲带着孩子在生产队听钟声下地挣工分,父亲则在家附近的"清华酒厂"打点零工贴补家用。生活就这么平平淡淡地过着。

可爱兰这女孩却生性好强,同年代的女娃们读不进书或没书读,就自觉自愿地种地、嫁人、生娃去了。就爱兰这女娃,从小学到中学,家里的农活一样不落,学习成绩却一路全优。那年中考的时候,懂事的爱兰为心疼父母,主动报了两个志愿:一是中专卫校,二是本县重点高中。因为那时候考上中专卫校,出来包分配就有收入,能帮父母一起供养弟弟妹妹读书了,也因此中专的分数要比重点高中的分数高一些。爱兰离中专两分之差,被县重点高中录取。爱兰看看自己的家境……是读高中考大学,还是休学帮父母,爱兰陷入两难境地。这时,

拥有八百多年历史、坐落在婺源清华古镇的彩虹桥

父亲从女儿的眼里看出了一种渴望，坚定地对爱兰说："兰，走你自己想走的路，我同你母亲再撑一撑就过去了！"男人不轻易掉泪，因为有阳光和希望在肚子里支撑着。

平时的慢耕细种，到了每年的夏收夏种双抢时节，就是农人最苦最累的季节。爱兰在县城读高中的每个暑假，都会回家带着弟弟打草、施肥、烧荒、割稻子，帮妈妈干完地里所有农活才回学校上课。这要强的孩子，每一个暑假都要脱一层皮，掉一身肉。高考后的那个秋日，爱兰迎来了家里早稻的丰收，也迎来了她人生真正意识上的第一枚果子。那天热浪当头，爱兰和村里的人正埋头挥汗割着田里的稻子，忽觉身后有人喊她的名字："戴爱兰，上海医科大学录取通知书，到了，到了……"

爱兰和田间抢收的所有人，呼的一下全都直起腰循着声音来源处望去。果真是镇里的乡村邮递员，只见他手里高高举着一个信封，一边兴高采烈地拼命摇晃，一边不停地扯着嗓子报喜。看其神情，好像是邮递员自己金榜高中了。

这一个月来的忐忑与煎熬，终于落下了地。爱兰和全家人这一刻泪水与汗水，全都交织在一起……

爱兰从清华古巷启程去上海医科大学报到的那天，整个村落人人脸上喜气洋洋，家家户户燃起长长的鞭炮。村里出了第一个"女状元"的那种自豪感，无不装满乡亲们质朴的眼窝。

今天晴空万里，爱兰身披大红花走过彩虹桥的时候，整个桥身倒映在清冽冽的清华河河面上，人桥相印，更显熠熠生辉，婀娜多姿……

国香千里只为爱

"因为我汲取了够多爱的养分，所以我必须学会反哺爱我的社会！"

"走好你选择的路，不要选择好走的路。这样，你才拥有真正的价值。"

……

爱兰在后来接受我采访的时候，向我坦露了她为什么一定要报考医科大学的心迹。言谈中，我深切地感受到，是善良的父母和朴实的乡亲为她在心灵深处种下了一颗善良且懂得感恩的心。

说起她走出乡关之前的一些事，爱兰的一对眼窝总显得很深。我知道，这只"鸡窝里飞出的金凤凰"，对那块土地总有太多的东西忘却不掉。爱兰对我说："要说对我人生影响最大的还是我的母亲。"

爱兰的母亲是个农民，没读过什么四书五经，但却非常有善心。她经常对自己的三个孩子说，"做人要行善积德"。其实她平时的举动，都印证了她对孩子们的要求。"有两次关于我母亲独自救人的事，一直在我脑海里。那会儿我还小，就听邻村有个男子不知何事想不开服毒自杀了。母亲拉上我匆匆赶到现场，我母亲摸摸男子的脖颈发现还有生命迹象，但深度昏迷，一身污秽，一股'敌敌畏'夹杂着酒吐的恶臭味，呛得所有邻居不敢近身。我母亲二话不说，把他从里到外快速清理干净，使出浑身力气拖出房间，喊人帮忙把他送进医院，幸亏抢救及时，终于给救活了。"

"还有一次，母亲带我弟弟外出干活路过一条大河时，碰巧遇到一个小姑娘不慎掉进大河里，姑娘正在深水区扑腾挣扎，眼看就要下沉淹死，旁边有几个壮劳力在河边挑沙子，但没人敢去救。母亲没有多想，拽着我12岁的弟弟冲下河里，硬是把姑娘救了上岸。"

说到母亲舍命救人，爱兰的思绪一下回到2008年汶川大地震。

那天，母亲刚从婺源老家来上海看病。爱兰向院领导请好两天假，准备陪陪母亲。就在她请好假推开家门，电视屏幕上"汶川发生特大地震"的消息和画面一下让戴爱兰震惊，她第一反应就是"救人，救人，我要去救人"！一种使命感，顿时充盈着戴爱兰的血液。她来不及考虑，抄起手机就给院长打电话："院长，我要去汶川，我要报名参加汶川医疗救护队！"

院长说："你不是刚刚请好假要陪你母亲看病吗？你就不要参加了，陪陪你母亲。"

爱兰的母亲在一旁将双方的对话听得真真切切，及时插话说："兰儿，你做得对，不用管我，那边成千上百万的人更需要你。家里的事交给我，你放心去救人……"

母亲说完，就帮她张罗收拾起行李。当晚，她就随汶川紧急救援队出发了，第一时间出现在汶川抗震救灾的现场。大义与小义，在来自农村不识几个字的母亲面前，总能摆得很清楚。

可是，这次就成了她终生的痛。

到达灾区后，她要求直奔重症病区。她的理由是，"我是主修压疮、造口、伤口、失禁护理专业的，这时候我最应该出现在重症病区！"爱兰说："而当我真正走进重症病区时，我一下惊呆了，出现在我面前的全是血肉模糊的重伤员。护理病人，没有什么神来之笔，关键是要做到胆大心细。这时，我恨不能变成一百个、一千个戴爱兰……就这样我和同事们不知太阳不知月亮地坚守在一线抢救伤员一个多月。

"这些日子里，我大脑里的每一幅画面、每一根神经，都是绷着伤员、伤员。等我从汶川回来，丈夫和儿子毫发无损，家里被收拾得干干净净。可是，母亲明显见老了。她是在后方为我当保姆，还天天为我这个前方的女儿担着心啊！儿行千里母担忧，何况又是在生死一线……"

说到这儿，爱兰有些哽咽……顿了顿，爱兰接着说，她从汶川回沪的第三天，母亲说："兰儿啊，家里那点薄田快要收了，你父亲腿上的老毛病一变天就发，我得回去了，等下次找空我再来。"

谁知，"黄鹤一去不复返"，母亲的这次上海之行，竟成了诀别之旅……

爱兰对我说，当初她执意要报考医科大学学医，主要是受母亲和乡亲的影响，就是想将来好帮助人报答人，也就是古人说的"救人一命，胜造七级浮屠"。爱兰说：记得我高三那年，父亲外出干活摔了一跤，导致股骨颈骨折。"他可是戴家的顶梁柱啊，三个孩子还都在上学，大闺女正要赶考的时刻，可不能有什么事啊……"三邻四舍五叔六婶们一个个自觉自愿地为戴家祈祷起来。

医生开了个土方子：用鸡脚爪熬汤。

清华街就是一个大家庭。医生头天晚上在上街说的话，结果第二天早晨，整条街的老老少少都知道了。伤筋动骨100天，这年的整个冬天，全村及临村的乡亲，无论谁家娶妻嫁女添丁祝寿、杀鸡请客时，首先记住要把鸡脚爪留出来给爱兰家爸爸熬汤补身子……

离开家乡近30年，在临床一线也做了几十年，看惯了那么多生生死死的戴爱兰，却一直把这些恩与爱刻在心上。当年的"女状元"，如今大上海医院的总护士长，在清华古街上的乡亲们心里，这就是他们永远的"红色招牌"。

其实我深知，这块"红色招牌"是不太好当的。

无论生长在哪块土地上，都是吃五谷杂粮的，不可能活至百岁没个小病小灾的。自从爱兰医科大学毕业分配到上海市第四人民医院后，从村里到镇里，从镇里到县里，从县里到市里，一传十，十传百，特别是本村本镇的乡亲和爱人老家的七姑八舅，谁家有个头痛脑热的，第一反应就是"哎，找爱兰去呀"。于是，清华的，婺源的，上饶的，都是"家乡人"，"家乡人"一波接一波、一浪接一浪地来了。来了就得管吃、管住、管治病，来了就得贴人、贴钱、贴面子。房间不够睡沙发，沙发不够打地铺。家乡人"很实在"，"都是乡里乡亲的，讲什么规矩客套！"于是，磨牙、放屁、打呼噜，抽烟、喝酒、叫花拳，屋里屋外不亦乐乎，一片狼藉。这时候，爱兰总是微微一笑："随便一点，随便一点，就当自己家一样。"孩子小时候不懂事，每遇这种情形，厌烦之下总要埋怨妈妈几句。这时的爱兰反而有机会教育起儿子来："儿子啊，不可以这样的，他们都是我们的长辈、家乡人，做人一定要学会感恩的噢……"因为在爱兰看来，这一波一波冲她而来的人，一是"家人"，二是病人。无论哪一种，你都必须尊重。尊重家人叫尊祖，尊重病人就是尊重生命。

因为对生命的尊重，爱兰也就没有了阶层的概念、地域的概念。在她这里只有病人与健康人的区分。这是对生命的热爱。爱可以穿越岁月。因为爱，她让不计其数的重症患者穿越死亡之海获得新生。

在戴爱兰看来，爱就是她的力量：她学习的力量，工作的力量，战胜病魔的力量。

在戴爱兰的身上，我似乎感受到，一个心里充满爱的人是最懂得热爱生命、尊重生命的。很多人可能还记得2003年春季的非典疫情。但对上海的首例非典患者的收治医院，首位走进隔离病区给病人做护理的人，估计知情者甚少。

现在我告诉你，就是戴爱兰所在的上海市第四人民医院。那时，年轻的戴爱兰冒着被感染的危险，安排好家里幼小的孩子，转身第一个投入隔离病房。那时的宣传舆论没有像今天这样铺天盖地，但人们心里的恐慌程度一点不亚于鼠年春天的这场疫情。爱兰就在非典隔离病区内，与世隔绝，直到把所有非典病人治好送走宣告疫情结束，爱兰才从隔离病区走出来，两个月后见到第一束阳光。

昨天的戴爱兰是这样，今天的她依然如此。在每一次院里遇到重难险任务时，第一个要求冲在最前面的总是她。而且每次都有她的理由："我是在四院从一名普通的翻班护士做起的，我是高学历的老同志，我是护士长、总护士长任职时间最长的，我的经验比你们多，我必须第一个上……"

有谁会把这些资历，当资本用在生死关头；有谁会把这些资本，用来争当"敢死队队员"的理由……

难怪46岁的戴爱兰，会赢得"老戴""戴老师""戴主任""戴大姐""戴妈妈"这一连串的尊称！或许这就是古人说的"智者不惧，勇者无畏，爱者无敌"。

此刻，坐在我面前的爱兰，一副平和而质朴的表情，就像一株兰草，低调淡雅却芬芳从容。我忽然进入一种沉思：今天当许多国人端着碗吃肉、放下碗骂娘的时候，有人却在默默地甚至端着自己的生命去传递和付出真爱……

幽兰出征卫江城

"我报名，我要去武汉，我要参加援鄂医疗队！"

"我有23年临床一线护理经验。我是上海首例非典感染病人的护理者，有传染病救护经验。我是汶川大地震首批救援队队员，对压疮、造口、伤口的治疗与护理有着丰富的经验。我应该去！我必须去！"

"我已经退掉了火车票，取消了回婺源老家过年的计划，请批准我参加援鄂医疗队！"

爱兰的公公婆婆在婺源，爱兰的母亲早年去世，父亲健在，还在婺源老家过着农耕生活。爱兰是长女，婺源的风俗女儿初二回娘家。于是，离开婺源28年来，回婺源过年已成为爱兰的规矩。

鼠年即将到来的时候，戴爱兰这个上海市第四人民医院门急诊的总护士长，照例安排好春节假期里的值班人次，跟往常一样，把大年三十除夕夜和大年初一的班留给自己，初二启程回婺源。

春节火车票的身价赛过皇家公主，尤其是二线、三线城市，更是一票难求。今年因为抢得早抢得快，大年初二从上海到婺源的高铁票，爱兰提前10天就握在手里了。

大年三十那天夜班前，爱兰走进超市正准备为回老家买些年货。当她还在犹豫买还是不买而纠结的时候，手机响了，是提前开车回婺源的爱人余奇打来的。电话那头问："知道武汉疫情消息了？"

"知道了，我肯定知道的情况比你多，正准备打电话跟你说啦。"爱兰对手机那头的丈夫说。

"你要跟我说什么我知道，这么多年了，哪一次碰到这种情况你不都是冲到前头……"知妻莫如夫！

"那意思是你同意了？"

"我不同意有用不嘞，到时候你还不是第一个冲上去。放心吧，家里老人我会跟他们解释的，你自己一定要小心就是了！"

放下电话，爱兰放回小推车，自言自语道："不买了，回医院。"

爱兰回到医院，第一件事就是在网上把回婺源的火车票退了。

接着拿出一张公文稿纸开始写请战书。

我们不论戴爱兰的纸质请战书写得如何恳切，单凭她的技术水平和实战能力，整个上海医疗界都是十分清楚的。尤其是她在ICU方面的应急处置能力和感控、压疮、造口、伤口等业务上的护理水平，都是上海领军式的人物。

大年初二，爱兰的请求被批准。大年初四（1月28日），爱兰随上海第三批援鄂医疗队奔赴武汉。

参加"武汉保卫战"，是戴爱兰第三次披甲出征了。当戴爱兰所在的第三批援鄂医疗队到达目的地，接管武汉市第三医院光谷院区ICU（重症监护病房）和两个普通病区后，爱兰本打算凭她的专业技能，在ICU"大施拳脚"，与病魔一较高下。然而，接下来她所担负的任务却远不止她想得那么简单。

武汉疫情的最高峰是在1月下旬至2月上中旬。武汉的疫情让武汉人、湖北人乃至全中国人有些猝不及防，加之2003年的SARS，对武汉影响不大。于是，当新冠这个"不速之客"突袭武汉时，不仅江城的普通百姓措手不及，就是那些"白色森林"里的"天使"，也一时难以应对。于是，医护人员与病人一样感染和被感染，一样被死神夺走一个个生命。

上海经历1988年的30万甲肝流行和2003年的SARS阻击战，应该说给上海医务人员的防控水平，奠定了一定的基础。但是戴爱兰他

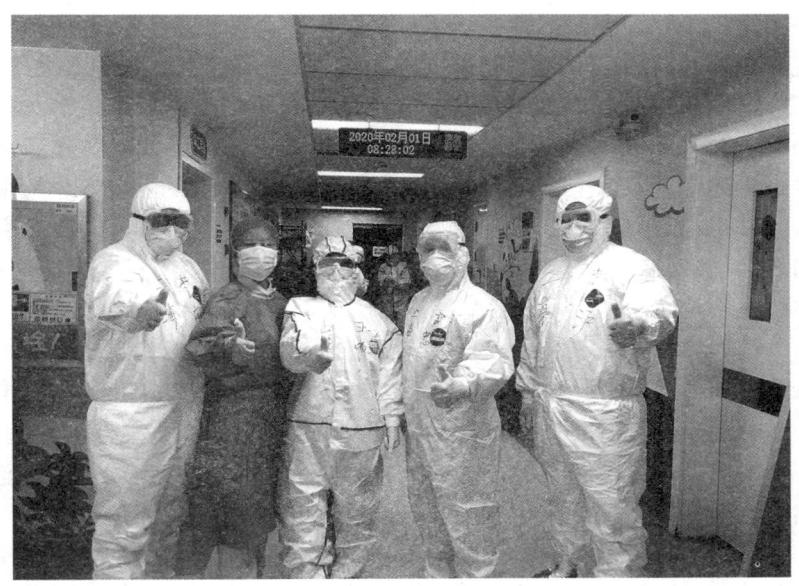

戴爱兰（左二）与援鄂医疗队的队友们每次进 ICU 时相互鼓励加油

们接管三院光谷院区 ICU 的当天晚上，疫情还是给这支医疗队来了一个下马威，趁他们立足未稳，病魔就在他们面前夺走了 3 条生命。

刚到武汉的当天，医院拿出 13 间休息室，分配给来自上海 40 家医院的 148 位医务工作者。当时刚抵达一线，工作千头万绪，且必须尽快开展。医院和医疗队带队的领导哪有时间商量研究休息室如何分配，于是提出"各单位自行协议调配"。

"自己调配？这行吗……"特别爱琢磨事的戴爱兰当天晚上就睡不着了。"大家的情况都不一样：有医生，有护士；有在重症组的，也有在普通组的；有检验科的，也有行政人员；每家医院来的人数不同，工作时间也不一样。如果不科学分配，人员不固定，将来找个人都找不到，交叉感染怎么办……"她满脑子都是这些，半夜里爬起来把随身带去的笔记本撕下一张，对照着手机上的 148 个人的名单寻思起来。

谁也没想到，第二天一早开工前，戴爱兰当着所有人的面，直接向领导"放炮"了："咱们这些医护中不少是密切接触者，这样分配休息室不符合感控要求。"

"那你有什么建议？"上海第三批援鄂医疗队队长、瑞金医院副院长陈尔真当场反问道。戴爱兰不打无准备之仗，迅速从口袋里掏出了前一天晚上熬夜赶出来的"方案"。陈尔真听后拍手称好："嚄，戴爱兰你真牛！"在场的其他几位领导听后，也夸赞说："在一线工作，能提出问题不算本事，能提出问题且又有解决问题的办法，才是真本事。"

"好，戴爱兰，我们接管的 ICU 和另外两个病区以及我们医疗队所有队员的院感防控工作就交由你负责了。"陈尔真队长当场宣布给了戴爱兰一个"阻挡病毒守门员"的"官帽"。

戴爱兰又一次临危受命！

关于院感防控，业内人是这样描述的："如果说一线医务人员所进行的是一场极限蹦极，那么院感医生就是蹦极运动员身上的那根绳索。"

今天，戴爱兰又一次冲在前面，把这根"系着生命的绳索"背在了自己身上。

其实她登机赴武汉之前，脑子里就在想：为什么疫区的医护人员感染和死亡率这么高，肯定是院感防控上经验不足有漏洞，导致大面积交叉感染。"使命感""责任感"这六个字，似乎是融化在戴爱兰血液里与生俱来的。

其实院感防控并非她熟悉的工作,加之身处新的医疗环境,戴爱兰连续几天深感焦虑无法入眠。"医院给分了13个休息室,但我们医疗队有148个人,大家工作时间、工作性质都不一样,必须科学分配;从清洁区到缓冲区,再到隔离区,工作服怎么穿、口罩怎么穿怎么脱,一定要统一规范;对一些大大咧咧的年轻护士,还要反复培训、指导他们的操作……"

新工作千头万绪,但她必须硬着头皮时刻跑在"大部队"前面,跑在病毒攻击侵蚀的前面。"此时此刻,再微小的纰漏等于为病毒开门,后果无法想象。"当年非典疫情在一些地区失控,导致大面积感染死人,其主要原因就是院感防控源头没有把控好。爱兰冒着极度生命危险,直接深入医患交叉感染死亡率最严重的几家医院和病区,用他们行内人的说法是"冲进魔鬼阵地",地毯式地寻根调研找漏洞。"他山之石为我所用,他人的教训就是我们的镜子。"回到自己病区后,她把找到的问题认认真真整理好资料并形成讲义。根据148个队员的排班班次,爱兰一批一批循环反复对队友们做好培训工作。

"我们必须管好每一个环节,不给病毒留任何通道!"在这个没有硝烟的战场阵地上,戴爱兰俨然是一位铁面将军。

走进医院的电梯,戴爱兰就觉出不对了……"电梯按键处,没有手消毒的措施,上海的小区里都知道用牙签、用笔来防止交叉感染。"很快免洗消毒液被安在了按键区域。戴爱兰还自己做了一个提醒贴士:"按钮前后请手消。"

说起戴爱兰,同事们都有这样的印象。有时大家发现她对着某个空空的地方发愣;有时又发现她像个中学班主任一般,突然出现在你的身后,指出同事穿戴

戴爱兰(右)进入污染区工作

不规范。一些被大家认为"过去了"的小差错，她记得牢牢的，一空下来就得找你谈。

"戴老师，你是不是太较真了？"一些经验不多的年轻医护不解地问。"人命关天的事，能不较真吗？"戴爱兰十分严肃地回答说。严格、缜密、一丝不苟，加上那副"一夫当关万夫莫开"的较真架势，于是，"纠察""守门员"的"光荣代号"也就随之而来了。

"可能只有战'疫'结束回家了，我才能真正放下心来。"戴爱兰认为，感染的风险总是存在，过程中还有难以把控的地方，只要还在武汉，她就必须把眼睛睁得大大的。战"疫"一个月，戴爱兰"火眼金睛"的美名，就传遍了整个医院。

医院的 ICU 搬"家"后，新环境是否符合院感防控的要求，戴爱兰放心不下。她那双"火眼金睛"开足马力四处搜索，犄角旮旯一处都不放过。很快，病房里每一扇窗的窗帘，成了她的"眼中钉"。"这些窗帘过去是普通病房作为保护隐私用的，但现在作为感染病房，停留在上面的飞沫病毒，很可能就把这当作'临时港湾'。"戴爱兰这么一说，病房的护士长立刻懂了："谢谢您戴老师，我马上办！"

但是，当时因疫情多数清洁人员都还未复工，这些窗帘怎么处理成了难题。戴爱兰想了个办法，将每张窗帘都打成一个结，塞进废弃医疗用品的密闭料袋里，这个隐患就这样排除了。

队友们看得最清楚，戴爱兰"火眼金睛"的背后，是她每天坚持提前半小时至三刻钟上岗，在所有医护人员到达前完成一项项防护工作的最后检查。年轻的队友们怜爱地对笔者说：戴大姐为了保护大家，大脑、眼睛、手脚，一刻都没有歇着。队友们各休息室的晾衣架、同事们的手术衣，都是她亲手安装和送到手的。她还亲手把敞开的污物桶换成脚踏式的，指导大家习惯随时脚踏丢弃污物……

在武汉奋战的 55 个日日夜夜，戴爱兰瞪着那对"火眼金睛"始终不敢松懈。

那天一米九多的高个子男护士穿好隔离服正要进病区，却被戴爱兰叫住了。"怎么回事，你穿成这样能进去吗？"原来这个大个子穿的虽然是一号隔离服，但脖子到脸部这一节还是露着的，若是一般缝隙，用封箱带还能堵住漏，但现在暴露处太大了。大个子急，戴爱兰更急。她尝试了好几种办法，最后找来一只外科口罩，先把大个子的下巴兜住，再用胶带固定好,虽然看上去像隔离服上贴了块膏药,但堵漏的问题解决了。穿戴完毕,大个子男护士看着自己滑稽的样子憨憨地笑了。"笑什么笑,想上战场,先过我这关!"戴爱兰十分认真地对大个子男护士说。时间长了,队友们也都特能理解戴爱兰这个"系着生命绳索"的良苦用心。

人们不禁要问,同是一个病区,为什么上海第三批援鄂医疗队接管前后,患者、医患之间的交叉感染率会是天壤之别?看看戴爱兰每天的工作流程和对待每个医护严格要求的程度,就明白了。

戴爱兰说"平平安安把医护人员带回家"并不轻松——预案要做细,工作要做实,要检查,完善;再检查,再完善……业内人看得很清楚,"戴爱兰对于防控措施的苛求,缘于她背负生命的使命"。在近两个月的时间里,戴爱兰的岗位没有像常规那样"轮班切换",是她始终"把"着"守门员"这个位置,一直用那双"火眼金睛"盯着。

成功的勋章,都是教训和辛劳结成的老茧。

戴爱兰这个"守门员"或者说是第三批援鄂医疗队的"守护员",硬是用她的"火眼金睛"盯牢病毒,让自己和147名队友,在胜利完成武汉疫情保卫战后,毫发无损,悉数回到亲人的怀抱。

"她有超强的责任心和执行力,对实现医护人员零感染做出了重要贡献。"陈尔真队长在总结会上,这样评价戴爱兰。

回沪后,ICU里的队友们,翻翻戴爱兰的"功劳簿",就觉得戴爱兰的贡献,远不止让148名队员零感染这么一枚功勋章。

戴爱兰(右)为大个子男护士隔离服下巴上的"大洞"打上了"补丁"

现如今,"能者多劳"这个词,似乎是用来调侃人的。但在武汉的这些日子里,戴爱兰在不折不扣地当好病区和队友们的病毒感染防控"守门员"的同时,还不忘当好ICU的"消防队员"。

每天,戴爱兰将本队的148名队员和整个病区的志愿者等工作人员及病区角角落落的感染漏洞一天两趟上下"打好补丁"后,就自觉地进ICU蹲守着,一遇到重症患者抢救时,戴爱兰这位经验丰富的"大姐",总能及时地出现在大家和重症病人面前。只要这个身影在ICU,似乎就成为在场医患人员的一颗"定心丸"。

爱兰尊重生命也珍爱感情。刚到武汉的前两周,疫区物资极度匮乏。她在2月4日的战"疫"日记里这样写道:"队里几个小伙伴的生日到了,大家一起给他们过了个集体生日。队员们的餐桌上已经好久没见到绿叶的东西了,今天队里把仅有的一把鸡毛菜,分送到几位'寿星'的碗里,我和其他队员当场流下了泪水,也流下了口水……"爱兰又在2月7日的日记中写道:"老公,今天是你50岁的生日,以前都是你给我过生日,今年讲好我要好好为你过个生日的。但是现在你就一个人在上海孤孤单单地过你的50岁生日。老公,对不起你,你在工作上给了我太多的支持,我却做不了你事业上一片遮阴的叶……"

这是一位"铁血柔肠"的女子。我问爱兰:"你这么柔弱的一位女子,面对灾区和疫区那种四周都能闻到死腥味的地方,难道你真的不害怕吗?"

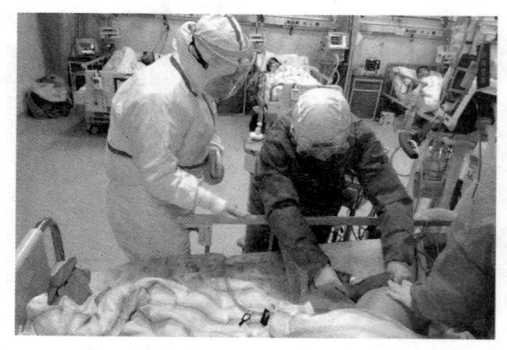

戴爱兰(左二)在ICU(重症监护室)抢救重症病人

戴爱兰(第一排左五)获得国际护理大会奖载誉归来

戴爱兰在作者家中接受采访

爱兰的先生余奇一旁插话说:"哪有不害怕啊,回来这么久了,她还一次次被噩梦惊醒!"

是啊,英雄不是娘胎里带来的,就是因为尊重生命,才有冒死触摸魔鬼胡须的英雄气。前线有一句俗语,叫"进攻才是最好的防御"。

爱兰用平和的双眸正对着我,说:"我在'学习强国'里看到过一句话让我很触动,'当上了医者就要有一颗仁心,变成了天使就不害怕魔鬼'了。这句话让我悟出一个哲理:'所有人的坚强,都是由柔弱砌成的城墙'。"

为什么乡友欢迎会上对大家说:"我不喜欢大家叫我英雄"?我有意旧话重提。爱兰沉默良久,然后抬起双目看着我说:"那天确实有些失礼。但当时我满脑子都是武汉前线的画面,那些在我们面前搬走的尸体,那些不顾个人安危奋力抢救生命的同行,那些无私无畏的志愿者……"她说,我们医疗队接管的三院护士长的爱人,也是原来三院的副院长,为了抢救病人自己感染了,一周后就去世了。护士长送走丈夫,擦干眼泪,转身走进病房,继续投入抢救病人……爱兰接着用一种坚定的语气说:"要说英雄,他们才是英雄……"

岁月之星闪烁,喝彩之声自来。我坚持对爱兰说:无论你如何低调自谦,人民的英雄,人民自然公认。这是千千万万颗心脏里发出的声音。就像那株深谷里的兰草,即使千沟万壑,也挡不住王者的馨香……

附:戴爱兰部分荣誉年表——

2003年春季非典战疫中,年轻的戴爱兰火线入党,当年被评为优秀护士;

2008年,戴爱兰汶川抗震救灾中被评为模范护士和抗震救灾优秀共产党员;

2020年,被中共湖北省委、湖北省人民政府授予"新时代最美逆行者"光荣称号;

2020年夏天,荣获上海市卫生系统第五届"左英护理奖"。

注:本文获"上海现实题材第二届永业杯优秀作品奖"

(原载《上海纪实》2021年第1期)

第二辑·回望长城

军旅生涯已成远去的背影。
但无论是在炮火连天的战场，
还是在和平鸽飞翔下的军营生活，
这座绿色方阵中所刻下的印迹，
却永远留在了一生的记忆里……

炮弹堆上的"群雕"

赣东北那一片磐石构成的群峰,代表了军人的性格,驻扎在群峰深处的南京军区某军械弹药仓库"弹药销毁中心"的官兵,就是磐石一般的性格构成的。

他们将青春乃至生命放在炮弹堆上做"抵押",风吹雨打,丹心不化。近几年,100多名官兵中有3人荣立二等功,15人荣立三等功,5人上了全军和军区的光荣榜。今年3月,又被南京军区树为"先进集体"。这磐石般的先进群体,在向人们昭示着一种精神……

青丝变成银霜,心仍是红的;不怕青春不驻足,自有后来人。

仓库副主任秦福新40年前走进弹药仓库后,山风和地气、重体力劳作与弹药毒素"TNT"将这位机灵洒脱的小伙,染成了一个白发老人。

1984年6月秦福新退休后,上级提出要他到青岛休息,女儿还给他买来了金鱼缸、钓鱼竿。他哪儿也没去,就在仓库里来回转悠。有时到大门口和一个老头下象棋,结果总是输。

这天,秦福新突然将棋盘一掀:"我不下这鬼棋了!"他跑到他带过的兵、仓库主任面前吼了一阵:"让我拆炮弹去,不然我会憋死的。让我的老伴和大闺女一起到拆弹中心去。"8年来,他没有离开炮弹堆一步，不仅和干部战士拆炮弹、修炮弹、销毁炮弹，还带出10多名徒弟，搞出了9项革新成果。去年11月，总后在仓库举办炮弹专业拆卸修理培训班。秦福新听后，找到在另一个单位当驾驶员的儿子秦鹏："我总会老的，你姐姐一个女人家，你跟我回去学习拆炮弹去！"儿子乐意，可单位领导急了："老主任，你就这么一个儿子呀，再说你一家已有三个拆炮弹了……"秦福新没听进劝言，拉上儿子走进了"弹药销毁中心"。

今年春节前夕，军区固辉司令员慕名来到仓库，在炮弹堆旁见到了秦福新。将军高兴地拉着秦福新合影并夸赞说："你真是献了青春献终身，献了终身献子孙啊！"

在弹药"销毁中心"，像秦福新这样贡献青春的还有许多。现任政委朱炳洪20多年前就与炮弹为伴。他当战士、班长、技术员，面对死神毫不畏惧。他亲手拆卸过13个国家生产的炮弹，数量无法计算。他当分库协理员时领着大家齐心干，连续13年先进，被总政评为先进党支部，并作为"先进党务工作者""优秀基层干部标兵"，赴京参加了国庆观礼。问他是如何做好干部战士的思想工作，使他们安心在炮弹堆奉献的，他回答得十分简单："要想别人安心扛炮弹，自己首先要比别人扛得多。"是啊，在炮弹堆上，只要有战士在就有朱炳洪在，而且凭着一身力气，他总是比别人扛得重扛得多。

助理工程师李聚通是在石家庄军械学院毕业后，经过老山战火洗礼，来到弹药销毁中心的。毕业分配时，领导让他留校任教，总后军械部要选调他进机关工作。李聚通却选择了弹药销毁中心。

到仓库后，他向领导申请了两样在"中心"属最艰苦、离"死神"最近的活——拆炮弹引信，蒸药房蒸药。6年过去了，李聚通的脸蛋、头发被"TNT"熏得焦黄，黄发里还不时长出一撮撮白发来。6年来，他运用科学知识为销毁中心搞出10多项革新成果，荣立了二等功，被军区树为"基层干部标兵""优秀中青年科技工作者"。

> 面对死神，一只手要无惧无畏地迎接它，另一只手要用现代人的科学意识战胜它。

就在李聚通到职不久，库里宣读了一份内部通报：某弹药修配站因技术人员拆炮弹引信不慎，引起爆炸，造成上万发炮弹和15人弹毁人亡。

此类事故不仅在通报上，销毁中心的前身弹药修配站，当年秦福新刚搞拆卸修理炮弹的时候，一名干部也被炸断了腿，炸瞎了眼。秦福新亲眼看过战友流血，但他没有退缩，而是迎着死神在炮弹堆上干了40年。就在修配站长念完那份通报后，李聚通看着周围紧张的气氛，毅然站出来说："我学的是引信制造专业，拆引信的活儿就交给我吧！"

战士张桥良只有初中文化，没有经过正规的培训，但他在老股长一招一式的指点下，对拆引信有了一定经验。他真正赢得了"引信王"的美称，是1991年的事。这年，全库有100多万件废旧弹药需要处理，这些东西随时都有自爆和引爆的可能，要不要或敢不敢处理，一时大家还拿不准，张桥良自告奋勇："主任，让我试试看吧！"张桥良在老虎嘴里拔牙，日夜奋战，拆下了20多万个引信。

弹药拆卸中的蒸药工作像一场"毒气战"，炸药中的"TNT"毒素会直接侵入人的肝和肾，操作时戴双层口罩，吐出来的唾沫全是黄的，嘴里整天像含着黄连片，吃什么都没有味。李聚通和他的战友们，天天都是一身药味一身汗。只要"TNT"溅到的地方，便被烧得焦黄一片，领导要找人替他，让他去疗养治疗，他却笑笑说："没那么严重，马克思是不会那么快叫我去的！"

> 与死神相伴的人，姑娘不敢爱，爱与死神打交道的人，非女强人不可。死神与爱神能同时奏响一个强音吗？

当初，连凤英与仓库副主任程道雄谈恋爱的时候，厂里的姐妹和她的父母就直言相劝，甚至骂她傻骂她"癫啪"（福州话神经病）。可她没被劝住。程道雄的儿子程文沁4岁学会了换煤球，生炉子，烧开水，6岁竟学会了做饭。当然，连凤英回家吃糊饭和"面棚糊"，或者看着又一个好端端的水壶被烧穿，也是常有的事。每当这时，连凤英就写信给程道雄，像说天书一般说一个故事，渴望这样爱炮弹爱了20多年的丈夫，也给老婆孩子一份爱。火头上写的信，也会有一点呛人的火药味，直呼一声："你转业回来吧，我不图你那点芝麻官，还整天让人担心受怕！"

确实，程道雄不是没想过妻子和孩子的难处，他婚后10多年来一直动员妻子随军，好相互照应。10年"拉锯战"最终妻子没能拉过丈夫，反被拉进了深山，成为"销毁中心"的一名女工。

李聚通仪表堂堂，加上他的才华和持有学士学位的"执照"，本该是许多姑娘心目中的"白马王子"。可是，就因为他干上了拆卸炮弹的活儿，姑娘们都像惊弓之鸟一个个飞走了。当"第八个目标"消失之后，"炮弹王"李聚通又多了一个绰号——"吹灯王"。

终于，李聚通矢志不渝献身国防的先进事迹引来了姑娘的"红绣球"。两年多前，28岁的李聚通收到一封字迹娟秀、情真意切的求爱信，她就是现在与李聚通心烛相照的某工矿女工江玉萍。江玉萍是在《江西日报》上看到李聚通的事迹和"吹灯王"的雅号的，她想，这样的小伙不爱还爱谁！

当然，在李聚通在仓库那间简陋的新房里举行婚礼的那一刻，就意味着她将自己的一生彻底地"嫁"给了这座大山，"嫁"给了炮弹销毁中心……

（原载《后勤》杂志1992年第8期副刊）

亲历SARS阻击战

> 我们之所以赞颂勇气，是因为人类有一种为拯救他人生命，而选择向死而生的精神。
>
> ——题记

新冠（NCP）暴发以来，我和大多数中国人一样，心里牵挂着江城的同胞，牵挂着与魔鬼争夺生命的战士、白衣天使。

眼前的情景，让我记起了17年前我亲历过的SARS阻击战的一个个画面……

风从岭南来，直奔京城去。2003年的那个春天同样搅得世人惶恐不安。我所在的解放军第109医院是沪上驻军一家以消化、呼吸为主要治疗项目的传染科医院（精简整编后与解放军第八五医院合并，一年前又一次整编后改为解放军第905医院，挂靠解放军长征医院，隶属海军军医大学）。2003年非典期间，被原南京军区指定为"SARS定点收治医院"。

作为军人，上战场是兵者之责。作为医院的政治主官、班子的"班长"，且经历过沙场考验的我，已经将个人的生死置之度外了。但此时，我所面对的敌人却不像过去的战争那样，敌人高矮胖瘦一目了然。这个敌人来无影去无踪。

不过，对于我院的收治水平和承载能力毋庸置疑。我想，有陈成伟、程秋兰、王月兰、戴秀清这些老专家作为坚强后盾，有王琳、傅青春、倪鎏达、顾海峰、汪学智等这些中青年技术骨干当主攻手，有张军红、李越男、唐华、商蓉、王艳等这支过硬的护理系统的精兵，打赢这场仗，我充满信心……但在特殊的敌人面前，此刻，作为"管人的人"，每天要面对各种各样的人，要应对各种可能出现的不可预测的局面，我自觉压力山大……

不要说在非常时期，即使是在平时，在这样人才济济的技术单位当主官，你没有一两把"金刚钻"是很难干成活的。为了克服"外行领导内行"因底气不足可能产生的窘境，我一方面注意开展深入细致的调查研究，另一方面偷偷"恶补"医护方面的基本常识，以便大会小会不闹笑话。被军区指定"SARS定点收治医院"后，无论是上级机关还是军地业务指导部门召开会议或进行SARS收治、防控、消毒等业务上的培训，我都积极主动参与。一是有利于自我防护，更主要的是便于靠前指挥。

17年前，媒体、通信、舆论，不像今天这样铺天盖地，来得快。很多人甚至到SARS疫情结束，这几个医学字母还没能记下来。但非典闹得很凶，北京很多人倒下，建了一家小汤山医院，这个还是家喻户晓的。我妻子胆小，所以我没跟她多说什么，只是拎着几套换洗的衣服，轻描淡写地说了声："这段时间，我就吃住在医院了。"

其实，我与妻子说这话的时候，已经做好回不来的准备了……

世上没有从天而降的英雄，只有挺身而出的凡人。不仅是我，即使是陈成伟、程秋兰、王月兰这些打过许多生死硬仗的老专家，为了打赢这场SARS阻击战，也都做好了慷慨赴死的心理准备。后来听说，有几位同志还给家人写好了"条子"，做好了"交代"……

这时，各科在科主任、护士长的带领下，按照收治SARS患者的流程要求，严格做好准备工作，严抠每一个环节，做到一丝不苟，环环相扣。

为了确保秩序不乱、随时迎战、来诊必收、收下必治，我们决定按照"医护急救治疗""后勤生活保障""人员疏导管理"等，分批次成立3个突击小组。我向全院做了动员，并宣布"愿意参加第一梯队的自愿报名"。

"动员令"发出一小时后,无论老同志还是新同志,无论是共产党员还是共青团员,无论是现役军人还是聘用医护,瞬间全院 100 多名同志的请战书,齐刷刷放在了我面前……看着这一沓厚厚的请战书,望着一张张坚定而熟悉的面孔,我这颗心沉甸甸的。

我们之所以赞颂勇气,是因为人类总是在明知有风险的时候,仍然选择做我们该做的事。这就是我们的医者,这就是我们的战士!

那段日子,我院紧闭的大门外那块"发热门诊、非典定点医院"的白底黑字的牌子,十分显目,十分刺眼。靠近本院的地铁 1 号线 5 号口封闭,行人和车辆经过此段线路主动绕行,周边店铺一律自动关停。上海人有了"甲肝"这一课,防护意识普遍增强。而我们的战士,恰恰是逆行者,只有冲进去,没有绕开走的……

我和几位党委成员商议决定,非常时期,党委会改成党委扩大会,扩大到科主任、医务处主任、护理部主任,每天召开一次。通报每日疫情,汇总各科室、各部门迎战和应急处置情况。作为"班长",一方面我要站在"战士"的阵营里,给他们当好"后勤部长",为他们加油助威,每天穿着"防护服"到各点查房;另一方面我必须绝对掌握全院人员的动态和流动人员的情况。我根据上级指令,下令封闭大门,只给来院投医的"疑似患者"留"绿色通道",其他任何人不得进出。同时要求各个班组,人跟人人盯人,不留任何死角。院务处加强人手,做好一切后勤供给保障……

好在我所在的医院是军区肝病研究中心、肺科科研教学点,曾在 20 世纪 80 年代末上海甲肝暴发时,打过硬仗立过功。当年打"肝"仗的功臣们,如今大多数还在位。还有好几位骨干参加过援藏与维和,都是生死线上闯过来的。

那些天,一方面从军区机关领导到本市、区领导和卫生、疾控等业务部门,走马灯式地一拨一拨地来我院检查收治工作的情况;另一方面,不断接到有发热病人的报告。我们的同志就在这种高压下连轴转,就消毒工作一项,每天穿着防护服,全院上下一趟下来,防护服一脱汗水顺着淌满一地……在这种状况下,大家携手并肩,坚守了近两个月之久,没听到一句喊冤叫屈的声音……

不过有一天却出了点状况:我的搭档张伟院长是位女同志,且比我年长 11 岁。工作之余,我喊她大姐;党内生活,我称呼她张伟同志。大姐年底就要到龄功成身退了。平日里,我这位大姐总是呵护着我这个小阿弟,苦活自己冲着去干,出彩做好人的事,把我推到前台。我大毛病不犯小毛病不断,她还经常亲自为我打针服药(在医院工作的这几年里,我还就认准了她和护理部的张军红的两双巧手)。SARS来了,我们以党委会的名义商量好,她主内我主外,让她在办公室坐镇,我到一线和同志们一起打拼。可她却坐不住,硬要逞强,每天非要坚持查房和巡查各点面的情况。

那天早班会结束后,她又不听劝阻,一定要同我们几位班子成员"全副武装"(穿防护服),到各点巡查。当走到药械科时,她那个急脾气又突然上来了,没等问明情况,就对药械科主任卞成才劈头盖脸地批了一通,指责说物品摆放、标示设置不规范。卞成才主任是位资历很深的老同志,也是院党委成员,且平时做事有板有眼。他觉得张院长的说法不对,还不听解释乱训人,觉得委屈,就忍不住顶了起来。这一来,弄得在场的所有同志都很尴尬。为了制止事态,作为"班长"的我放开了嗓子喝住他们:"大敌当前,有事不好好说,都是老同志了,像什么话,5点党委会上各做自我批评!"

说实话,这种时候说不紧张是假的,但也考验一个人的定力。

下午5点,党委会准时召开。我的开场白刚刚落音,卞成才同志就站了起来,先是朝张伟同志鞠了个躬,接着坐下来面向全体党委成员说:"今天是我不对,张院长也是为了工作,我有想法应该事后沟通,不该当着众人面顶撞,非常时期更应该维护班子团结,对不起,张院长,我向您道歉!"

卞成才同志这种开明豁达的举动,直戳到了张伟同志的心。其实女同志的心更软,还没等卞成才同志把话讲完,张伟同志就把话抢了过来:"老卞,对不起,是我老太婆这暴脾气不对,作为院长,在特定时期更应该注意团结,注意工作方式方法,带领大家打赢胜仗,我向您道歉……"

啪!啪!啪!张伟同志的"自我批评"还没落地,陈成伟、程秋兰两位老同志老委员,就带头鼓起掌来。

"好啊,这就是我院的风气,这就是我们党委一班人的风气,只要这股风气在,就没有完不成的任务!"陈成伟同志说。

"今天的党委会开得好,真像一家人的感觉。我为他们两位同志的虚怀若谷而感动,为我们这个坚强的班子、团结的集体而感动!"程秋兰同志说完这通话,满眼含着泪水……

一个是肝病研究中心主任,一个是肺科主任,两位都是我院元老级的且德高望重的老同志。他们的话,就代表我这个"班长"的总结了。

"只要人间真情在,不让豺狼打上门!"说完这句话,我止不住满眼的热泪,脑子里一下记起文天祥的《正气歌》——

天地有正气,杂然赋流形。
下则为河岳,上则为日星。
于人曰浩然,沛乎塞苍冥。
皇路当清夷,含和吐明庭。
时穷节乃见,一一垂丹青。
……

我很欣慰,我有这样一支队伍,我有这么好的战友团队,于是最后,我们打赢了这场 SARS 战役……

此刻我想,世间没有不可治愈的伤痛,没有不能结束的沉沦,只要天地之间有一股正气,万众一心守望相助,就没有克服不了的困难。所有失去的东西,都将会以另一种方式归来……

我坚信,我们会在不远的时间里,打赢新冠肺炎这一仗!

(原载《在同一片屋檐下》,文艺出版社 2021 年 1 月版)

残月梅芳

31年前,我在解放军某部担任新闻干事。南京军区政治部主办的《基层生活》杂志为配合建军65周年的宣传,特约我赴革命老区、红色革命根据地江西采写一篇报告文学。

我从八一军旗升起的地方南昌开始采访之旅,再由井冈山下到赣南,把瑞金、寻乌、兴国、宁都、赣州城走了个遍。这片英雄土地上那些质朴的乡亲、无私的情怀和感人至深的故事,至今让我难忘。我在完成《基层生活》特约的采写任务后,又陆陆续续写了一些单篇人物。刘英娜就是其中的一位。

刘英娜,出身在江西兴国县的一个干部家庭,被父母视为掌上明珠。她是9年前和杨运均热恋上的。小杨是解放军某连的副指导员。他一家是天底下最穷的:上有八旬的老祖母,三餐要人侍候;下有4个弟弟和一个妹妹均未成年,母亲生儿育女营养不足,身体被拖垮了;父亲又得了痨病干不了重活。做田人家缺劳力,日子很艰难。杨运均是这个贫寒家庭的长子,已经27岁,还没娶上媳妇。曾有3个姑娘想过门,但姑娘一看那间又破又矮的土坯屋就吓跑了。

不过,刘英娜和杨运均相恋后,她心灵的窗户被打开了。她在人生的十字路口做出了一次重要的抉择:杨运均的人品无可挑剔,可是他的家境确实是太寒酸了⋯⋯她决定付出代价去做一个贫寒家庭的军人妻子。

父母沉默三天三夜，最后表态："是蜜罐，是苦酒，自己酿的自己喝，父母保不了你一辈子。"

1981年的春上，郑塘村乡民们带着一副副羡慕的目光，把英娜迎进了这家用土坯垒起的洞房。新娘子入乡随俗，换下笔挺的西服，脱下高跟皮鞋，起五更睡半夜，屋内屋外缝衣浆洗，把家里收拾得井井有条。

那时，刘英娜每天还要到7.5公里外的城里去上班，早出晚归，加之妊娠反应，她有点招架不住了，身体一天天地消瘦下去，公公婆婆心里不好受，便决定让正在上学的弟妹俩辍学担当家务，让英娜搬到城里去住，免得来回跑费劲。可英娜反对让弟妹辍学，说服公婆，自己留下来继续挑起家务的担子。

刘英娜这个从未下过田的人，也管起了杨家十几亩责任田来。农忙季节，她就请假回家干农活。在屋内，她既要侍候老奶奶和病床上的婆婆，还饲养四头猪和一群鸡鸭。在妊娠反应最强烈的日子里，她却硬挺着肚子晒在田头。过累的体力劳作和强烈的妊娠反应，使她几次倒在田沟里……

这一年，杨家出现了好势头，年收入3000余元，还清了债务还有节余。小叔子运银考取了大学，小姑子运英升入了初中。当杨运均探亲跨入那间土坯屋时，妻子的皱纹已过早地爬上了额头，喜中带有几分涩味。

谁知杨家的门前刚刚闪过一道彩虹，却即刻消失了。1984年4月，刘英娜买了1000公斤柴火，并请好拖拉机把柴火送回家。谁料杨老爹从车上摔了下来，右臂粉碎性骨折。刘英娜连夜踏着泥泞赶回了家，把公公背进了医院。真是屋漏偏逢连阴雨。杨老爹还躺在病床上呻吟，杨母又患了胃黏膜脱垂病，十分严重，需要立即送医院。可是，这时的家已是囊空如洗了。刘英娜擦去脸上的泪水，同小叔子把猪圈里的猪卖了200块钱，把婆婆送进了医院。为了给公公婆婆治病已经借了2000多元的债，现在光有那卖猪的200元怎么能够？这时，英娜的父母看着女儿的日子太难了，最后抖出了半个家底，这才把婆婆送进了手术室。然而，就在这种艰难的时候，刘英娜仍咬着牙背着女儿晶晶完成了县主办的财会中专班学习。当她把婆婆送进手术室后便赶进考场并以惊人的毅力获得了最高分。

刘英娜从考场出来的时候，含辛茹苦的婆婆已离开了人世。就在杨家哭成一片泪海似的时候，杨运均却正率领全连人在国防施工哩。

刘英娜来到杨家5年了。5年来，她没有添过一件新衣裳，没有睡过几个安稳觉，但她把丈夫能成为一名好军人作为自己的生命支撑点。

1985年春节来临时，刘英娜正给丈夫写信，突然响起了一阵急促的敲门声。她单位的领导拿着一份急电进门了。电文是："刘英娜火速来队，望组织做好家属工作。"顷刻间，刘英娜只觉得一种不祥之兆袭来。

杨运均确实是一名好军人，他把青春献给了军营。他得了急性肾炎尿毒症，就在2月14日，他仍带病带领全连开展冬季强度训练。就在万米越野中，1.78米的身躯倒下了，当刘英娜冲进病房时，弥留之际的杨运均断断续续地对她说："娜，是我害了你……你才29岁，你要好好地活下去……"刘英娜摇晃着丈夫的躯体，她的心碎了，企图用泪水唤回丈夫……

作为一个军人的妻子，她很快擦干眼泪，顽强地挑起了生活的重担。几年后，这间土坯房把她彻底改变成了一个地道的农村妇女。她现在的生活支点是女儿晶晶，那是杨运均留下的骨肉。她仍然精心侍候公公和奶奶。公公劝儿媳："娜儿，趁你年轻去找个好婆家吧，要不我死不瞑目啊！"刘英娜没有点头也没有摇头。她也希望生活能多一点色彩。不过，她想，要嫁还得选一个能支持她继续照料这个家和可以托付的男人。

现在，杨运均的女儿晶晶已经走进学校了。刘英娜的美德，在当地被人们广为传颂着……虽然月不圆，但残月下的那枝蜡梅却静静地吐着芬芳……

（原载《中国民兵》1990年第1期）

大尖山，多少无名丰碑

笔者是在清明时节走进大尖岭的。那天太阳一出，裹在大尖岭身上如轻纱一般的蓝雾，便层层飘散。仓库政委舒豫才陪笔者沿山道走去。只见离库区约 300 米远的山坡上树着 11 座石碑。

舒政委捧一束映山红竖放在 11 位忠魂的中间一位。碑文写道：仓库原主任刘维玺烈士，为保护国防仓库、抢救国家财产英勇献身。同时牺牲的有他的 10 名战士。舒政委说：刘维玺是我们仓库的第一任主任。1966 年 6 月，仓库建设初具规模，一场特大山洪暴发。面对滚滚洪流卷进一桶桶汽油，刘维玺主任说："不抢出油桶，我们就是犯罪！"他第一个扑向洪峰。当他们抢出第 400 桶汽油时，他和他的 10 名战友被巨大的洪浪吞没了。刘维玺留下了一妻二女和这座坟茔，其他 10 位孑身而去，只给大尖岭留下 10 抔黄土。

就在那次山洪洗劫之后，整个大尖岭赤裸着。仓库许多基本建设只好从头打鼓重开场。就在这时候，刘忠元来了。他是从朝鲜战场上走来的。当他走进大尖岭这荒僻的山沟时，摆在他面前的是四面光秃的山峦，几座残缺的营房，一大堆锈黄的铁皮油桶……

30 年过去了，刘忠元常常有一种悲壮、豪迈的感觉。他到现在也理不清，自己为什么会如此依恋大尖岭。也许人老了容易回忆往事。那年，他在大尖岭站定之后，便带领全库官兵开始新的"造山运动"。

那是 1979 年春天，他把生活在天府之国的妻儿连同家什，晃晃荡荡地搬到了大尖岭的山下。妻子孩子跟着刘忠元满山走。那些年，他生活中唯一的寄托便是在这方圆百里的荒山沟里栽树建库。干了整 3 年，造了 4770 亩杉木林。树绿了，房建成了，储油罐输油管竖起来了，可他倒下了。医院检查说：由于疲劳过度，他的一只肾脏已经坏死，必须马上做切除手术。然而，出院的那天，只有半副肾脏的刘忠元扛起他那把用钝了的镐头就上了山。老伴追上去，抓住镐把哭啊："忠元，你不想想，我们的孩子还未成年咧，你把镐头给我，我去替你干……"

现在，满山的参天杉木早已站满大尖岭，油库也实现了电子遥测收发作业一条龙的目标。而刘忠元却老了。当他从主任的位置上退下来，老伴和亲友们都动员他回四川，他没走。那年秋天，儿子带着媳妇、孩子浩浩荡荡从天府赶来，把他接回了老家。可没过半月，他又急急忙忙回到了大尖岭……

王君是 20 年前走进大尖岭的。后来，他上了两次大学，转了不少地方。当命运又一次安排他回大尖岭当仓库主任时，他猛然觉得这里和外面成了两个世界。

一大清晨，王君登上大尖岭的山顶。当他重新审视这座库区时，忽发奇想：把烈士陵园前面那一片荒地开垦出来种果树，把水库下面那片灌木丛砍掉建成牧场，再把生活区、办公区那片不规则的树木砍掉，改建成花园……"对，要拴人心，首先得打扮好我们的家园！"于是，一张创建"三园"（果园、菜园、花园）、"两心"（文化活动中心、生活服务中心）、"一场"（综合养殖场）的系统工程设计图，在他脑子里蕴生而出。多年后，王君所设计的这一蓝图，正好吻合军委提出的关于"仓库应该走自我生存，自我发展，以库养库"的战略思想。

这是一次带有一点游戏色彩的测验活动。当"三园、两心、一场"工程初具规模的时候，仓库搞了一次评功评奖。这次没有按照以往那种推举的方式，而是让每个人举起双手，让大家来相互检查，看看谁手上的老茧最厚。评比结果，王君手上的老茧排在第一。于是，全库官兵一致通过，给主任王君请功。

现在，王君所设计的"三园、两心、一场"的工程，已经开始发挥它特有的效益：春分时节，干涸焦黄的红土地上还是春寒料峭，而大尖岭下的这座仓库里却提前迎来了春天：走进温棚，就见红彤彤的辣椒、西红柿，青青倒挂的豆角、黄瓜；养殖场，鱼儿欢跃，牛羊欢叫……生活服务中心和文化活动中心，随时可以为你提供"食粮"。

小环境的改善，使大尖岭不再寂寞。姑娘们来了，媳妇们来了……有官兵提议：我们该给王君主任树块功劳牌……

（原载《江西党建》杂志1992年第2期）

赤珠

帅经禄获得军区"财务工作先进个人"荣誉的时间，正是他从军满20年和被宣布转业的同一天。作为新闻干事理应在他身上做点文章。可我使尽浑身解数，在他浑身上下翻了个遍，也看不出有什么明显的特色和特征，一切的一切都是那么平常。

不过有一点可以证实，他这个人生来就是个拨算盘珠子的命。

20年前，帅经禄所在的那个山沟里出了他一个高中生。公社大队很快把他作为一个人才，培养他入党当干部。当时，帅经禄光荣加入了党组织，但当干部，他说：我不想当，我想当会计。父母当时要饭供我读书的愿望，就是以后当一个"光明正大、公平办事"的会计。父母说，村里的人过去被一个账房先生坑苦了，村里人没文化，敢怒又不敢言。于是，帅经禄在他那个村里当起了新一代的账房先生，从此，就和算盘珠子结下了不解之缘。以至，当他第二次选定职业时，他的第一志愿，还是选择了财会。

有一串关于人们对帅经禄的评价："前进路上的一匹马""工作上的老黄牛""金钱门前的守护神"。这些评语有没有偏高偏颇我不敢随便下结论，但有一点可以肯定，帅经禄应该感谢那位目不识丁的父亲的远见，还要感谢那句"当一个光明正大、公平办事的会计"的家训。正是那些赤着脚踩在黄土上的普通人的朴素家训，才使他这20多年来，把算盘上错综复杂的珠子，拨准拨好。当然，作为一名共产党员，这种家训又使他进一步得到升华，树立了一个远大理想：把算盘珠子当作为人民服务的一种工具。这也许就是他勤勤恳恳爱财务、认认真真干事业和成为先进财务干部的根源吧！

当兵后的那段日子，在当时我军文化素质还不是很强甚至还有个别文盲的军营里，一个能写一手秀字、喝了不少墨水的高中生，还会拨拉算盘当家理财，而且是新兵中唯一的党员，着实受宠和荣耀。文书，这在兵种连队是一种文化的象征，帅经禄一进连队就开始担当此任。他算是幸运的，从1972年入伍到1975年底，这段当文书还兼半个司务长的3年间，有过两次上大学的机会。可他早来世两年，超龄了。当然，军营毕竟还是一块爱人才的土地，正因为他才华出众，部队在超龄3岁的情况下，破格将他提升为出纳。帅经禄至今还清晰地记得他上任后的第二年出了两件事。那天夜里，他发现当天的账目有疑点，重新核对清点，结果少了50元钱。于是，他哭了，两天没吃没睡。为这，他两个月没能力给病瘫在床上的母亲寄生活费，把工资补了缺额赔了账。

同是那个月，一名连队的司务长来报账，因一时疏忽，他把5元当成10元一张的票子点给了对方。对方抓着钱走了。晚上，帅经禄核对账目时，发现多了200元。他找到这位司务长，重新点数。司务长拍拍脑袋："多亏你了。"事后，当这位司务长得知帅经禄赔账的事情之后，无比感动。

帅经禄在这20多年的财务生涯中，像上述这样的失误虽说不再有过，但他那股认真劲却从未减少。即使对方身居高位，即使对方是亲情骨肉，一句话："按财务制度办事。"一次一位部里领导要他拨2万元款到招待所去补助伙食。帅经禄认为这不符合财务制度，更不合情。老区部队在红土地上也挖不出金子来。不管你天王爷地老爷，你想我一下子拨2万元给大家买酒买老鳖吃去，我宁可回家种地，也不能干这种事。为这事，他和那位领导闹了一段别扭，但领导最终被他这种"为党守好财"的精神折服了。

帅经禄这位"守财奴"，有时候却又很大方。只要为了部队建设的事，他顶破脑袋也要为一些缺钱的单位办成事。这两年，报纸杂志的订阅费突飞猛进大涨特涨，有的"清水衙门"只好望报兴叹作罢不订。

这是去年发生在军务科的一件事。那天，收发员小姑娘怯生生地拿着一张退单找到军务科长说:"我们领导说,你们没有业务经费,不给订阅报刊。"军务科长摇头无奈。这事被帅经禄知道了,他接过退单说:"这个钱从我们财务处业务费支出,看不到报纸怎么行,你们还是按标准订吧。"事后据透露,为这事,他磨了不少嘴皮。

笔者曾道听途说:某部的财务助理员和某部的某号首长关系甚密,常常为他报销例如布娃娃、玩具车之类的东西。后来,又听人议论说,财务助理员自己报账,就像菜农摘自己菜地里的菜。在帅经禄看来,正好相反。本处熊助理员外出学微机回来,买了几本业务书,拿着发票找到帅经禄。帅回答:"如果这业务书是放在你自己家里,那么你自己每个月享有6元钱的书报费。如果这书放在处里做资料,那么先请你把实物拿来注册登记放入资料室再报销。"这位熊助理说了这样一句:"老同志又给我上了一课。"

其实这位熊助理是一贯敬佩老帅这条硬汉子的。因为他分管出纳负责付款。这些年来,他知道老帅家里困难多,也知道他每年要回老家去看病瘫的老母。可他没看到老帅在自己手上报过账,没要过一趟差旅费。

提起家中的老母,帅经禄这位孝子确有一把辛酸泪。帅经禄10岁那年,母亲就患了偏瘫,至今卧床已31年了。入伍前,帅经禄一边背柴卖柴读书,一边还得照顾病母。后来,他参军了,照顾父母的事,自然地落到了弟弟的肩上。这些年,社会上一些东西变花了,弟弟的眼也跟着花了起来,母亲总有些不如意,觉得没有经禄在身边不踏实。可帅经禄在部队是骨干,这些年部队财务干部也很紧张,人才少,他自然不能忠孝两全。于是,他来了个折中的办法,让未过门的未婚妻辞去那份刺绣的工作,回家照顾病母,再帮弟弟把家里的责任田种好。为心爱的人能拨好算盘珠子,宋秋妹作为一个女人一个妻子,她认了。她娘家没得一分钱彩礼,她没能得到一件新衣服,青衣粗布,挎一个包袱进了帅家的土坯房,开始为妻为媳的生活。白天,小叔子在前头背犁,她在后头扶犁耕地。夜间,小叔子往床上一倒打呼噜,她宋秋妹还得给婆婆洗衣擦澡,忙一家人的家务活,喂猪喂鸡下菜园。这样整整过了10年。

这期间,帅经禄把家里的事放心让妻子料理,自己一心钻在报表账单,趴在算盘上。除每个月留下极少的生活费之外,其余都按时寄给在家当家的弟弟,妻子有时连一个零花钱都没有。在这期间,帅经禄的事业有了一个飞速发展：他3次参加军区比赛夺魁，还考上了地方大学，当上了会计师，他做的账本连续5年被军区评为一类账本。

可这期间，妻子苦了。宋秋妹一看到自己先天营养不足显得消瘦焦黄的儿子，就落泪。她永远也不会忘记他出世的那天晚上。那天，她挺着肚子和小叔子从责任田里回来，天已经黑了，犁头靠墙就下起了雨。她忽然觉得肚子在撕裂地疼，她知道，小生命要出来。她喊小叔子让他去请大队的卫生员，小叔子嘟囔着要她自己去。她哭着躲进了屋。公公到外村去了，婆婆瘫在床上。于是，她自己把小生命挤了出来，自己爬着血糊糊的身子到箱子里摸出娘家陪嫁的现在锈迹斑斑的剪子，剪断孩子的脐带。当晚还给丈夫写了封极为简短的信："经禄，我给你生了个儿子，回来看看吧！"

可以想象，她当时经历的是一场惊心动魄的壮举。其实，她也不想有这种壮举。一个月前，她给丈夫写过信，想作为一个军官的妻子，堂而皇之地躺在军队医院里聆听婴儿的第一声啼哭。可是，帅经禄回信说，处里正赶上半年结算，事情太多，请她自己解决困难。她是在无望中，亲手剪断儿子的脐带的。那几日里，她天天盼着丈夫回来。可她只盼来了一张30元钱的汇款单。这个军官的妻子把30元钱用来买了一挂鞭炮和小孩衣服，而自己整个月子里没吃到10个鸡蛋，没吃到一斤红糖。

儿子出生后的第四个月，帅经禄怀揣一颗激动又负疚的心去看妻子和儿子。这回，他亲手将一袋水果和40元钱交到了妻子的手上。这是妻子婚后第一次享受这么多的东西。

这些故事，已经过去10多年了。宋秋妹今天坐在丈夫的身边，半是埋怨半是怜爱地说："嫁给他算是倒了霉，娘家人都以为我嫁给一个军队的财务干部，一个'财神爷'，有钱得不得了，谁知道会这么苦，我们会这么穷，到现在家里睡的还是部队配发的架子床，4个脚的饭桌还摇晃，一对木沙发是前任处长的前任处长转业时，打了7折卖给我们的。除此之外，家里再也找不出什么家具。"帅经禄遇到妻子嘟囔这些时，确实作为一个男人在家庭里，他没法理直气壮。他只得半是玩笑半是作解地回答："我管的钱要是我们小家庭的，那可是百万富翁啰，可惜那保险柜和保险柜里的钱，都是公家的，我只是替公家看着而已。"其实，妻子也不是那种斗大的字认不了一升的人。这些年社会上一些事，她也听了不少，她也知道，干财务这行当或多或少有些方便之门，而她更清楚丈夫是不会打开这扇门的。

就说她随军后的一些事吧。帅经禄在财务处是个老同志了，只要自己松松口、松松手，报几张发票这是小而便的事。更何况财务处手上每年还有一些招工指标。在某种意义上说，这些指标，一半是掌握在帅经禄手上的。据说在一些地方，招工指标可值钱了。可师经禄却连自己的老婆还挤在部队内部办的一个连工资都发不出来的印刷厂里，因为机器是捡来的破烂，又揽不到生意，家属多数时间是捂在家里洗衣做饭。

宋秋妹说自己命苦。她比帅经禄小整7岁。按常理，老夫疼幼妻，她应像一小妹妹一般，是在丈夫面前娇滴滴的，伸手要啥给啥的人。可她丈夫爱着迷着那份事业，她没能那么做，她没能享受到一天那样的待遇。相反，她充当了帅经禄向前滚动的半个轮子。

想想这些，帅经禄常常内疚。一个财务干部，天天替一个师级单位拨拉着算盘，却没有空隙替一个小家庭打点小算盘；每个月他都要向上级送上厚厚一本账本，却没能力能给老婆孩子添点什么。他说，他谢天谢地让他找了这样一个贤妻良母，这样一个不计较不嫌弃他清贫的妻子。

可现在丈夫要转业了，妻子心里是有想法的。当了这么多年"财神爷"的太太，要回乡回娘家见父老了，结果依然两袖清风，粗布青衣还乡，心里不可能没有一点失落。

这几天，帅经禄还是白天上班下班，晚上加班整理账本，算盘珠子还是上下翻飞，声音还是那样清脆有节奏。他说转业命令不下调令不到不下岗。20年了，他就是这样过来的。

那天晚饭后，他突然告诉妻子说："我在转业费里预支了1000元，准备托何参谋的爱人给你打条项链，让你回娘家有个交代，我这个当女婿的脸上也不会那么难看。"宋秋妹看丈夫动了真情，哭起来了。唉，女人还是女人，她想到3000多元转业费，回家还要办好多事哩。于是，她对帅经禄瞪了瞪眼，说："你不要吃饭了，给我戴项链，那能当饭吃吗……"

（原载解放军文艺出版社《这方阵线》报告文学集，1991年12月版）

送我当兵去参战的时候

又是一个征兵季。昨日从电视上看到一则征兵宣传片,画面中我军现代化、信息化的装备和新时代文明之师、威武之师的气势,着实让我这个已过耳顺的"老青年"激动不已,很想再一次报名参军入伍。于是,昨夜入梦,又一次把我拉回到43年前参军离家的那个冬夜……

这年冬天,成为国家正式教师,已在乡村小学任教的我,几乎在同一个时间段,收到"江西共产主义劳动大学留校任教通知书""江西乐平师范录取通知书"和"应征入伍通知书"。

在20世纪70年代末,能够吃上"皇粮"端上"铁饭碗",是多少大山里的孩子梦寐以求的事情。可是,当这三张"通知书"同时摆在我面前时,令所有乡亲和校友意想不到的是,我毅然决然地选择了"应征入伍通知书"。

乡亲们早就在收音机里听到我国南方吃紧、正准备与越南打一仗的消息。当时人民解放军确实已进入"一级战备"状态,我们这批兵是当年加征直接送往前线的……亲友乡邻好心拉拉我父母的袖子:"这个时候你们忍心把孩子送出去啊?"

12月中旬的一天,一队人马,燃着鞭炮,敲锣打鼓,为我送来了"应征入伍通知书"。父母亲格外突然,也十分惊喜。那时候参军政审是非常严格的,特别注重根正苗红。于是,鞭炮声和锣鼓声中,来看热闹的来道喜的人群里,也有人在低声议论:"如今政策是不是变了,'黑五类'的崽子也能当兵了？""还不是南方吃紧，国家让这些子女到前方去当炮灰啊！"

……

不管旁人怎么议论，父亲却从里到外都是喜滋滋的。

那天，我胸佩大红花，在父老乡亲、公社大队干部和学校师生的簇拥下幸福而自豪地走在去县人武部报到的路上。母亲站在欢送人群的最前头，带头拼命高呼："一人参军，全家光荣！"母亲把"全家光荣"四个字，反复地喊，喊得山响，喊成满脸是泪……

村里的老党员老土改们说："这个母亲了不起，跟当年送儿当红军当新四军的时候一个模样！"

离开家乡的前一天晚上，我们同批应招的360多名新兵，被安排在一个空旷的大厂房里睡通铺。这一夜，父亲和我的兄长陪着我，左边是父亲右边是兄长，他们合围抱着我一同睡在那床刚发的军用被子里，我睡得很甜很踏实，竟然梦到我在战场上英勇杀敌，还立功受奖，戴上了大红花……

早晨醒来时，我却发现父亲和我兄长的枕头全是湿的。这时我才明白，爷儿俩趁我睡着时，都在偷偷地哭……因为他们很清楚，我们这批兵是直接征往前线的。此一去子弹不长眼，或许明日就是骨肉诀别时……面对父兄故作镇定的表情，此刻的我胸腔波涛汹涌。我将《长相思·吴山青》的词做了修改，默默地吟诵——

郭山青，阆山青，两山依依相送迎，谁知离别情？
父泪盈，子泪盈，此去边关将贼擒，星江潮难平。

……

登车之前，兄长把手上那块心爱的"红旗"手表撸下来戴在我的手上（那年月手表还是一件稀罕物），说："哥这一生是没机会当兵了，你可要在部队好好干，替何家争口气啊……"

父亲一辈子没有多少可歌可颂的事迹。自从劳改队出来后，本想用落实政策的那点钱置几间房给子孙留点念想，不曾料到，那年谷雨之日，一把火彻底浇灭了他的梦。之后的父亲更是浑浑噩噩，借酒浇愁。于是，父亲在我的记忆中，印象总是忽深忽浅忽近忽远。记事后，父亲与我在一起的时间太少。20世纪六七十年代的10年间，也就是我从开始记事到步入青年的10年里，父亲一直被关押在劳改队。据说是他在组织父老乡亲开源节流活动中，"违背政策"，按当时的划分，被定性为"反革命"。

大约是我7岁那年的一个傍晚，一群"红卫兵"冲进我家，我家"黄黄"（家养的一条狗）朝领头的那个猛扑上去撕咬。这群"红卫兵"全围上来，集中兵力，先把我家"黄黄"打咽了气，接着将我父亲五花大绑，并把事先准备好的一个写有"反革命分子"的大木牌，用钢丝绳吊着挂在我父亲的胸前，连推带拽地把他拖走了。之后，就在离家30里外的一个荒山上垦荒劳改了10年。父亲一边接受劳改，一边被常常拉出去批斗。批斗大会的时候，也是我们一家暂时"团聚"的时候。因为上面要求"家属陪斗"。因此，每次父亲的批斗大会，母亲会带上我们兄妹4个陪着我父亲跪在一旁，接受批判……

"曾经的历史，是你永远的老师。"我很感谢那段历史。我选择冒死参军，多半为了洗白家庭的屈辱和走出大山，告别这片伤心之地，去山外找一隅谋生之所。

无论战争年代还是和平岁月，每个应征入伍的青年，其心路历程或叫从军梦，都各不相同。其实，我在报名参军的那一刻，就已经做好"战死沙场，当一名光荣烈士"的心理准备，让那块"光荣烈属"的牌子，在我家门楣上生辉。这也合乎我父亲的心愿。

虎狼亦知"舐犊之情"，何况人。当时父亲明知这时候送儿子参军是很难保命的，但"儿子参军了"，这张"入伍通知书"，正向世人昭告："我们家的历史是清白的。"或许父亲此时所想，已超出了儿女之情本身。

……

父亲是我报名参军的前一个月才从劳改队放出来的。我当兵政审为什么能通过，当时的说法很多，一种是"接兵团长看上了我"，另一种是当年的"倪司令"，现在是某军区的司令员，点名要接我走……总之是个"谜"。既然如此，就让儿子的这身军装，去解开这个谜吧。

我没有战死沙场，也没有回到故乡，倒是后来父母陆陆续续收到我部队寄去的许多立功喜报。这下，父亲更有了喝酒的理由。每当儿子有喜报或家书寄往家中，父亲总要让我母亲多炒两个菜，说："今天高兴，多喝几杯！"

想想当时，也不能全说父亲为了证明自己清白，忍心送儿子去当兵。人的命运，本来就是一场赌博。当年，我选择参军作别大山，又敢说不是？但天下父母的怜子之心，日月可鉴。

我还记得1977年，也就是我从江西共产主义劳动大学毕业前的那年冬天，雪下得特别大。父亲向劳改队请了几天假回家看我母亲和孩子。父亲回到家让母亲翻箱倒柜，找出仅有的一点钱，请了当地有名的裁缝，为我做了件黑色呢子大衣，说："这孩子也老大不小了，让他整天穿着哥哥嫂嫂姐姐的旧衣服也不成个样子。"

我们这所学校因为半工半读，所以校区就坐落在一片茶园、梨树园中间。其中从宿舍到食堂，或从教室到宿舍的路上，都得分别穿过一片梨树园。大雪覆盖着大地，整个梨园成了一片冰花。我穿着父亲给我做的黑色呢子大衣，在雪地里穿行时，成了校园里的一道风景，惊羡了一校的男生女生……

那天登车之前，一身戎装的我把父亲为我做的那件黑色呢子大衣，交在父亲的手上，说："爸，现在我有军大衣了，这件大衣还是还给您，估计您之前也没穿过这么好的大衣。"

父亲接过呢子大衣，转身递给了我兄长，说："还是给老大穿吧，年轻人爱美。"

就在父亲踩在厚厚的雪地上，把那件黑色呢子大衣递给我兄长的那一刻，我忽然想起了父亲鲜红温热的血……

我朦朦胧胧地记得我幼年的时候，我们兄妹四个赶在同一天出了麻疹，需要同时输血。山里的赤脚医生犯了难，山高路远的，哪里一下子去弄那么多血。这时，父亲撸起袖，说："这四个孩子都是我的骨血，血型与我相同，就抽我的血吧！"随着父亲的血在孩子们的血管里流动，我们四兄妹都一个个苏醒过来。醒过来的我们都闻到了一股特殊的香味。年幼的弟弟不懂事，问什么好东西，一定要吃。母亲说："你们的父亲刚刚抽完血救了你们四条命，我泡了一杯麦乳精，给你们的父亲补一补！"

躺在椅子上的父亲听到了，有气无力地对我母亲说："就给孩子喝吧，我死不了！"

……

一声急促的哨响,惊醒了我的回忆。接兵团长下令全体新兵登车。我张开双臂紧紧地搂了一把父亲和兄长,转身爬上了接兵的绿帆布军车,开始了我 27 年的军旅征途⋯⋯

浮云吹成雪,世味煮成茶。如今走过 60 多个年轮,沿着星河轨迹,踏遍人间春秋,走过流水断桥芳草路,浏览了落叶横扫静花街。一路走来总暗示自己,活着不一定要鲜艳,但一定要有自己的颜色。

想到当前,国际环境并不太平,周边局势更是与日吃紧。只要国家不统一,国土边邻还有狼嚎,战士就永远不会放下手中的枪。

如果 43 年前的报名参军,多少带有一些改变自己命运的目的而去,那么 43 年后的今天,假使再让我报名参军,其目标与目的会更加清晰高远⋯⋯

(原载《上海外滩》2022 年第 1 期)

父亲(右一)与兄长(左一)送我参军时的合影

死亡地带的诱惑

这是秦福新最难熬的一段日子,他被宣布退休的那一个月,大女儿给他买来了金鱼缸,二女婿给他买来钓鱼竿。秦福新开始几天还坐在金鱼缸旁瞧瞧看看,时不时扔几颗饭粒下去。没过几天,小金鱼一个个把肚子朝上翻了。他又扛上钓鱼竿到小河边去放放钩。可是不行,还没等小板凳发热,他又耐不住回家了。后来他又到仓库大门口去和看大门的老头下象棋。平日秦福新横竖看不出这看门老头的脑袋瓜会比自己灵到哪儿去,可秦福新的棋却总是输给他。

这天,秦福新突然间将棋盘一掀:"我不下这鬼棋了!"接着就跑回家一口气喝了5杯酒,然后直挺挺地倒在床上。第二天一早,他折断了渔竿,砸碎了金鱼缸,跑到他带过的兵、现在的仓库主任朱孝炳面前:"让我到拆弹修理工房去干活,不然我会活不长的。"

(一)

37年前,鲁东某地。一位老妇女会主任带着她守寡14年拉扯大的儿子来到征兵处。老农会的几个干部说,你孤儿寡母的,就别让孩子当兵了。老妇女会主任说,俺和孩子的命要不是共产党,早就被地主保长吊死了,俺还有什么舍不下的。儿子参军后不久,老妇女会主任双目失明,全身瘫痪,瞒着儿子在地上爬了好几年,临终时,老农会的人问,要不要叫福新回来?她摇摇头说,别告诉孩子,免得他分心。

理解母心莫过于儿。秦福新知道用什么方式来回报母亲。他来到了赣东北某地的狮子岩下,和战友们一起,在红岩岗上建一座国防仓库。1962年6月,南国气温突然升高,暴雨连着下了三天四夜,秦福新带着4名战士坐闷罐车押运炮弹开往福建前线。列车到南平时,铁路桥被洪水冲垮了,怎么办?前线需要给养,而炮弹比粮食更重要。"改为水运!"秦福新和他的战友,把车上的炮弹一箱一箱地往船上搬,一船一船地往前线运,整整运了一个月。他和他的战友们,一身军装穿烂了,就到地方群众那里要来短裤衩,光着膀子接着干。

(二)

我国对废弹从炸毁改为拆卸、回收、修理和制成新药片是从1958年开始的。这项改革首先面临着生命与技术的挑战。从各地修配站传来的伤亡事故通报,对秦福新这位解放后上过3年夜校的半文盲来说,无疑是投向死神的信号。秦福新不是盲目地触摸死神,而是踮起脚伸手去采星星。作为中尉技术员,他利用在全军各大仓库参观的机会,找出伤亡的缘由,回来后,像捏泥人一样,试摸出一个个防爆模型,经过上百次的试验,终于研制出一种"弹药防爆销毁炉"。"新生儿"一问世,就显出了它的不凡作用,不仅消除了弹药销毁操作中的危险,工效也比原来提高10倍以上,很快在全军推广开了。

有些东西并不神秘,但没人去揭开它却永远是个秘密。弹丸脱药工序,过去是8个人拍一筐弹丸,放到火上去烧,烧了不知多少年。秦福新发明了机械自动双轨车,只要两个人就可以完成任务。但药蒸出来之后还是要人站在药池里用竹篓捞,滚烫滚烫的弹丸还是要人一个个地捡。这个课题沉重地压着他,一直压到他退休后的1987年,"炸药自动脱药制片机"问世了。他把这一成果设计图纸,直接带到北京。总部的专家们对这位"山里人"刮目相看,一面要求他留在总部帮助工作,一面向某分部去电话,要给退休3年的秦福新记功。

秦福新搞革新原本就不是图什么奖,甚至在搞这项试验的时候,他还不知道军内会设有什么奖。他完全听从于一种责任感和使命感。1964年,军委要求各武器弹药仓库进行一次武器弹药保养擦拭,仓库成千上万吨炮弹,一发一发地擦行吗?于是,一个"电动定装式全弹除锈床"的全新设想,在秦福新脑子里形成了。一年后,人们在国防部的军事科技成果展览大厅里看到了这台由秦氏设计的机器。次年,他研制出的"擦拭底火除锈机"也被全军推广使用。

凭着扫盲班毕业的文化底子,秦福新一生已搞出30多项革新成果,要靠多少经验、智慧和强烈的革命事业心为他垫底呀!

(三)

1984年,秦福新退休了。这时,他的心情不是留恋那个"芝麻官",而是万分留恋干了半辈子的炮弹活。突然"失业"的滋味,叫他无论如何受不了。于是,便出现了本文开头的那一幕。

这年年底全军后勤工作会议决定在全军来一次武器弹药大检查,指定某分部派一名业务强、有责任心的同志去总后帮助工作。分部向库里要人,库里领导一合计,叫秦福新去了。

秦福新青春焕发,浑身是劲。他起早贪黑地制图表,造计划,一个月就把大检查的方案交给了上级。之后,秦福新又受自己仓库的委托,到安徽、江苏,重登他走过的沿海岛屿,参观取经。取经回来,他在修配站和分库一住就是5个月,和同志们一起,拿出了一套较为完整的现代化军械仓库自动化管理和弹药拆卸中心的方案。在此期间,他还把"自动蒸气脱药池"更新到第五代。1986年12月,全军武器装备弹药大普查成绩揭晓,秦福新所在的仓库名列全军榜首,总部于来年秋天在该仓库召开全军现代化弹药拆卸中心现场会,总部的首长给秦福新佩上一枚三等功军功章,他流泪了,坐在台下的妻子朱猷俊和他的孩子们也都流泪了。

马克思曾设想,到共产主义后,不准劳动便是对人的一种处罚。秦福新的确是把劳动当作人生享受,当作生命支点了。在他工作的场所,凡是有"TNT"炸药毒素经过的水泥地板、墙壁及排气扇上,都呈现出焦黄焦黄的一层斑迹。在这里工作的每一个人,吐出来的口水、撒出来的尿,都如浓茶一般黄黄的。在这弥漫着毒雾的氛围中,秦福新一蹲37个春秋,生下4个孩子,54岁上又抱上了孙子。他和他的儿孙们,是放弃了回老家山东平安生活的归路,要继续在这个"死亡地带"生存下去啊!

　　结束对秦福新的采访,我仔细翻了翻厚厚一沓采访笔记,几乎找不到他一句豪言壮语。他总是重复说:"退休后,如果不是领导答应我和战士们照样一同去摸炮弹,恐怕我活不到现在。"

　　生与死的辩证法,在秦福新这里变得如比简单明了。

〔原载《基层生活》杂志1990年第2期(同年获军区征文一等奖)〕

黄牌融进情和爱

标题中的"黄牌",可不是球场上裁判手里那张用来判罚的"黄牌",而是中国人民解放军军官金丝绣底的黄肩章。我军在1988年8月1日恢复军衔制的时候,因为我当时是一名志愿兵,也就是后来的专业军士,所以挂的是平板"红牌"。

时过境迁,人的命运通过人的努力,是在运动中不断变化的。恢复军衔制两年后,中央发出号令:"军队干部的产生要学会两条腿走路,一是从军事院校中培养,二是从特别优秀的战士中选拔。"于是,我便幸运地成为号令中所说的"特别优秀"的战士,被首批破格提拔,由平板"红牌"改成"黄牌"上尉一杠三星。于是,故事开始了——

说出来不怕战友笑话。那是我当兵第四年的初秋,连队让我回家探亲。我来到哥嫂所在的一家林场林业队,这里景色很美,十几户人家几排公房坐落在一条清澈如镜的小溪边上,小溪的水从房前慢悠悠地淌过。没想到我这个大兵对异性的萌动或者说对爱情的追求就是从这条小溪开始的。一天清晨,我到溪边洗刷,忽然发现水边站着一位穿条格子连衣裙的姑娘。她手拿一条粉红色毛巾,脚套一双白色凉鞋,一绺黑发垂肩而下飘飘洒洒……不知是我的军装耀眼,还是我的失态引起了姑娘的注意,她朝我瞟了一眼,我顿时感到脸上热辣辣的,连忙垂下头去。整整一天,我被一种不可名状的情感缠绕着,我在小本本上写下几句不知是想出来的还是偷来的诗:"我们的目光相遇了,虽然彼此不曾相识，但内心的火焰告诉我，我等待和寻找的——就是你。"

后来，得知姑娘芳名叫叶青青，刚收到师范学校录取通知书。我鬼使神差竟走进了姑娘家的门。我刚参加自卫还击战回来，一谈起前线就有说不完的话，那时后方的人也喜欢听前线的事。大概青青对我话中的幽默风趣产生了兴趣，她听完前线的血战故事后，忽然问我念过几年书、有什么爱好，为什么选择当兵这条路。这使我自觉不自觉地闪出一个欲望。连队让我回家探亲干什么？看父母？当然！没别的？就不能利用15天的假期相她一个亲？

可人家姑娘是个师范生，当地的"金凤凰"，我呢？大头兵一个，退伍回来说不定还开"地球修理铺"哩。但转念一想,胆子突然壮起来"当兵的怎么啦，就不能找好一点的老婆？"我有点"阿Q精神"。于是，我有意识地把话题引到个人的生活上去，话中还留了些余味，让她慢慢地去嚼。

归队时间要到了，我想，这一去还不知什么时侯再回来！于是，等两家的大人全去上班了，我派小侄女当通信员，把青青请到我家里。我把在战场上获得的三等功勋章和中央慰问团赠送的几件慰问品，用双手捧给她，说："这是我用生命换来的，以后还很难说会不会再流血。如果你觉得与我相识不后悔，那请收下吧！如果……"没等我将话说完，青青接过了我的礼物，并说："我不会后悔的……"

嘀，多好的姑娘！

这次探亲像在家乡揽到了一轮玉月。归队的那几天，我高兴得几夜没睡。我的指导员等我的那股热气平息后，用深沉的语气对我说："你很高兴对吗？不过我想给你泼点冷水。你是否考虑过退伍回家种地，她会怎样想怎么做……"我说，我考虑过了，我要和命抗争，我要拿出不负纯真爱情的"东西"来。

不知哪位名人曾说过："爱情是一本教科书，她会使人从此聪明起来。"的确，自从认识青青，我觉得自己变得勇敢了，聪明了。我在不断提高军事素质的同时，还抓紧时间自学求才，我翻烂了两本《新华字典》，开始练笔写新闻稿，写诗歌、小说、散文和报告文学，写军营丰富的生活，写我童年的梦。学海无涯苦作舟，我竟在报纸杂志上挤进了一些"地瓜干""萝卜条"。有意思的是，我的这些"小玩意"被青青发现了，她总在我发表的每一篇稿子上写上评语寄来，算是对我的鼓励。恋爱后的第三年，我被共青团中央授予"自学成才标兵"称号，并光荣出席原福州军区召开的自学成才标兵代表会议。也是在这3年里，社会的偏见、旧风俗的黑手和一些多嘴的说客在我们之间重重设障。但青青坚守着对一名士兵的感情，总也不改初衷。

斗转星移，一晃10年过去了，我们这对已有4岁孩子的夫妻，恋情依旧。青青无论对丈夫还是对孩子都体现出她博大的爱。我从义务兵转为志愿兵，又从志愿兵提升为干部,这里面都有青青的爱为我助力。青青自己也不甘落后，就在她那所乡间小学，她年年被评为先进教育工作者，之后又成为上海市"园丁奖"荣誉教师。事业的翅膀，青青那一翼是在重负中与我齐飞的！

感谢你，青青！我昨天肩扛着的"黄牌"里，融进了你的情与爱。

（原载《基层生活》杂志1991年第6期）

奉献在红土地

> 在这片干涸的红石滩上,流淌着一条绿色的河,那是生命在流动,那是热血在奔涌。
>
> ——题记

相传,东海龙王与西海龙王在此对弈,西王不敌东王,一气之下将棋盘掀翻在地。从此,这一个个棋子便成了一座座草木不生的红石山。

神话无法考证,但赣东北这块土地所留给炎黄子孙的确确实实像一块睡死过去的龟壳。老百姓说,这块土地不长谷子不生树只长吃人的螺子(血吸虫)。一位伟人写出了它的荒凉:"华佗无奈小虫何……万户萧疏鬼唱歌。"

20世纪60年代,第七个冬天,一支铁军在这里开始了新的造山运动。一支来自医科学校的大学生队伍开始了他们的艰难创业历程。他们用大斧大镐和扁担,在这里凿出一个"解放军第184医院"的牌子。从此,生命在这块土地上延伸。从此,一曲曲奉献之歌,在这块土地上唱响。

(一)

30万里红土地,到处留下他的足音,深深的眷恋便是因为这块土地太贫。

　　刘林森，184医院门诊部副主任，新中国的同龄人。依笔者看，找人采访没有比找医生更麻烦。你看，坐下不到5分钟，喊"刘主任""刘医生"的人不下4个。一喊便走，一走便半天。喊一声，他笑笑："我去看看。"无论军人农人官人，随喊随走，一概朝病人笑笑。平时也总是整天在门诊部楼上楼下地跑。同人说："你的腿怎么跑不细？"刘林森说："只会越跑越粗。"

　　是的，他的确能跑。自从1969年那个春天入伍来到这个医院后，从上山挖草药开始跑，以后上井冈下兴国，翻山越岭带着医疗队，几乎跑遍了16万多平方公里的江西红土地。他说："江西人对革命做出了那么多贡献，但缺医少药问题却远远得不到解决。我是越尊敬就越是同情。"于是，他越跑就觉得越要跑。以至，当他在广州读大学时，校方决定将他留在花城。他想：花城不缺医少药，江西才更需要我。于是，学业结束，他就迫不及待地往江西跑。后来，组织上看他是块当领导的料，决定让他改行干政工。他还是那句话："我离不开老乡，离不开病人。"

　　红土地上的老乡喜欢说："我们的刘医生，不仅医术高明还有副菩萨心肠。"是的，刘林森是个多情的人。他看到来了病人，看到病人身上的衣服补丁加补丁，看到用门板抬进来的病人在走廊上呻吟时，他就落泪，他就要为病人算算账，连住院带吃饭，他身上有多少钱。于是，他不能让一个个病人站在院门外候诊待床，他不忍心让一个病人花了路费又凄凄地倒腾回家。他知道，老乡们到医院来看病是拖了又拖，万不得已才来的。而且这块土地上病魔横行，送来的又总是急诊重病。作为门诊部副主任，他的思想是"不能拒绝一个病人，哪怕疑难病症"。这样，就给临床科增加负担。像这样一个有100张床位的小医院，有时收容病人竟超出200张床。临床科室经常叫骂几声也是情理之中的事。刘林森为了那些手里握着不多钱的人尽早入院出院，又不得不为那些打着补丁的病人到临床科去磨嘴皮说好话，有时还讨了个不太好看的脸，如同一个乡下佬为自己的父母生病求医。但刘林森说，所有的苦恼都会随着那个病人的治愈出院而消失。

　　刘林森对待病人就是这样有耐性，每次遇到重病号，他在病人的床前一陪就是几天几夜。三伏天，一位外县人住院做完大手术后，他蹲在他床前两天两夜。病人醒来时,显得烦躁不安,想动又动弹不得,样子很痛苦。经他一检查,原来病人一大泡大便堵在肛门内,刘林森用手将大便一点一点抠在便盆里。病人痛苦去除了又呼呼进入梦乡,刘林森却又来到另一个病人床前。

刘林森在这块红土地上收治的病人越多,他肩上的使命感就越重。他热爱这块土地,更同情这块土地上的人。但有些疑难病症,却让他力不从心,让病人满怀希望来悲悲切切地归。刘林森一遇到这种情况,心里就有一种空荡荡的失落感,"为了那些呻吟的和将来呻吟的病人,我在业务上要不断地超越自己。"他对自己说。近几年来,他用自己的实践和敏锐的思维,撰写出了10多篇较高质量的论文。其中《B超引导下心包膜穿刺术》被选入江西优秀论文汇编,其他几篇也在国内军内获奖。他想钻几门外语,想突破一些尖端。但老区偏僻信息闭塞,白天总是病人,一天忙10多个小时,一个月近一半的时间泡在急诊和值夜班,一觉醒来还是病人。他想,有些东西要失去的就让它失去吧,只要自己对得起这块土地上的人。

(二)

2万多条生命从她手术室中走向新生,她自己的青春却跑步向她告别。身上的3条刀痕就是病人授予她的勋章。

曾几何时,国人那声声的"国骂"声中,有相当一部分是骂医生的。"我们不管是谁的责任,请你看看章芸的为医准则吧,骂声必然会停……"

那天去184医院采访,医院夏政委对笔者感叹:"如果我们的每一个共产党员、每一个国家干部都有章芸同志那样的工作精神,国家不愁没有希望。"他说,医院党委做了一项特殊的决议,取消机关公务员,将这个编制专门配属给手术室章芸主任私人专用。尽管这项决议最终被章芸本人谢绝了,但从中可以窥见,她在这个医院的地位和声誉。

184医院的外科技术,这几年来在江西甚至江南几省,越来越响越来越香了。"江南一把刀"的美称和"19年26000多例无手术事故"这个数字,着实让人鼓舞。而作为"刀把子"的王松林院长却总是说:

"我们外科功劳簿上的功绩一半要记在章芸同志的身上，没有她的麻醉技术，外科很难做到次次成功。"这是实话，为了"刀把子"的例例成功，章芸这44年的青春一半给了手术室，把整个人都给了医院。

23年前，章芸这位楚楚动人的姑娘走出医校，走上这片红土地。这所医院那时还没有影子，只叫"4525"工地。一同来的20多位同学一看这荒凉的红石岗，心里打几个寒战，不久就只剩下她一个了。章芸是个好强的人，她觉得"何处黄土不养人"？就这样，她穿上工作服戴上防护帽，同"工友们"一道住工棚、挖土方，用石块在泥泞中砌着一道道墙。这样干了整整两年，医院才初具规模。

"那时候当姑娘，我什么活都干过，什么活都能干！"章芸回忆那段年华时，眼窝里装满了自豪。

医院建成了，组织上分配她当麻醉医生。不少人劝她，不要搞麻醉，很苦很累没名没利。她考虑的倒不是这些，尽管不对自己的专业，但她下决心学好。

章芸给人的印象是位烈女、强人，而当女强人是要付出代价的。章芸为了实现不学好麻醉技术就不恋爱不结婚的诺言，坚持练到31岁，直到参加上级组织的麻醉针灸比赛获得第一名才结婚。33岁，她才生下她的宝贝女儿。爱人为此等到40岁才抱上孩子。

说是宝贝千金，小张婷却一点也没得到像别的独生子女那样的娇怜。因为婷婷的爸爸妈妈至今还分居千里。孩子小时候只能跟着妈妈。妈妈经常进了手术室就出不来，孩子吃饭成了大问题。于是，谁先下班谁记起来就谁带走，吸百家奶吃百家饭。婷婷大点了，妈妈拿张椅子往手术室门口一放："婷婷坐这儿别动，妈妈出来再抱你回家。"孩子有时一坐就是六七个小时。说到这里，母亲的本能使章芸落下了泪。孩子再大些时上幼儿园、小学了，妈妈让婷婷跟着别的孩子爸爸妈妈到学校，几乎没能送上一次。陪同笔者采访的王干事说："婷婷好懂事哟，一点不娇气。""哪有时间去娇她啦。"章芸说，做女强人是要失去一些东西的，章芸参军26年，结婚13年，只和丈夫家人一起过了一个春节。去年秋天，爱人来医院休假，本想让妻子闲两天陪自己看看这块红土地。50多岁的男人和妻子在一起的时间少得太可怜了，谁知她一进手术室就不知道出来，从手术室出来又是半夜已过，一倒上床便睡了。这位学内燃机出身的男人把心中的失落感变成了一股火苗往外窜:"我们过的是一种什么生活?好像我一来你的事就特别多。"章芸这才意识到丈夫的心事,抱歉地笑笑。

做女强人是要多吃些苦的。章芸33岁才生孩子,产后留下的后遗症给她带来许多痛苦,当然,更多的是她没白没黑地站在手术台上留下的一身劳疾。于是,她的身上留下了3条永恒的刀痕。头一刀是乳腺癌切掉了一侧乳房。第二刀是肾功能衰竭切掉了一个肾。第三刀是卵巢肿瘤又切掉了子宫。准确点说是4刀,那是孩子难产留在肚皮上的。医生说,她早就具备病退的条件了。可是,全院就她一个麻醉医生,老区人才少,培养一个和弄进来一个都是件不容易的事啊。章芸也多次冒出过离队休息的念头,话到嘴边又咽了回去。

我们看到,这位40多岁的中年医生,过早地进入了更年期,两鬓挂上了银丝,肾病带来的虚胖,说话有些沙哑。我们也看到在她率领的手术室,挂满了集体三等功和先进集体的镜框锦旗。然而,真正能表述这位女性所奉献出一切的,还是她身上的4条刀痕,那是病人授予她的勋章,那是红土地留给这位女性的诗行……

外国人做过的,中国人要学;外国人没有做过的,中国人为什么不可以先做?红土地也能长出奇迹。

(三)

如果你乘飞机俯视赣东北这片红土地,会发现一块占地24万平方米的绿洲。这就是全军绿化先进单位184医院。如果你翻阅全军科技成果奖名单,会看到这个医院这两年来有15项科研成果在全军获大奖。

这是个只有100张床位且交通不便、信息不灵的小地方小医院。红土地上为什么能长出奇迹?那是因为这里有一群会唱"争气歌"的人。

董成,就是其中的一个。

"人的天赋就像火花,它既可熄灭,也可燃烧,而促使它燃烧成熊熊大火的唯一动力就是忘我的精神。"我国肿瘤科专家汤钊猷教授,看到董成获奖论文和关于肿瘤方面的科研成果后,给他以很高的评价。董成,日本人投降那年出生在上海。他的两个哥哥饥饿患病惨死在日本人侵华的年代,他这条不到1.6米长的汉子是在饱一顿饥一顿的岁月里熬大的。于是,"国不强,世人欺"这个道理早早地埋进了他的心灵。而真正使他立志学医搞科研，是从1964年开始的。

当时董成在医校随医生在部队见习，医生指着一位患障碍性贫血的病人说："这个战士最多能活3个月。"为什么，为什么这么好的战友却只能活3个月？学医者不能救病人不如自刎。1967年，医校毕业时，董成选择了这块疾病高发区、这块生长血吸虫的土地。

一个国家的进步要靠科研的进步，一个科研人员的进步就是科研上的进步，其他只做空谈。这是董成追随的一种真理。然而，要想在这样一个小医院搞科研，困难是很多的。首先要考虑领导是否支持，同志们能否理解，另外，经费少、人手少、实验设施设备不齐全。在有些人看来，小医院只要把常见病看好就行了，搞科研是大医院和研究所的事，多少年来守旧思想束缚着他们。也有人说董成拿病人的生命做试验，他那个试验国外都没做过，他能比外国人高一筹吗？冷嘲热讽、种种压力丝毫没有动摇董成的决心。他看准的路，九头牛也拉不回来……1985年，他在全国医学界率先提出了"筛选十种抗癌药物"，其中一项就是大蒜抗癌。生活中常有这样的事，你想买那样东西时，却到处都买不到，当时做抗癌实验时，就是看不到有大蒜籽，跑遍全市也没有。董成就到群众家里挨家挨户地讨，完全像一个病人自己到处讨药，终于讨到了一大筐。

董成算是一名成功者，这几年来，他的论文在全军全国刊物上发表30多篇，其中《去甲斑蝥素升高白细胞的作用研究》《抗肝癌药局部应用的实验研究》等25篇获奖，他的肿瘤研究成果有9项获科技进步奖。就在这个小医院，就在这块红土地上，他年年被当地省市评为先进科协委员，并当选为省科协理事。

他在3次获奖之后，毅然将在城市工作的妻子和3个孩子调进了这片红土地。他要扎根红土地，他要用科学为这块土地上的人们带来福音。如今，这位45岁的中年军医的"强国意识"更加成熟和强烈了。伴随着这种意识，他对这块土地的感情更为深厚也更为细腻了。

红土地上的人民感谢你！

感谢为红土地奉献的所有人……

（《健康之友》1990年11月第77期第4版副刊）

灵魂树下

　　王焕林在仰望国徽抬足步入人民大会堂的瞬间，忽然想起了他作古的父亲和参军离家时系在小河对岸的那根牛绳。

　　父亲的一生都在那块生他养他的土地上耕作，那年，王焕林上小学二年级。父亲作为县劳模刚在县里开完劳模代表大会回来。父亲很兴奋，把儿子叫到跟前说："焕儿，三十六行种田为尚，读两年书就好好种地，长大了，也像爹一样到县大会堂里去坐坐。"说完就交给他一根牛绳，叫他牵牛放青去。

　　王焕林紧紧地握住那根牛绳的同时，也握住了一个真理。这就是一个父亲对儿子寄予的全部希望。

　　1988年，北京在迎来一个金灿灿的秋天的时候，也迎来了"中美精神医学新进展学术交流会"，当王焕林与大洋彼岸不同肤色的美国人同坐在人民大会堂里，用一口纯正英语宣读他的医学论文时，另一个世界里的父亲是绝对不会想到的。

　　王焕林最初在苏北某部当一名卫生员。当时，他目睹了苏北农村缺医少药，多少生命该延长的而未能延长，多少疾病不该得的而得了。王焕林当了卫生员，就是连队的医生了。于是他暗下决心要治病救人，要让哑巴唱歌，要让儿麻病患者跳舞。不管今天看来这可不可笑，但当时可以窥见王焕林对医学的热爱和对未来的雄心。但当王焕林被调进精神病科时，他的心一下子冷了。他想：我没有犯什么错误呀？别的高干子弟什么的都从精神病科往外调,我又不是学这科的,偏把我往里调!

就在他为此而解不开疙瘩的时候,医院派出一支医疗队到某老区巡医送药。王焕林走一路,他的神经就被一路的精神病患者和患者家属嘶声力竭的痛哭声所刺痛。从那时起,王焕林就发狠:我要让我的两只脚在精神病科长出须根,我要成为另一棵树,让所有的精神病人都得到一片阴凉。

1985年,王焕林参加了世界卫生组织与中国合作在上海举办的一个"精神医学培训中心"的活动。在这短短一年里,王焕林虽然不知道上海外滩在何处,虽然不知道南京路是啥样子,但他却认识了不少专家,而且专家也关注和喜欢上貌不惊人的王焕林。在一年时间里他靠翻译外文,靠提出一些"幻想"来打动专家教授。当时,培训中心的所在地上海学会有个图书馆,王焕林像高尔基说的"渴求知识就像饥饿者扑向面包"似的,一年下来,该图书馆的图书目录他全背下来了。也就在这一年里,他的处女作《内科病人的身心反应初步研究》被《中国神经精神疾病杂志》刊用。在结业典礼上,美籍华人教授蔡能拉着王焕林让他站起来,宣读嘉奖令。

上海学习归来后,著名的精神医学专家高柏良又把他作为第二批弟子吸收到了门下,带他专攻精神医学。高柏良十分器重王焕林,在人前常说他"必成大器"。王焕林确实被高老说中了。"不同精神病患者血氧自由基防御酶活性含量的系列研究"这项军队科技进步二等奖,就是王焕林率先在全军精神医学史上创造的最高奖。当然,这意义的本身并不仅仅是一项奖,从此我军医学界能自豪地道声:我们的精神研究在国际上享有了一席之地!

102医院门口挂着的"南京军区精神医学研究所"的牌子,看上去很大,实际上创办后的许多日子里他们靠的是"两口油锅闹革命",差不多是一种"刀耕火种"式的研究方式。

王焕林就是在这种原始的方式和条件下,搞出了10多项打入国内国际的科研成果,写出了110多篇论文,连续3次被军区评为优秀中青年科技干部。不过,王焕林不是"铁人"。那天,护士长徐晶值夜班到两点,看看王主任办公室的灯还亮着,就喊了好几声,还把门敲得山响,见都没反应,就用钥匙打开门,一看,王焕林因过度疲劳和颈椎病支持不住，已昏迷过去好久了。听到徐晶的哭喊声，好几个医生护士都赶来了。于是，一个抢救病人的医生自己却被推进了急救室。一个才步入中年的医生在拯救了无数的精神病患者后，自己却积劳成疾病患一身。

可是，王焕林却不断地盯着和寻找下一个目标。现在又一项由他设计被列为全军"八五"攻关课题的"全军精神疾病流行学的调查研究"，正摆在他面前，而王焕林的颈椎病也越加严重了。现在他靠牵引架、石膏套、颈围三套治疗器和坚强毅力，支撑着他的脖子，支撑着他的事业，支撑他去完成一项项新课题。

（原载《解放军报》1993年10月5日"长征"副刊）

难述知音

解放军184医院政委夏公章,到任的第一天就听说这样一件事:特诊科医生董成被停止处方权一个多月了。

为什么?夏政委觉得纳闷。他一连几天深入科室去了解事情真相,医护人员都说董军医是个科研迷,30多年潜心研究肿瘤核医学,而且写出了30多篇优秀论文,还有9项成果获得科技进步奖,对工作极端负责任,也不搞什么歪门邪道,我们服他。至于停止他的处方权,那是上面的事,详情不得而知,据说是有的领导说他搞科研是拿人的生命当儿戏。几个在场的病人插话道:"董医生是好人啊!"

夏政委感到其间必有人为因素,便顺藤摸瓜,又做了仔细调查,等问题基本弄实之后,就提议召开党委扩大会。会上,他动情地对大家说:"董成同志不容易啊!30多年了,他孜孜不倦地工作,利用业余时间,在咱这样的小地方小科室,在那间小斗室里,搞出了那么多科研成果,写出了那么多论文,而且最近这项研究抗癌新药的项目,是得到肿瘤专家汤钊猷教授肯定的,怎么会是儿戏?我们当领导的,只有充分释放这种可贵精神,解放更多科技人才的义务,而没有因一点个人恩怨来打击压制科研人才积极性的权利。我看过董成同志给中央和国务院写的关于发展第一生产力的许多建议信,都是一些肺腑之言,这是一个有良知的中国人才能做到的呀!他那颗赤诚之心,值得我们每个党员干部去深思。我的意见是,立即恢复董成同志的处方权！"

会议室顷刻沉默后，有人带头鼓起掌来，随之响成一片。两个小时之后，夏政委回宿舍路过一幢低矮的红石平房，忽听有女人抽泣声。他推门进去，那女人哭出声来："政委呀，我家董成几十年的劳动终于有人证明了，谢谢你！"夏政委明白了，她必定是董成的妻子，刚才党委会的决议内容，有人已向董成夫妇"传达"了。

董成有个"毛病"老也改不了：怕见官。即使外面对他风言风语，他也不肯向领导解释而争个是非。于是，他比别人多了一层神秘感，越神秘就越引人注目。现在，他心里明白了，夏政委有正义感，在支持他的事业。但他依然没敢和政委单独谈一谈，只知道自己现在可以大胆干了。

于是，他突发奇想：驻地在科研上还是个盲点，我要在军地之间搞个"科技咨询站"，让更多的人了解科研的作用，以便行动起来搞科研。一个在小地方看来很庞大的工程，在他脑子里一转就有谱了。他对妻子说："咱们不买冰箱了，家具也不打了，把这4000块钱给我做基金吧，我要办一件利国利民的好事。"理解董君莫过于妻，妻子将存折递过去，说："如果不够，把我娘家带来的首饰也搭上去。"

就在那个夏天的星期日，他拉上了当地和本院几名休息的老同志，把一块"鹰潭市科学技术咨询服务站"的牌子挂在了一家小卖部门前。仅一天时间，信江岸边这座小城便沸腾起来了。一天之后，报纸、广播纷纷报道了这件新鲜事。

却不料，两天之后，董成的麻烦事来了，有人向领导报告，说他在街头开店发财了，不务正业，在外面大出风头；更要命的是，地方法院发来了传票，他成了被告，罪名是"在没有经过工商税务部门的许可下私设摊点，不缴税；在没有政府部门的许可下，非法建立组织……"

董成犯愁之际，夏政委来了。他还是先外后内进行认真调查，发现董医生实在被冤枉得可以。其一，董成的咨询服务全是义务性的，不仅无分文收入，相反，他为办这个站，几乎倾家荡产；其二，建立科技咨询站，是经省科委同意的，各级政府也大力提倡这种做法，不存在违法；其三，董成为了科研，已有13年没有休假，这次活动也是利用星期天搞的，非不务正业。于是，他对董成说："请放心干，要打官司，我出面。"

由于真理在握，由于党委书记来打这场本不该有的官司，一切又都恢复了平静。但是，这事如果不是碰到夏政委呢？结局怕是很难说，弄不好这个科技咨询站要砸锅。

一波刚平，一波又起。第二个星期天，又有人报告说，董成骑着自行车出去了！真是弄不明白，别人骑牛、骑马、坐轿车、闯荡世界无人管，他董成星期天骑个自行车出去也有人"关注"。问他妻子，也说不知道。这就引起了更多人的猜疑。大约下午6点还不见人归，猜疑升级了，议论更玄了。他妻子和孩子也紧张起来。

这时候，政委夏公章也着了慌，他身体不好，老家还来了客人，也就顾不得了，发动医护人员找人，还亲自跑了两趟实验室，都看到门上挂着锁。

就在所有人几乎急得跺脚的时候，朦胧的月光下，董成从实验室那边扶着自行车过来了。妻子一声尖叫："死鬼哎，你钻到哪儿去了？政委和我们都要急死了！"

董成若无其事，满脸堆笑，说了声"成功了"！原来，他和卫生员说好，今天把他反锁在实验室，晚上8点开门，不得给任何人透露风声。

回到家，董成对妻子说："拿酒来，我再告诉你！"妻子端上两碟小炒，斟上一杯酒。董成一饮而尽，兴奋地说："今天是我研究抗癌新药在白鼠身上运用的最后一天，结果成功了！明天，我就给汤教授写信、寄结果样品！你还记得我对你说过的话吗？科技的进步就是国家的进步，一个科研人员的进步也是科技在发展的标志，今天又是我入党20周年纪念日，我真高兴啊！"

妻子喜形于色，说："我再炒两个菜，让政委也来和你喝一杯吧？"董成这回没怎么犹豫，笑笑说："好吧，人都说知音难觅，政委可谓是我的知音啊！不知他肯不肯赏脸。"

夏政委来了，这是他当政委后第一次到医生家里喝酒，而且和董成连碰了三杯。政委说："你今天出去怎么也没说一声？"董成坦诚地说："星期天也要请假？我这人，想好的事善于埋头干，不愿声张，这样不好吗？"政委点点头，郑重地说："好，很好！这很可贵！"

初夏，上海召开国际肝癌学术交流会。董成与来自日本、美国、加拿大等 26 个国家的 600 多名代表，在五颜六色的国旗下，交流讨论着学术问题。他用自学的英语宣读着自己用心血著成的论文——《采用藤黄酸、去甲斑蝥素等本院生产的抗癌新药进行局部化疗肝癌》，博得阵阵掌声……

（原载《解放军健康》1992 年第 5 期头条）

绿色奏鸣曲

不知人们是否留心观察过,所有的地球模型,几乎都是用绿色和蓝色作为基本色。其实,地球陆地表层,近半却是由黄色、褐黄色和黑色组成。

工业技术现代化的飞速发展,无疑给人类叠加着物质财富,而与其相伴的化学烟雾,却张着血红大口,在无情地吞噬着前人留下的绿色宝库。绿化、美化环境,已成为当代每个渴望健康、幸福生存者极为紧迫的使命。

解放军184医院,在中华人民共和国的版图上或许还难以找到她的精确坐标。曾几何时,她是那般"丑陋不堪":红石裸露,沙砾遍坡,人称"晴天一块铜,雨天一包脓"。莫说那些穿高跟靴的护士姑娘要割爱换上解放鞋,就是那些行路生风的七尺男儿进院也要慎之又慎。这里,还曾是"万户萧疏鬼唱歌"的血吸虫滋生地。如今,她被不安于现状的主人们一改往日的模样,呈现出花草盎然、绿荫掩映的容颜,被评为全军绿化先进单位。

那是20世纪70年代末,不甘继续沉默、欲换个活法的主人们审时度势,要为这块沉寂的土地进行伤筋动骨的大手术,使之焕发出生机。精当的方案一经拍板,红土岗迅疾沸腾起来——利用一切宣传媒介:广播、幻灯、板报、画廊、会议……调动一切力量:男的、女的、老的、少的、驾驶员、炊事员……众星捧月般地把"多种一棵树光荣,多育一簇花有益"的主题烘托得尤为鲜明，一方绿色乐园的构架雏形很快就推到了人们眼前。10年艰苦创业，付出多少辛勤汗水，没有人能记得清。但是，这里的人们却清晰地记得这三个人的名字。

老院长殷沉：20世纪70年代中期的大上海，不知从哪里刮来一股"大砍大挖风"，市区、公园，株株樱花树、桃树、茶花树被迫离开它们赖以生存的土壤，悲哀地躺倒在马路旁。出差路经上海的殷院长，见此心疼得双目湿润。这时，他忽然想起遥遥在外的医院，便连夜电告医院立即派出一辆解放牌卡车，星夜兼程赶往上海，把那抛在露天的樱花树、茶花树收拾起来，小心翼翼地装上卡车，付了"柴火"钱，马不停蹄运回医院。是他亲自带领医护人员精心备至地为这些不速之客一一定居，是他不顾年老体弱带头用充足的河水为其举行隆重的乔迁典仪。现在，每当晓风吹拂院区，树树樱花惹人醉，株株茶花沁心脾。老院长那亲切的笑容总是浮现在人们眼前。

离休干部黄国雄：住院部大楼前的那排扶摇直上的千头柏，这里的人管它们叫"国雄树"，其间的寓意不言而喻。这位原内科的第一任教导员，离休后没有进幽静的干休所，没有回故里享清福，没有扛上渔竿去河边打发光阴，硬是主动地留下来为医院养花、栽树和种草，翡翠的千头柏是他亲手栽下的，医院的"园林技术培训班"是他一手创办的。他凭着一腔爱绿的使命，凭着崇高的责任感，只求种树，不求纳凉，倾注了全部的心血。潜心研究土壤、风向，致力栽下棵棵松柏、株株花草，辛勤培土、浇灌，红土丘上到处可见他的足迹。后来，他不幸患了绝症胃癌，不情愿地躺倒在病床上，病魔剥夺了他去苗圃、花房的权利，他就抓紧有限的时间，强撑着一步三挡的躯体去给培训班学员授课，直到释放出最后一点能量。临终前，他含泪对家人说："家门口我养的那几盆名贵花怎么样？君子兰该开了吧？请代我送给医院……"难怪今人见树望花不禁生情，总是感伤地提及他的名字。

志愿兵陈爱民：他从牡丹故乡而来，是个看准了路就发誓要走到底的倔小伙。那张方正黝黑的脸，若和故乡的牡丹相比，可真难为了他。可是，就是这位普通的农家人，偏偏酷爱花卉，成天泡在花棚里，侍候起花来，比姑娘的心还细，人们习惯叫他"花仙子"。入伍前，他学过花工。参军后，领导看他聪明、朴实，让他去学开车，他摇头；后来有了提干指标，又让他改行当干部，他还是摆手。一句话：放弃养花得不偿失。有人怀疑他的魂被花仙勾去了，知情者说他委实爱花如命，领导称赞他是个难得的好战士。眼下，他能设计制造出各式各样的花坛，那"龙凤呈祥"的图案，美得无法言表。他能培育出180多种花卉、盆景，那有山有水有树更有花的造型，令人流连忘返，心旷神怡。他仅用了半年时间，就攻下了"园林植物学""园林树木学""园林花卉学""园林土壤学"和"园林设计施工学"，成了名副其实的"园林专家"和"花仙子"。除了保障医院绿化、美化的苗种外，他每年都向外单位提供各种名贵花苗树种几万株，年年为医院创收数万元，生活工作在这幽雅境地的人们，怎能不感佩这位平凡而有功的大个子……

这是一幅楚楚动人的立体画，病区大楼前，以挺拔高耸的雪松、洁净晶莹的广玉兰、树冠优美的龙柏等常绿乔木为背景，接着是"斜落枝梢俏丽在"的樱花，冒寒赶在春风前的蜡梅，"枝头万朵齐吐火，残雪烧红半个天"的茶花，还有那无忧无虑的含笑花，藏露无声吐芬芳的桂花……

这一切，按高低层次依次排开，和病区大楼浑然一体，显得那般雄伟壮观。再看大楼四周，绿篱交织，红花点点，悬铃木、棕榈、女贞、千头柏高低错落，层层生色。隔楼相望，一块3000多平方米的地面，是院区的绿化、美化中心。只见两座古式六角鸳鸯凉亭相诉衷情；周围座座花坛群芳斗艳；花丛绿荫之中，40张石桌石凳，是工休人员吟诗对弈的场所；那吸水石垒就的假山和喷水池为伴，追逐戏水的鱼儿惹人心悦；还有池中那各种石雕，千姿百态，栩栩如生……这分外别致的天地，不知从哪一天起，引来20多种鸟儿栖身，风和日丽时，画眉欢歌，鹊雀跳跃，杜鹃鸣唱……真可谓缤纷世界的绝妙画笔。这里的一切，没有辜负它的苦心营造者。年轻的中华人民共和国，会因这片绿洲的存在而生辉。

久久地伫立在这家医院一角，笔者的心情异常激动，不禁生发出许多联想。倘若国人都像这里的人们那样，多为生于斯长于斯的大地涂上点象征生命的色彩，我们的国家该是多么富有魅力和生机。假如那些创造地球的先祖和所有现代人，同时俯瞰此地，他们会有怎样的感慨？对那些在绿化中只上报植树数目而不报成活效果，以致年年栽树不见绿、月月植花不见芳的单位和诸君，又当怎样评说？对那些急功近利而毁我座座绿色长城的人，又会做出什么样的反应？

　　笔者很想和国人乃至整个人类一同呼吁：地球不能没有绿色，生命不能没有绿色！绿化、美化我们生存的空间，是每个当代人义不容辞的责任！

（原载《解放军健康》1990 年第 3 期）

泥石流冲不垮的……

这是一座曾被总部树为"开创油库工作新局面的一面旗帜"的油库。

然而，就在1991年6月17日零点到两点之间，好似全世界的雨都集合到了闽北，集合到了邵武油库的上空。

就在这一夜，不到两个小时，降雨量达154毫米，油库周围的59条山沟瞬间变成59条咆哮的巨龙，卷着泥沙，卷着20多吨重的巨石，卷着直径60多厘米粗的大树，向库区扑来……

于是，车库被冲毁了，5台车瞬间被泥石流淹没了，油库设施冲塌了，生活区、工作区被洪水、泥石淹没到1米多高。人们在黑夜之中，只听到轰隆隆的巨响，面对面无法听到语言交流，女人、孩子的哭喊声也被轰隆隆的巨响淹没……大自然的野性给这个油库的官兵带来了沉重的打击，在不到两小时内这座库区变成了一座"恐怖谷"……

这时军人们所表现出的勇敢是超常的。为使储存在这山里的几十万吨油料不至于被引爆为油火的"海洋"，他们忘掉了自己生命的存在。油库主任石荣水第一个蹚过咆哮的山洪冲进雨夜。他刚冲出几步，就被一股急流猛力推出十几米，当他摸着铁栏杆艰难地站起身之后，雨鞋雨衣和右手上的手电筒已被洪水卷走。此时正是泥石流高峰期，他光着双脚在黑夜里跌倒爬起，爬起跌倒，沿着输油管线向一座座油罐爬去……

在同一时间内，消防班班长王春元觉得整个库区都在摇晃。多年在油库工作的经验拨动他的第一根神经便是："保护油罐！"他立即叫上两名战士，在黑夜中手拉手冒着滚滚而来的泥石流和不断倒下的大树将自己砸伤砸死的危险，用了一个半小时冲上了主油6号罐塌方地段，向值班室及时报告了罐区灾情。

助理工程师周奇平，在泥石流冲击新附油罐区的危急时刻，却逆着洪水而上，这时他忘掉了什么是生命危险，要冲上油罐去察看灾情。当他发现罐区工具间在摇晃，他知道这里面有价值2万多元的消防和储油器材。他迅速跑过去用石头砸开工具间门，迅速抢出部分工具和油罐钥匙，在他抱着第三个干粉灭火机刚冲出门槛的瞬间，泥石流就冲毁了这座房子。

也就在这时，检修所电工班班长连生和战士许铭强看到电线杆被泥石流冲倒，电线被倒下的大树压断，在生命财产将会遭受更大灾难的情况下，他们艰难地爬到配电房，拔下所有的闸刀，切断了全库电源。

检修所所长黄尚毅听到轰隆隆的异常声音后，对妻子陈桂芳说了声："不好。油泵房和电机有危险！"他吹响了紧急集合的哨子，下达了抗洪的命令："除右手骨折的战士刘林山和女人留下外，其他同志全部跟我上！"

当队伍跑步出发时，他却发现他的妻子和右手打着石膏裹着纱布的刘林山也跑在抢险的队伍里。他们摸着漆黑的雨夜，用石、沙袋堵住主附油泵房的漏洞，筑起500多米防洪大坝，保住了主附油泵房和价值50多万元的20多台电机和部分闸阀设备……

这一切都来得太突然，当地气象部门也未能做出预测。这一切又是这样触目惊心。这一夜，全库的官兵都与死神进行了一次肉搏。虽然幸免于死亡，但每个官兵身上的伤口又何止一处！鲜血染红的片片雨水随着激流而去，而令人寒栗的是天亮之后的灾情大白。黑夜里这些连死都不怕的硬汉，却站在废墟上流泪了。第一任油库主任徐文其知情后赶到现场。他看到自己亲手创业过的油库被冲成这样，禁不住老泪纵横。就在这时，分部部长周健、参谋长凌云生来了，参谋长借着两代人的眼泪，大声问站在废墟上的官兵："同志们！我们的前一代人亲手创建的这座油库被毁了，在我们这茬人身上，有没有信心,重新建起一座更美好的现代化油库?"官兵们同声回答:"有!"站在一旁的职工家属也喊道:"我们也要一齐参战!"40多名超期服役的老战士几乎同一时间喊道:"不把油库建设好,我们就不退伍!"

52岁的周健部长眼含热泪点了点头,他随手从一名战士手中接过一把铁锹走进洪水,和官兵一同共筑防洪大坝。接下来的7天时间里,他每天都是一身水一身泥,工作人员要他换上雨鞋,他却坚持说:"穿雨鞋行动不便。"为拿出修复的方案和组织抢修的第一手资料,他整天奔波于油库受灾的100多处现场。官兵们都称赞他是"不老部长"。

天灾后的时间里,这座油库的所有官兵连同职工家属,几乎都忘掉了时间,生物钟在这里失去了作用。天灾也使不少人的力量成倍地增加。政委林水色还是架一副秀郎框眼镜,平时被人们说成经不起6级台风吹刮的他,也是每天持续十几小时和战士们一同搬着几百斤重的石头,一同抬起倒在路上的松树。平日里那些弱不禁风的女子也挑起土箕,每天运沙石一两个立方。

天灾也逼着许多人一夜之间多了几分智慧。勤务连连长王相林一开始就拍了胸脯:"把最艰苦的任务交给我们勤务连!"可是,在清理办公楼前广场和灯光球场一米多深的污泥时,他们却碰到了难题。淤泥太深太厚,尽管他们全部赤膊上阵,可就是推不动赶不走,所有的工具都失效了。这时,王相林急中生智跑到木工房,用板皮钉了3个"爬犁",前面几个人拉,后面几个人推,果然奏效。不过50多号人,全都成了50多个泥的塑像。

检修所的官兵们,面对一座座泥石堆成的新山,在靠铁锹扁担无法搬走的情况下,黄尚毅和两名战士用了一个通宵的时间,电焊了3个铲车翻斗,把原先用于装卸油料器材的叉车,变成了铲车。于是,工效成数十倍地提高……总之,在抢险救灾现场,每个人的智慧和力量都得以迸发。

时间过去近一个月后,这座被泥石流冲得千疮百孔的油库,随着官兵们洒下的汗水,在一天天恢复原样。泥石流可以冲垮大树,可以冲走巨石,可以冲毁村庄,却冲不垮全库官兵的满腔斗志……

(原载《军用油料》1991年第7期)

生命的意义
——精神医学专家高柏良教授的故事

从南昌城头的第一声枪响,从茅坪创办第一家红军卫生院,68年后的一个秋天,我军医学卫生史上第一次出现了这样一块牌子——"中国人民解放军精神病中心"。

这块牌子被高高悬挂在常州市街头、第102医院的大门口。她的诞生,对于那些被颠倒了灵魂的人来说,是一把给"山顶洞人"点燃的火炬,是精神大漠中浮现出的一叶绿洲。

它的诞生,凝聚了一位老人毕生的心血。它的高悬,在向人们述说着一位老人半个多世纪中历尽坎坷、上下求索的漫长历程。

他就是高柏良。一位亲身经历过两片国土、两个政党、两种社会制度、两种军队服役的历史老人;一位在精神医学领域里苦苦追寻、苦苦探索50余载的平凡老人;一位成果丰硕桃李满园,并让无数生命重见春光走向绚丽的擎天老人……

字幕:据世界卫生组织光盘检索资料表明:全球因饥荒、地震、战争,以及人与人之间不和谐的摩擦,每年因患躁狂症、忧郁症等精神病自杀和杀人或引发其他病症死亡的人数,是第二次世界大战死亡人数的总和。这一数据向全世界警示:精神病发症的产生,直接影响了世界的人口素质及和平安宁的环境。(字幕背景:战争、地震、饥荒、赌博……)

在我刚进102医院采访的当晚,忽然听到从远处传来一阵悲凉凄楚的二胡声。循着这琴声，我让摄像师将摄像机镜头推近院门口对面的路旁拍下了这位戴着眼镜的拉琴人。《二泉映月》《江河水》《不忘阶级苦》，一曲连一曲，声声诉诉，拉得路人不肯走，拉得游人心绞碎。门诊部的护士说："中秋之夜拉得我们值班的几个都流了眼泪。"据说这位拉琴人的家人都因患精神病而死，就留下他一人。于是，他就用琴声替代眼泪，向"精神病中心"哭诉他的不幸。

高柏良最不愿看到这种场景，听不得这琴声。

58年前，就在我国土沦丧国人流血呻吟的时候，18岁的高柏良从香港华南中学考入国防医学院。这位从千岛之国印尼回到祖国怀抱、从小受《圣经》熏陶的归侨，一心梦想要让世界上的生灵，只有欢笑没有痛苦。然而，日趋衰败的国民党军队却无法使高柏良实现自己的一腔抱负。于是那年冬天，他携妻带儿悄悄脱离这支军队，踩在深深的雪地里，靠行乞奔走他乡，寻找光明。

当新中国成立的礼炮声还没有远去，鸭绿江畔又开始狼烟四起。"找共产党去，把青春和才智献给四万万同胞。"高柏良义无反顾地走进了人民军队。从此，他的青春伴随着中华人民共和国的春天一同升华，在中华人民共和国成立之初的短短几年里，他就参与编写了许多医学著作，创造出了不少精神医学方面的研究成果。于是，总后卫生部一纸命令将他从解放军总医院调到祖国江南，让他负责创办102医院精神科。

高柏良是赤手空拳来的。而此时的102医院，也只是日本人投降后留下的一片残垣。马厩、战俘房、炮楼改成了病房诊所。一切都在百废待兴，一切都容不得人们稍加埋怨，只有舍下一身劲，干出一个共产主义来。

就在高柏良为精神医学事业和医院建设挥汗如雨高屋建瓴的时候，十年浩劫开始了。高柏良被打成"特务"，打成"反动学术权威"，关进了"牛棚"。这时，一位热爱科学并掌握科学的人，却在一群不懂科学践踏科学的人押解下，走向工地，挑沙打石搬砖头。同他一起关进来并被监督劳动的还有另外一家医院的一对外科主任夫妇。因受不住这非人的折磨，经不起凌辱，在一个月光皎好的夜晚，这对夫妻相互依偎着痛别了人间。

一阵秋风吹落了一地残叶，也卷走了这对同林鸟的生命。

就在这时，在高柏良身边工作过、曾经虔诚地喊着老师的人，举起一支蓝色钢笔在他老师著作的署名上，把"高柏良"三个字，重重地划了一道。这一道如一把钢刀扎进了一位信奉科学人的心。

但高柏良认为，生命不应该这般脆弱，即使如牲口一般活着也要活下去。于是，他像一匹踏雪的战马，穿过深秋，穿过隆冬。

生命,对于热爱她的人,对于支撑生命和让生命放出光华的人来说,是一把越磨越利的剑。

高柏良挺过来了。当中国的科学春风扑面而来之际，他把那段屈辱的往事，在谈笑之间拂袖挥去，连伤疤都不去摸不去看，便像一名冲锋的勇士，立即整装出发，投向精神医学研究的战场。

在我们身边也有些人，当生活中碰到了一点挫折，就好像天底下的人都对不起他，这也看不起，那也看不惯。而高柏良经历了那么多生活重压、历史重压、人生重压之后，却依然那么热爱生活，热爱生活中的事业，热爱生活中的人。我们找不到他对人对历史有一丝怨恨的痕迹。他是研究精神医学的，在他看来，那段历史中，整个民族都在一种精神的重压之下生活着，于是狂躁病发病率就普遍升高。用科学用哲学的观点去看待历史，看待人生，一切都坦然了。

于是，在获得新生不久，他就向组织递交了两份申请。一份是入党申请书，他在申请书上这样写道："利禄功名如粪土，拯黎祛病学华佗，不甘白发催人老，喜看壮士又挥戈。"另一份申请是要求成立精神医学研究所。（采访人物：刘必仁政委谈高柏良的政治信念）

这时的高柏良已经是六十好几的人了。但他认为在党旗面前、在人民面前、在祖国面前，自己依然是位壮士。精诚所至，金石为开。高柏良的两份申请，一级一级地盖了章批了下来。于是，在逃荒、在牛棚的岁月里没有流过一滴眼泪的高柏良，这时却哭成一个孩子，而且高兴得几天几夜没睡着。

难眠之夜，他第一次在自己创办的研究室里制定下了一个研究课题："战争对人的心理的影响"。这是全世界军队的统帅和士兵都普遍关注的问题。这时，中国西南部的局部战争正打得如火如荼。高柏良向组织提出申请，让科学到血与火的战场上得到证明。组织上见他年事已高未批准他的要求。于是，他就带着他的学生，沿着祖国的边防哨卡，行程5000余公里，追踪调查1万余官兵。继而，又对中东战争、海湾战争的"战时心理障碍"进行调查研究。

于是，科学为人的本能标出一个结论：战争对人的心理压迫性，使精神病发病率急剧升高。

这一研究课题得到世界心理学家的认可和关注。这时，高柏良认为，靠自己一个人的力量是有限的，更重要的是要培养新人。在他的建议下办起了育才基地，先后为全军、全国培养输送了3批90多名精神医学研究骨干。而在本院内，他的第三代学子也都已经取得优异的科研成果。

高柏良的第一代弟子、现任全军精神病学组主任委员的第102医院院长崔庶大校说：由于高老的存在，几十年来，尤其近几年来，从这里走出了几代精良的精神医学人才。（受访人崔院长，谈高柏良的作用）

这绝不是溢美之词。这一点国外人士比我们看得更清楚。1991年，美国AB传记研究所编辑出版的《国际名人录》第104页上，记载了这样一段文字："高柏良，中国精神神经医学著名专家，中国第二军医大学兼职教授，其研究成果及著作对人类做出了重要贡献。"接着，中国科学技术出版社出版的《中国现代神经精神病学发展概况》一书中，也把高柏良摆在重要的位置，肯定了他在中国精神医学研究上的地位。（采访人物：医务处李金山主任谈近年的成果）

精神医学研究所是孕育人才的摇篮，高柏良是几代科学家的导师。我们总觉得那些《世界名人录》《中华名人录》太有局限性了，就那几页纸，仅仅是名人的阵地而已。那么，还有许多暂时没有资格占领这块阵地，却正在孕育着势不可挡的爆发力的后生们，他们都是高柏良的门下，已经或正在从这座白色楼群里走出来，走向全军，走向全国，走向全世界。（崔庶、王焕林、张理义、施建安、余海鹰等人物迭现）

就在高柏良创办精神医学研究所、成立育才基地10余年后的时间里，这里诞生了近50项科研成果，其中两项科技进步二等奖，是目前为止全军唯独十项并领先全国同类。医学论文400余篇，上升趋势属全国同行业之首。王焕林、张理义这两位第二代弟子，已经后浪推前浪，分别在全国同行中排名第二和第三。（拍摄成果展览厅）

那么，铺就这些辉煌成果的基石是什么？那就是高柏良严谨的治学态度、孜孜不倦的敬业精神和人梯精神。对于这一点，他的弟子们是有说不完的故事的。（受访弟子甲、乙、丙）

有一件事对于精神一科主治医师孙剑来说实在是刻骨铭心。他在搞外文资料翻译时，有一个化学结构译不出来，就跑去找高老。这是新名词，被大家称为"活字典"的高相良也是第一次碰到。两人一同查阅了半天资料也没能译出来。这天正是除夕前夜，常州街头已是万家灯火家家团圆，院内也已是鞭炮声声烟花千树。高柏良就为这么一个名词一直在办公室查找，反复推敲。时间就这样一分一分地过去，直到年轮的钟声告诉人们新的一年已到来，高柏良拍拍脑门笑了。他立即拾起资料匆匆敲开孙剑医师的家门，把终于译准的化学结构名词放在孙医生的面前。（受访人孙剑）

　　类似这样的故事，高柏良的学生、精神二科主任张理义也在一篇《我的老师高柏良》的文章中谈到：有一年春节的大年初一，我们一家去串门，想起研究上还有许多事情要做，便来到研究室，突然发现研究室的灯亮着。推门一看，把正在做资料摘录的高老吓了一跳。我说："高老，今天是年初一呀，你也不休息？"高老说："越是节假日越安静，学习研究的效率也最高，特别是春节这个机会，更不能放过。"师母身体还好的时候曾对我说过：老头子几乎每一个节假日都在研究室度过。一位从科主任位置上退下来8年的人，却一直没有离开他的阵地。（受访人高柏良学生、精神二科主任张理义）

　　这一切，源于一种对生命的责任，对生命意义的追求；源于一位赤子对祖国的博大胸怀和爱之真切。

　　1982年七一期间，首都和其他报纸报道了"印尼归侨、精神医学专家高柏良光荣入党"的消息。这一消息给有高柏良同类经历的人带来一种鼓舞。而更多的人却更注重其中的另外六个字："精神医学专家"。于是，那些精神走进沙漠、灵魂成为废墟的患者，从这里看到了希望。于是，一封封求诊求治信，一夜间从海内外像雪片般飞向高柏良。

　　有人把这一行动称为一种壮举。这种壮举一段时间被全国一些新闻媒体炒得很热，说高柏良办了"一所不设病床的医院"。（受访人王云征副院长）

　　高柏良每天的日程都是安排得满满的。他要给每天排着长队的求诊病人检查诊断。而且精神病人的诊断不像感冒发烧，有时一个病人就要占去半天时间，嘴巴说干。可有的病人却一问三不知或又是蹦又是跳，或让人五花大绑进来。几十年与"疯人"打交道，没有耐性是不行的。他要搞科研，要随时分析国际国内的信息和调查病人的情况。医院中青年的论文，他要修改或要经他翻译成外文后发表。他还分别兼任《中国临床心理学杂志》《中国神经精神疾病杂志》《中国心理卫生杂志》等近10家学术刊物的编委，全国各地还有那么多学术论文寄来给他修改编审。一位早过古稀之年的老人，不厌工作太多，却总怨自己动作太慢。就是在这古稀之年超负荷的工作量下，那些来自百里千里之外的病人求诊信，他每一封都要细细地看，每一封都要认真地回，都要根据不同病情开出处方和寄去药品。

有人说他是"雷锋"精神，也有人说他是白求恩精神。然而，我们要说这就是高柏良精神。这种精神涵括了一切生命的底蕴。这种精神带着一种穿透力、一种感召力。

首先被感召的是他身边的医生护士。他们不忍心看到一位老人迈着蹒跚的步子，去给病人寄每一封信、每一个包裹，他们主动担负起邮寄的任务。

被感召的还有木工房的两位师傅。许多患者得到高柏良的妙方之后，就请他代购药品。邮寄药品需要木盒包装。这些年来，高柏良向外地邮寄了500多次药品。500多次外寄药品，就要用500多只木盒。每一次，高柏良走进木工房，两位师傅都是笑脸相迎。500多只木盒堆起来就是一堵墙，两位师傅没收过高柏良一分钱，没抽过高柏良一支烟。

而被感召更多的，则是写那12000余封求诊信的人。当他们也同样收到12000封甚至回复更多的诊断信，交心信和处方后，他们的生命和灵魂被救活的同时，也多增了一颗爱心。或许这12000封诊断信里包含了一个真理，让他们懂得了这世间不是他们想象得那么炎凉。于是，一颗爱心唤醒了千千万万颗爱心。

这也许就是生命的意义。

病人给他回赠什么呢？是生命和精神的重新启动，是一张张被评为优秀士兵、先进工作者的喜报，是一张张欢乐祥和的"全家福"，是一幅幅颂扬军人的"骏马图""清风匾"。一位被他用30封义诊信救治的小学老师，后来出了一本诗集。他把这本诗集寄给了高柏良，并在扉页上给高柏良写上："安得华佗拨云雾，青山再度又葱茏。"

这也许就是生命的意义！

在高柏良的生命和事业的里程里，有一个人，一个平凡的人，历史不能忘记她。这个人在逃荒路上，为高柏良提过要饭的篮子；这个人为高家用奶水和泪水拉扯大了5个孩子，为了丈夫的事业，也为了能让孩子能好好活着，她辞去了行医的工作，彻底成了家庭妇女；这个人在"牛棚"里对丈夫说：男人的腿要站直了，把胸部挺起来走过去；这个人站着的时候，为了保住丈夫仅存的那四分之一的胃，每餐都把可口的饭菜甜汤做好，送到丈夫的办公室，然后静静地在一旁看着丈夫，看得日出看得日落。（评弹《夕阳红——高柏良赞》相伴此节，重复迭起）

这个人现在就静静地躺在病床上。3年前的一个夏天，高柏良正要启程去广州参加中国神经精神疾病杂志的编委会。这时老伴因患脑血管痉挛症住进了医院。此时高柏良心里很矛盾：作为一名精神医学专家，他当然知道老伴的病情和后果；但为了不放弃一次培养新人的机会，他还是毅然登上了南去的飞机。他到广州后的第三天，老伴因中风而病情恶化，家里开始准备后事。一个星期后，高柏良从广州回来，他面前的老伴已是一个植物人。他惊呆了，一头扎进老伴的床头，失声痛哭："文霞、文霞，你开口说话呀？！你咋这样呀？！你跟着我没享一天的福呀……"

老伴呀，爱妻呀，风雨同舟五十载，年年你是我事业的手杖。从此后，我再也吃不上你煮的热饭菜，再也喝不上你熬的甜心汤。你心还在跳口却不张，留给我的以后的路，怎么同你诉说衷肠（评弹声又起）……

一位75岁老人的泪珠砸下来，天摇地撼！

从那日起，高柏良无论工作多忙，老伴食用的流食，他必须亲自配、亲自熬，并亲自输进老伴的腹中。

没有不落叶的秋天。秋菊却是傲霜斗雪，蓬蓬勃勃的。一夜秋雨打湿了高柏良的衣领。高柏良的背明显地驼了许多，头发明显地白了许多。他的学生望着步履维艰的高老，心里默默地祈祷："老师您可要挺住啊，我们还没有好好报答您咧！"高柏良也一遍遍地呼唤他自己的那颗心：我还有好多好多事情要做，不能倒下不能倒下噢！

于是，他轻轻拭去眼角的泪痕，开始为创建全军精神病中心奔走。高柏良是我国"采用洋金花麻醉法"治疗精神病人的创始人。在他半个多世纪的就医生涯中，已有数十项成果被全国同行推广运用。为了创建精神病中心，他忘却了自己的年龄，同他的弟子们一起研究制定一系列科研课题。其中"不同精神疾病患者血氧自由基防御酶活性及含量改变的系列研究"和"对癫痫患者的预后与生物、心理及社会综合因素的研究"这两项科技进步二等奖，也是高柏良同他的弟子王焕林、张理一同用汗水浇铸出来的。另一项全军"八五"重点攻关课题——"全军精神疾病流行学调查"，新近也可望申报高等级科技成果奖。就这样一位七十又七的人，还同他的第三代弟子，齐头跑在同一个跑道上。

这是一种生命的冲动，一种勃发。

中国精神卫生中心主任委员张明园教授在前不久的一个讲话中称道："这是一个仅有150张床位编制的医院，他们没有一流的设备，却有着一支以高柏良为代表的人才结构合理的一流技术和科研力量，这不能不让全国以至世界同行惊叹。他们在全国的同行中达到了临床工作领先、研究工作领先、人才培养工作领先、管理工作领先的先进水平。"

张教授说的这四个领先中，哪一个不堆积浸透了高柏良的汗水和不眠之夜啊！

在科学的领域里，高柏良可以说是一名巨人，但他却不是一名"铁铸的人"。高柏良太累了。1994年秋季的一天，他因患肺大泡破裂自发性气胸，一侧肺被压缩90%，突然倒在了求诊的病人面前。当院领导和他的弟子们将他抬上手术台的时候，他担心自己这回扛不过去了。冥冥之中，他叫人把刚刚医学院毕业、正在待分配的长孙高志勤唤到跟前。他对志勤说："志勤，你哪儿也别去了，就到102医院来搞精神科吧！"

孙子一听急了："爷爷你同精神病人打了一辈子交道，还不够，还要把你的子子孙孙都拉进精神病房啊！"高柏良向孙子交代完之后，觉得放下了一桩心事，放心地上了手术台。可孙子高志勤觉得自己这下跳进了冰窟窿。

是啊，行医的人常说："得什么病不要得精神病，当兽医也不要搞精神科。""精神病"是人们最急的时候骂人最脏最粗的东西，谁愿粘上它呢？而精神科的医生、护士，人们对他们在最初的眼光里也包含了那种对精神病人一样的歧视。站在全球的医学角度看，人们对精神病似乎不像对待艾滋病那么热衷关注。其实，精神病所产生的死亡率和对社会的危害程度绝不低于艾滋病。高柏良创办精神科那会儿，这个世界还没有艾滋病一说。但高柏良和他的弟子们，最初被分进精神科，多少都与他们背后没有天宽地厚的背景有关。然而，高柏良和他的弟子们就在不被重视甚至在一些歧视的目光下，把这一学科搞得轰轰烈烈，引起世界的广泛关注。

高柏良知道孙子想不通，但他相信孙子会屈从他的威严。他从手术台上走下来之后，让孙子志勤把他放在轮椅上。志勤把爷爷推着在院子里一圈一圈地走，爷爷就一遍一遍地对孙子说："精神医学总不能后继无人吧？你不搞他不搞，谁来搞？要知道爷爷这辈当时创下这个精神科和研究所是多么不易啊！这里的一砖一瓦、一纸一片，都是我们用血汗堆砌起来的。现在条件好了，你要好好地跟着前辈学，吃得起苦，经得住磨，要在精神医学上比爷爷这辈更胜一筹才行……"

志勤被爷爷那颗滚烫的心触动了。高柏良见孙子的愁容已经消失，自己的病也好了一半。

高柏良出院后体质还十分虚弱。他却经不住病人的"诱惑"，听不进院领导的劝阻，又一次披挂上阵。很快，祖国各地那些来信求诊的病人，又看到了高柏良亲切熟悉的笔迹。心理咨询和精神专家门诊的门口，那些排着长队的病人，又一次看到了高医生笑容可掬的身影（祖孙并肩给病人看病，高老给孙子指点、辅导）。

这身影是希望，是火光，这身影是驱除精神病魔的一名战士、一把利剑。

嗬，这就是一个 77 岁的生命！

（评弹《高柏良赞》起，贯穿整个尾声）

77 岁的额头上爬满了沧桑

77 岁的皱纹里书写着爱的诗行

77 根蜡烛拧成一个太阳

77 岁的生命汇成一条奔腾的大江

太阳不枯 大江不枯

生命就将永恒……

注：本文曾在中央电视台军事频道播放

婆姨训"兵"

"都说男人是树,女人是藤。朱玲,我看你是山,我是山上的树。"翁良柱望着柔情似水的妻子,这么说着。

"过了星期五,还有一上午,下午洗洗澡,赶紧往家跑……"今日又见周末,一群红花山下的"守山人",攒够了一身劳累、赶满了一周渴盼之后,又在油库那间澡堂里嬉闹开了。

翁良柱这时候,正爬过一座山又越过了一道梁,沿着方圆近20里地的油库库区,一个油罐一根油管地逐一查库。这已成为他这个当主任的惯例了。虽说,这个仓库刚刚被军区评为三年正规化建设达标先进单位,军区刚在这里开完现场会,但翁良柱还是没敢有半点松懈,安全这根弦始终在他脑子里绷得紧紧的。

他的家是不久前从安徽西部一个不大不小的城市搬到油库附近这个小县城来的。说是搬家,其实整个家什连带电视机一起,也不过值2000来块钱的东西。妻子朱玲今天下午提前下了班。儿子翁波的老毛病"夏季病"又犯了,连续3天高烧不退,正有气无力地抽泣着,朱玲一边照料孩子,一边烧了两道菜煮了一锅绿豆粥,等候着丈夫敲门。朱玲,总爱听丈夫那咚咚的富有力度、很有节奏的脚步声,每到这时,这朵当年的"厂花",心也就跟着咚咚地跳。可今天这激起心波的声音却迟迟不来。就在墙上的石英钟敲到"九"的时候,波他爸进门了。她一看吓了一跳:"良柱,你脸色咋这么难看?"老翁无力回话。朱玲一时不知如何是好,楼上楼下急找人。在几位邻居的帮忙下,她也不知哪儿来的力气,硬是把一百六七十斤重的丈夫背进了医院。一检查是胆结石引起的心脏早搏。

这一夜，朱玲没有合眼，她干脆把儿子也背进丈夫的病房。翁良柱开刀手术后静静地躺在床上。当朱玲抬头看到高高挂着的输血袋时，她不禁涌出一阵酸楚。心想，丈夫这些年为了改变油库的落后面貌连命都不要了。"良柱，都怪我没能照顾好你……"翁良柱看着妻子消瘦的"林黛玉"似的面容，还听她这么一番自责，两串泪珠，便从那张大写的国字脸上流了下来……于是，记忆之神又把他拉回到前年发生的那一幕。那一次，朱玲从楼上摔下来摔断了腿。结婚快10年了，她头一次拍电报给丈夫，可等了一个多星期，才见丈夫回来。

一进那间斗室，就被妻子单位的姐妹们数落了一通："你这个当兵的也太不顾老婆孩子死活了，你老婆不会骑车，那么多米呀煤呀都是用她那副细细嫩嫩的肩膀从六七里路的地方扛来的！""是呀，那次糊锅台，那双嫩芽一样的小手被石灰烧成什么样啊！看你都把你这么漂亮的老婆弄成什么样子了"……

姐妹们越数落越来了精神："你当一个仓库主任怎么啦？我看你老婆比你强，抱着孩子还读完了党校，她年年都是我们单位的先进工作者，还当了干部当了党委秘书咧。"

一个利齿胖嫂数落完，另一个快嘴瘦妹接着又数落："还不是，那次我听听都掉泪了。波波（翁良柱之子翁波）他妈下班回来不见了孩子，结果满街跑满街喊，街上的人都进屋躲雨了，她一个人在大街上落汤鸡似的边哭边跑，还不停地说，孩子有个闪失，怎么对得起他爸。第二天，你老婆就病了。波波比你这个当爸爸的还懂事，别看他才4岁，他会说：'妈妈别起床，波波给你做饭吃。'说着就抽开煤炉风门，拿了两个鸡蛋放进水壶里，波他妈一把搂着孩子就是一阵哭……"

就在这年，翁良柱带着他这群"守山人"，成功圆满地完成了"野战管线穿越淮河"的铺设工程。这年春节，他带着一枚军功章回到妻儿身边，这是他结婚后的11年中第一次回家和妻儿吃顿团圆饭。谁想，还被中途的电报给催了回去。出门的时候，波波还发着高烧，翁良柱一步三回头。朱玲提着丈夫的行李，说了声："放心走吧，家里的事我都习惯了……"

（原载《人民前线报》1994年10月9日，"巾帼杯"征文一等奖）

我的搭档特级战斗英雄杨根思
——访特级战斗英雄杨根思的战友、指导员陈文宝

"半个世纪,整整半个世纪过去了,如果老杨还活着,今年该是79岁了,他比我大一岁。我是活老了,而老杨却永远年轻。我一闭上眼睛,老杨那股英气,那股子不怕苦不怕死的劲和对同志爱、对敌人恨的样子,总浮现在我眼前。我经常睡不着坐到天亮,就是望着星空与老杨对话来着……"

鸭绿江畔,那场由恶魔点燃的战火,在中朝两国正义之师的勇扑之下,早已熄灭在遥远的夜空。

硝烟虽已散去,可战争的创痕却永远刻在战争幸存者的心里。

秋日的一天上午,笔者摁响了沪上一家住宅的门铃,慕名拜访了志愿军特级英雄杨根思所在连的指导员、现为南京军区联勤部上海干休所副师职离休干部的陈文宝。

今年78岁的陈文宝,精神很好。当陈老得知我来访的目的后,两眼放光,顿生一种莫名的兴奋感。

这时,陈老的老伴叶素娥插话说:"50年了,老头子嘴里老念着杨根思的名字,每年的11月29日,老头子总是看着杨根思的照片,看着杨根思托他保管的纪念章、英雄名录纪念册,坐到天亮……"

睹物思人,读物思故。眼前亲密战友留下的遗物,又一次把老人

拉进了那段岁月。陈老说：杨根思1944年2月参军时，就和我在一个团工作。我们初次相识是在1945年6月浙西的新登战斗中。那时，我是三营的号手，他是一营三连的战士。当时，我们营指挥所被国民党顽军围在白蒙山后头的碉堡中，王详营长和顽军拼刺刀，颈部被刺七刀，倒在血泊中。在这千钧一发之际，一营听到了我的联络号音，及时赶来，根思最先冲入堡内，救出了营长。在抗日战争和解放战争中，我们一直都在一个团并肩战斗。他在历次战斗中立功受奖的情况，我都是耳闻目睹，知之甚详。那时他给我的印象不单是战斗作风勇敢顽强，而是一个"打一仗进一步"、善于在战斗中总结经验的人。新登战斗过了半月，接着是桃花山战斗，根思一马当先，以两颗手榴弹炸死敌人的哨兵，炸毁敌人的机枪火力点，开辟了胜利的道路，首次荣获战斗模范称号。1946年6月，在解放泰安的战斗中，他第二次荣获战斗模范称号。

1947年1月，他又荣获"爆破大王"的光荣称号。我们一纵队（20军的前身）初到山东，因为不会爆破，在攻城战斗中不是失利，就是伤亡太大。因而一纵队被认为是擅长野战，而不善于攻坚。解放战争的仗越打越大，如果不会攻坚，就不能在打大仗中赢得胜利。所以学会爆破成了我们一纵队进一步提高战斗力的关键。杨根思认真学习爆破技术，在关键时刻起了关键的作用。1947年1月，在鲁南战役的齐村战斗中，杨根思连续炸掉两个碉堡，为突击部队打进齐村扫清了道路。就在杨根思冲向一个四方大碉堡准备爆破时，听到里面在争论投降不投降。他便抓紧时机冲到碉堡门口，高举手榴弹大喊："缴枪！一个一个走出来！"等敌人都爬出碉堡，他立即发布命令："集合成两列横队，向左看齐！"就这样，他押着这100多个俘虏到了二连。

由于根思屡建奇功，1948年8月，华东野战军政治部授予他华东一级人民英雄奖章。

1948年底，杨根思在淮海战役中又一次荣获华东三级人民英雄奖章。他所率领的三连三排，被命名为"根思排"。当时他是三排排长，在最后围歼"杜李邱"兵团的战斗中以1个排的兵力、极少的伤亡，杀伤敌人两个排。

1949年5月，解放上海不久，组织上调我去三连当政治指导员，杨根思被任命为副连长，从此，我们便开始朝夕相处。

记得我在去三连前，时任师政治部主任的朱启祥曾专门找我谈了一次话。他说："调你去三连当指导员，有一个重要任务你要记住。就是多多关心和帮助杨根思，你给他吹起冲锋号，向文化大进军。"我向杨根思传达了朱主任的指示。他听后说："朱主任真好！我一定要在学文化上打一个翻身仗，决不辜负首长对我的期望。"

从此，不管工作多忙，他文化学习绝不间断。有一天他生病发高烧，我对文书说："副连长今天生病，文化学习暂停。"他在床上听到了，就起来嚷着说："一点小毛病没关系，照常上课！"这天深夜，别人都睡了，我见他还在蜡烛光下抄写生字。

1950年9月，根思从上海去北京参加全国战斗英雄和劳动模范大会，受到了中央领导同志的接见，他深感自豪备受鼓舞。回来后他被任命为连长，和我做起了搭档。这回给我的印象，他好像变了一个人似的。他更成熟了，更爱思考问题了。回连后，他就主动和我研究怎样打好出国第一仗，怎样把三连打成英雄连，怎样做好宣传鼓动工作，怎样激发部队的对敌仇恨，发扬部队的爱国主义、国际主义和革命英雄主义精神。

11月7日天亮前，我连披着月光踩着霜地跨过鸭绿江，进入朝鲜。由于美国飞机狂轰滥炸，整个朝鲜不管是城市还是乡村，几乎见不到一间完整的房子，到处都可以看到横卧的尸体，听到伤员的呻吟声。根思和我商定，利用部队在江界（朝鲜的一个较大的城市）领粮的机会，召开一个控诉和揭发美帝滔天罪行的现场会。战士们都用亲眼所见、亲耳所闻的血淋淋的事实进行揭发和控诉。战士们说："如果我们不抗美援朝，我们祖国的人民必将遭到同样的灾难和痛苦""我们多流血，祖国人民就不流血"。这样的揭发和控诉可以说是一次最有力的战斗动员。全连连续20天的急行军，脚上几乎都起了泡，有的小泡变大泡，有的泡中起泡，有的鞋袜都脱不下来，但全连169人没有一个非战斗减员。就在这种情况下，每天连队到达宿营地之后，杨根思还要抓紧点滴时间，进行山地作战的学习。

11月28日下午5点，我连每人只抓了一把半生不熟的黄豆，急行军130里，爬了4座从没有人爬过的大山，到达下碣隅里投入战斗。当晚配合友邻部队攻占了东山1071高地。王贯一营长命我率一、二排守1071高地的主峰，命杨根思率杨根思排（三排），守住1071高地的东南屏障小高岭。

这个小高岭是敌我双方的必争之地。王贯一对杨根思说："你们这个制高点正卡住公路拐角的口子,等于是插进敌人咽喉的一把匕首,是下碣隅里向南的唯一通道。敌人想从这里突围,你们的任务是不许敌人爬上小高岭半步,把敌人消灭在小高岭之前。"

美军陆战一师是美国的王牌军,据说是从来没有打过败仗的常胜军。我们20军是原华东野战军的主力。因此,整个长津湖战役,可以说是这两支主力的较量。两大主力在小高岭上的争斗又可说是影响全局胜负的关键一仗。

王营长在交代完任务后问杨根思："有什么困难吗?"根思的回答是:"不怕困难九十九,只要有一颗忠于党、忠于中朝人民的红心,保证人在阵地在,坚决完成任务。"根思接受任务回来,向全连进行战斗动员,他讲了三个不相信:"在革命战士面前,不相信有完成不了的任务,不相信有克服不了的困难,不相信有战胜不了的敌人。"又说:"我们要把美帝国主义打个稀巴烂,叫它瞧一瞧中国人民的厉害。"

杨根思和他率领的三排,在小高岭上用他们英勇无畏的战斗,实现了他们在战前铿锵的承诺:"人在阵地在!"

11月29日拂晓,天下起了大雪,气温达到零下40℃。杨根思率领三排刚刚进入阵地,敌人的重炮就向小高岭上猛轰,十几架飞机轮番地进行轰炸、扫射。根思对此毫不畏惧。他要三排除留少数人监视敌人外,其余人都掩蔽起来,等敌人爬上来再打。果然,轰炸、扫射一停,敌人就爬了上来。杨根思指挥三排,集中轻重机枪猛射,手榴弹齐扔,把敌人的第一次进攻打垮了。

对于这块必争之地,敌人仗着他们拥有绝对的制空权和充足的武器弹药,一次又一次发起攻击。每次都集中重炮和B-29轰炸机,把成吨的炮弹、炸弹和燃烧弹,倾泻在小高岭。但是尽管钢铁、石块、烟火满山飞扬,根思和三排的勇士们仍然屹立在山头,一次又一次地把敌人的进攻打了下去。有一次当敌人爬上半山腰时,根思还命令八班长带半个班,从山腰插向敌人侧面,拦腰打去,其余人由三排长率领,在轻重机枪掩护下,从小高岭上往下冲。敌人遭到两面夹击,惊慌失措,狼狈逃窜,留下数十具尸体。

战斗愈来愈激烈,根思排剩下的人不多了。战士们仍互相鼓励着:

"坚决守住阵地，敌人上来一个就消灭他一个。"29日中午，打退敌人第八次进攻的战斗打得最艰苦。这时弹药已经耗尽，刺刀、枪托、石头都用上了。敌人虽然被压下去，但这时小高岭上只剩下根思和营里配属的重机枪排排长及两个负伤的战士。根思命令其他人撤回主峰，自己一个人留下坚守阵地。敌人发起第九次，也是最后一次进攻时，山头上显得十分平静。40多个美国兵以为山头上已经没有了"共军"，可以放心大胆来占领山头了。然而，那些美国兵却没有料到还有我们的英雄根思在监视着他们。杨根思等他们靠近山头时，先用驳壳枪里最后一颗子弹把一个摇着指挥旗的美国兵击毙，然后迅速抱起身边一个10多斤重的炸药包向敌人冲去。根思这个浑身是胆的英雄，为了祖国，为了援救朝鲜人民，拉响了导火索。在一声轰响中，英雄杨根思壮烈地与敌人同归于尽了……

杨根思用鲜血和肉体守住了1071高地的东南屏障——小高岭，为当晚大部队向下碣隅里的敌人发起总攻赢得了宝贵的时间……

陈文宝老前辈，一口气说到这里，声音已经发颤，噙着的泪终于落了下来。这时，屋内在座的人都屏住了呼吸，陈老也哽咽了。过了三五分钟时间，还是陈老打破了现场的沉默。他又一次拿起根思给他的那张大照片，像是对老伴又像是自言：要是老杨还活着今年该是79岁了，他比我大一岁嘛。没想到我能活到现在，多活了这么多年。要我说啊，我倒是活老了，老杨还是这么年轻，我一闭上眼睛，老杨那股英气，那股子不怕苦不怕死的劲，那股子钻劲拼劲和对同志爱、对敌人恨的样子，就浮现在我面前，我经常睡不着坐到天亮，实际上就是和老杨在对话咧……

采访结束了，陈老深情地说："根思，我永远思念的好搭档，你会永远活在人们心里的……"

（原载《解放军报》2000年10月30日"长征"副刊）

护航,跨世纪远征

1927年8月1日,南昌城头一声枪响,向世界宣告——中国拥有了一支人民的军队!

漫漫65载艰难征战,长城从华东延向中华原野,无数热血忠魂化作希望之光唤醒中华人民共和国每一寸热土,长城用年轻的肩膀托起东方大国屹立于世界之林。

与中国共产党诞生地一样,这片也诞生了长城的圣地成为中国的"窗口",当改革开放的大潮涌向泱泱大国时,世界更是把目光聚于"窗口",注视着巍巍长城对于改革大潮的反应与抉择。

处在长城的源头上,处于改革开放的时代,军区部队一如既往地以行动宣读着跨世纪远征的宣言——

护航,为驶向新纪元的"红船"保驾!

护航,用忠诚托起中华人民共和国的太阳!

A章 点燃心中的圣火

人类每一次革命都留下谜一般的地方。美国的谜在福吉谷,法国的谜在巴士底狱,俄国的谜在冬宫……这些地方,后来都成了人类革命精神的象征。

中国的谜在华东。这块英雄土地放射出的每一束光芒都成为中国人意志、勇气和追求的写真。

于是，一代又一代的人那般执着那般焦渴地走进史诗，因为不朽的功勋不仅记录着过去，也昭示着未来。

长城：面对无声的命令

加快改革开放，加速经济建设，20世纪尽头的这项选择，把宏伟壮丽的蓝图铺展在中国人面前。尤其是华东，日新月异的腾飞使这块神秘的土地再次成为令人瞩目的地方，驻守在这里的军区部队，犹如接到无声的命令：

6月18日，军区党委常委集中学习中央领导在中央党校的重要讲话，并对全区部队学习贯彻讲话精神做出部署，要求全区官兵增强锐意改革意识，肩负起"保驾护航"的使命；6月下旬，军区组织全区红军连队、英模连队代表分四路赴革命老区、历史纪念地和改革开放前沿地带参观学习，接受革命传统和改革开放的教育。

几乎与此同时，军区分别在上海和马鞍山召开专题座谈会，军区和政治部领导与部队、民兵代表探讨同一个话题——在改革开放的今天，怎样充分发挥部队和民兵在改革和建设中的生力军作用？

一次圣地之旅，宛如吮吸一段史诗，一次思想飞跃，预示着新的启航。

6月17日，"八一"起义纪念馆迎来了一支奇特的队伍，这是军区红军连队英模连队代表第一、第二路，徜徉军史源头，官兵们的思想迅速进行着历史与未来的接轨，"鼓浪屿好八连"指导员黄启斌的感触道出了代表们的心声：踏上英雄土地，备感责任重大，我们就是要用第一枪的精神为改革保驾护航！

6月23日，夏雨淅沥，世界第一大叠合梁斜拉桥——上海杨浦大桥工地，出现了一幕壮观的场景：军区红军连队英模连队第三路的代表们在听完大桥建设介绍后立即加入施工的队伍，数百米长的巨型钢链通过握枪的手，一寸寸地向前延伸，大桥建设总指挥兴奋地说：你们的勇敢顽强仿佛让我看到了1935年时的"飞夺泸定桥"！

……

从皖西将军县金寨，到"皖南事变"遗址泾县茂林村；从南昌的古城墙，到三湾的红枫树；从南京雨花台到井冈黄洋界……每一处深深刻在中国革命史册上的圣地，在钢铁长城65岁华诞的时刻，被出征的将士翻阅着，吮吸着。

南昌：辉煌第一枪

走进八一起义纪念馆，驻南昌某部二连官兵立即被带进了军史源头——

1927年3月6日，夜幕低垂的时候，中共早期党员、农民领袖陈赞贤胸前留下18个弹孔，倒在了古老的赣州城墙上，接着，共产党人在反革命政变中大批大批地倒下。乌云把革命压进低谷。

这时，一位伟人鲜明地提出："枪杆子里面出政权。"伟人的号召唤起了在黑暗中摸索的先驱者的共识，那位井冈山下的农军班长、共产党员贺国庆，从此认识了枪杆子对一个革命党的意义。他紧紧抱住从敌人手里夺来的那支俄国造步枪，誓死不交给屠杀者。就是这支陈旧的老枪，后来发挥了"母体效应"，发展到十支枪、百支枪……这就是《井冈山的斗争》书中所提到的"莲花一支枪"。

这一年8月1日凌晨，震撼世界的第一枪打响了。接着，毛泽东领导的湘赣边秋收起义、彭德怀领导的平江起义，相继告捷。于是，被白色恐怖笼罩的中国版图上，开始有了一块红色的区域井冈山——第一个农村革命根据地。一支后来征服外国侵略者、以摧枯拉朽之锐横扫反动统治的人民军队逐步发展壮大起来：三湾改编，支部建在连上，以农村包围城市……一步步妙棋开始在方圆960万平方公里的巨大棋局上展开了凌厉攻势。当时盘踞在南昌的军阀头子朱培德，包括拥有数百万军队的蒋介石也绝没想到，南昌这一枪，便宣告了蒋家王朝的灭亡。

站立于历史的源头，两位伟人的论断在官兵们脑海中交汇——毛泽东："枪杆子里面出政权。"邓小平："改革要放开步子，大胆向前。因为政权在我们手里！"他们也感受到来自改革大潮的呼唤：长城，为我护航！

摇篮：荡起出征曲

20世纪30年代，井冈山峰峦中的一块绿丛中，曾第一次挂起一块"红军大学"的牌子。这块牌子后来搬到了延安，牌名改成"抗大"。再后来，新中国诞生，这牌子派生出了几百块包罗了人民解放军各种"机件"的军事学府家族，这些神圣的牌子，筑成了一架高耸的云梯，把年轻的中华人民共和国军队送入了现代化的世界军事之林。南昌陆军学院便是其中之一。不同的是,它所处的位置使之得天独厚地享受圣地沃土的滋润,建校40多年来,向军营输送数万名优秀军官,如今,有的已成为军事指挥员,有的成了新中国的戍边英雄。

跨入20世纪90年代,这个摇篮揭开了"承训大学新生"这样具有特殊历史意义的一页。第一批复旦大学近600名1990级新生,在这个军事学院里接受了全新的训练。国务院、中央军委及国家教委选择南昌陆军学院作为培训大学生军训基地,让人领略到一种特殊的战略眼光。

这是6月的井冈山,峰回路转,白云轻飘,井冈今日更妖娆。院长陈炳德少将亲自扛起校旗带着600名大学生跋山涉水攀上井冈山。政委林雄在三湾的红枫树下摆开了党课讲台。将军和学员用15天时间,在井冈山上进行"走红军路、吃红军饭、唱红军歌"的野营拉练活动。夜幕下熊熊的篝火,朝霞中喷薄而出的红日,故道上生命镂镌的诗行,如春雨悄然无息地淋落在学子们纯净的心灵上。

这是一次生命的洗礼。15天,会使一颗颗心从稚嫩走向成熟。一位中国"西点"姑娘在《军校,永恒的记忆》中这样倾吐心声:

我们走进宁冈英烈馆肃穆的大厅,这里陈列着井冈山革命斗争时期牺牲烈士的照片和简历。当一个个陌生的名字、一张张陌生的脸从我眼前滑过,我惊讶地发现,他们的年龄都只有二十出头,踏着沉重的脚步,我在问自己:"他们为什么如此勇敢?是什么力量支持着他们?"红米饭极其粗糙,南瓜汤无油无盐;寒冬腊月还穿两件单衣……在这种情形下,还能保持旺盛的生命力和战斗力,这样的队伍不能不说是一种奇迹……生活在今天的人们,最要紧的是要记住昨天,更重要的是要开创明天……

征帆高高升起,雄壮的出征曲从一座座军营传向阳光灿烂的蓝天,汇入雄壮的改革乐章!

B章 筑起新的长城

在东海前哨一个海岛哨所的礁岩上,镌刻着这样的诗行——

我期待以灵魂的燃烧,
铸造一枚月亮式的勋章,

让世界洒满静谧和安宁。

这，也许是一个"新海岛"的豪情初放，也许是一个"老海岛"的情感积淀，但无论是谁，他们都在传递着一个共同的誓言：

长城，以她的伟岸坚强，向祖国母亲播撒和平之光；

长城，正锻铸新的神威，为改革开放伟业保驾护航。

"欧文堡"：磨砺和平之剑

皖东，一片沉寂数千年的林海。

1991年金秋，林海深处，突然响起了奇特的交响曲：坦克的轰鸣声、武装直升机撕裂气流的滑翔声、枪炮的怒吼声交织在一起，中国"欧文堡"大交兵拉开了帷幕。

某摩步师千里跋涉开到这个被称作"亚洲第一流"的准战场，立即陷入了进退两难的险境，情报收集屡遭挫折，指挥联络被电子干扰切断，后勤补给和增援梯队被分割包围……

这次军区组织的首次大规模实战化对抗演习，把现代化战争的复杂性、残酷性和高科技化展现得淋漓尽致，仿真化的战场环境、专业化的导调队伍、科学化的监控手段、无预案的作战推演，把对抗双方都推到了艰苦卓绝的境地。

科学在这里嬗化出了军事效益，被誉为"亚洲第一流"！

"6年呕心沥血、苦心经营，中国'欧文堡'已跨入输出训练效益的时代了！"合同战术训练中心指挥员的这番话，何尝不在向人们传递着军区首长对于"质量建军"的战略思考和新一代中国军人对于强兵富国的渴望与追求！

东方"欧文堡"，仅仅是中国军队磨砺和平之剑的砥石之一。在华东的热土上，块块山岩都是砥石，湾湾激流都是敌手，军区部队就是在这一次次磨砺中显露着锋刃——

闽南某海域，大浪滔天。突然，一幕海上奇观出现在海平线上：千余战士如蛟龙搏风斗浪，水上攻防战术，海岛野地生存，万米武装泅渡……某集团军组织的"千人百日海上练兵"堪称海防训练之最。

闽东，烈日炎炎，百鸟归隐。某师训练场上龙腾虎跃，按纲施训，规范严格，把一个惊人的纪录刻在训练场上：连续13年全天候实弹实爆实投！于是，军区部队正规化、规范化训练管理建设将由此延向每一座军营。

金秋十月，军区在皖东某训练场举行"合同战役炮兵防空兵作战集训"，显示出军区战役炮兵训练迈入了从理论到实践飞跃的新阶段。在某集团军，"三三系列管理法"为诸兵种合成管理探出新路；在步兵某师"院校毕业军官回炉补差训练"为基层军官迅速上岗就位输送了阶梯；在后勤某训练基地，"训、管、练一条龙"战勤保障引入了新天地……

无我：神枪连长的情结

此刻——紫金山麓被矮壮葱绿的马尾松覆盖的开阔谷地里，神枪连长正带着他的枪队在雨中一展神枪雄风。突然，疾风骤雨如鞭扫至，急遽的枪声顿时被漫卷的沙尘吞没。

停顿只是瞬间，右眼卷入沙尘的上尉连长和他的枪手，竟然毫不犹豫地把枪托移到左肩用左眼瞄准射击，而火红的枪弹依旧拖着焰尾准确地集束泻向 200 米外的靶心。

"没有一双好眼睛，永远成不了好枪手！"每年补入四连的新兵，从神枪连长那里得到的见面礼便是这句刻骨铭心的忠告，于是，一次次超越体能极限的冶炼与锻打在一切恶劣气候下展开——

风急雨骤，狭长的谷地中，士兵们仰首瞠目，一任如鞭骤雨冲打双眼；冰封雪飘，一马平川的射击场上突然竖起几道"雪墙"，只有时而抖动的睫毛和坚毅的目光让人感觉这是生命的组合。

炎炎夏日……如漆黑夜……特殊的"保健操"铸造出全天候的"火眼金睛"。

然而，训练场毕竟非同于战场。不仅中国，世界各国的军事指挥机构都在寻找消除这两者之间距离的渠道。为此，神枪连长给枪手们规定了一系列技术与心理的综合训练，当士兵能够用校正过的枪支打出优秀成绩的时候，童裳显便开始不断地变换枪支、变换地形、变换敌情……而这一切俱在各种恶劣气候中展开。于是，生理、心理、技术、环境等的影响逐渐被排除。此后，无论是在训练场、考核场抑或是表演场，无论风天、雨天还是更恶劣的气候，四连官兵所特有的只是一种造型——正在战斗的士兵。

面对这种射击的"忘我境界"，一位被誉为"大不列颠第一枪"的英军中将曾做如下评价——"这是超乎一般意义的射击，是非悟透射击精义所不能达到的，即用心的瞄准去操纵枪弹！"

这位头戴贝雷帽的将军的评价毫不过分，请看四连那一串沉甸甸的辉煌——近6年中涌现出128名特等射手。为此，神枪连长胸前挂上了27枚外国勋章和3枚三等功、1枚二等功军功章！

硬六连：坚不可摧长城砖

1939年3月，14名红军骨干组成了一个连队，就是这个连队，战争年代两次被评为"战斗模范连"；和平时期又先后被国防部和中央军委授予"硬骨头六连"和"英雄硬六连"荣誉称号。

当"保驾护航"成为当今军人最神圣的使命时，"硬六连"的官兵做出了怎样的选择？请看这组小镜头——

夏末的浙东，烈日烤得大地直翻热浪，怪石嶙峋的山坡上，一群无畏的士兵正在"激烈战斗"——冲锋，阻击，一次凶猛进攻被打退了，席卷重来的更是锐不可当……一天冲十几次山头，人人都脱过几层皮，可"连战术连贯作业"却被总部和军区首长定为全军推广项目……
……

硬六连，硬的就是"硬骨头"精神代代相传不松劲，硬的就是用铁的意志、一流的技能把自己铸成坚不可摧的长城砖！1991年10月26日，军委主席江泽民视察硬六连后，欣然题词："弘扬硬六连精神，全面建设部队。"

铁的意志、一流的技能，筑起中华人民共和国新的长城！不仅"硬六连"的官兵用汗水和智慧在书写这条誓言，从全区53个红军连队，到116个被授予荣誉称号的连队，到数千个普通连队，何处不回荡着这一强烈的心声：

"模范党支部"所在的某部二连，近3年来先后接受团以上18次127个课目的考核验收，获109项优秀、18项良好。军区固辉司令员欣然为该连题词：草地党支部精神万岁。

——驻守在"东极"2.57平方公里的庙子湖小岛上的某守备营，进岛40年，艰苦创业、守岛建岛的精神代代相传。近3年来，守备营年年被评为基层建设先进单位，荣立集体一等功，军委秘书长、总政治部主任杨白冰上将亲笔为他们题词：为建设好军人的第二故乡做贡献。

无须一一列举，祖国母亲啊，请记住英雄儿女的一句誓言——铁的意志、一流的技能，筑起中华人民共和国新的长城！

C 章　镌入大厦的忠诚

保驾，并不仅仅意味着守护。

护航，也在召唤着力的投入。

参与改革，支持改革，中华人民共和国军人敏锐地感觉到了时代的呼唤。

这正是这支世界上独一无二的奇特军队的特色之一，也正因为这一特色，中华人民共和国大厦上将永远醒目地镌刻着人民军队的殷殷赤诚和不朽的功勋。

浦东：二战上海城区

1992年初春，一位退役的中华人民共和国将军迈着急遽的步履融入了动人心弦的"浦东春潮"。

作为中华人民共和国第一代军事工程专家，此刻，赵振山的目光犹如枪上的准星缺口再次牢牢地套住了目标——碉堡。逝去40多年的炮声仿佛又在耳畔响了起来——1949年，作为副师长的赵振山率领由炮兵和步兵组成的排障营，以摧毁486座坚固碉堡的强大攻势，打开了上海的东大门。

此刻，伫立于这片曾经被无数战友鲜血染红而今正如雨后春笋般矗起高楼的热土，将军身上再次迸发出冲锋陷阵的激情。

前一天，在驻沪某部任排长的孙儿回家，带给爷爷一个信息：被列为上海市今年头号工程的浦东杨高路拓宽工程开工后，7座战争年代遗留下来的碉堡成了难啃的"硬骨头"，某守备旅主动请缨承担了排障任务。

"算上我一个！"将军不假思索地做出了决定。

根据浦东开发的总体规划，杨高路将在年内成为贯穿新区、连接各个重点开发小区的主干道。出现在施工线上的7座高3米、直径5米、壁厚达1米的钢筋混凝土结构旧碉堡，虽然历经多年风侵雨蚀，却仍然异常坚固。对于无坚不摧的军人来说，坚固并不是难题，难的是碉堡上空10多米高处的高压电线密如蛛网，周围民宅工厂星罗棋布。

这次战斗远不像 40 年前那样仅有勇敢和炸药就能完成。将军一个碉堡一个碉堡地攀上爬下，绘图、测算，一条条建议传向担负施工的某守备旅爆破指挥部。3 天后，指挥部决定采用水压爆破法施爆。战士们挖去碉堡内的积土，堵死射孔，灌水引爆，只听轰的一声闷响，碉堡在强大的水压冲击下四分五裂。

仅 7 天，7 座"拦路虎"奇迹般地从大地上消失了。宽达 50 米而将成为"上海之最"的杨高路由此得以向前延伸。汜视这一切，将军挥手拂去白发上的尘土，对身着作训服的士兵们说："40 年前，我从这里进入上海城，没想到 40 年后还会有第二次'战上海'。但是，站在今天回望战争岁月，那时的浴血奋战不就是为了今天嘛？"

红土地：星火更燎原

历史到底有几多巧合？60 年前的 3 月中旬，我红军主力部队第一次展开攻坚战。约 20 万红军和赤卫队员联合围攻赣州城。蒋介石的嫡系、赣州守备旅长马昆，傲踞千年古城八境台炮台上指挥敌军封紧各个城门，英雄们一排排倒进赣江。

60 年后的 1992 年 3 月，天似塌下来一般，赣江河大发淫威，洪峰漫上城墙，古城危在旦夕。这时，赣州军分区夏司令员、汪政委往城墙上一站——"全江呼叫，命令应急分队迅速赶赴江边，保住城墙！"仅半小时，一支由军人和民兵组成的数万人应急分队出现在城墙上。

市武装部政委唐茂西，在城墙上奋战了三天三夜，仍不停地指挥他的万名队员扛起沙袋堆上城墙。突然，他站立着的那片城墙在眨眼间下沉一尺多。万人惊呆。唐茂西就在下沉的那节城墙上喊："沙袋！沙袋！上，在我脚上放！"

持续近一个月的洪峰过去了，八境台安然无恙，古老的赣州城挣脱了洪魔的威胁。

真正激烈的战斗并非仅此瞬间，越来越强的"南风"由沿海吹向内陆，也冲击着这座古城。于是，一批采集火种的人武和专武干部，奔赴广州、深圳考察取经。多少年来被人景仰的老区觉醒了，新的目标带给老区一股清新的气息——学点特色玩点特区味！

在赣州辖属的宁都县，这块当年国民党 26 军军长赵博生率 1.6 万余人起义的地方，再次引来人们的瞩目。宁都县武装部以组织战役的气势率领民兵向"红荒"宣战。仅两年,贫瘠的红土地出现了奇迹:百吨白莲上东北,万条草席下江浙,十万仔猪过韶关,百万家禽进闽粤……

入夏,中央人民广播电台播出的一条消息震动了整个红土地——江西将连通4条大动脉;"昌九工业走廊"已舞起龙头……驻赣部队和百万民兵,仍然是这些重点工程建设的主力军。

让红土地删去一切叹息吧!从"老区"走向"特区",也许又是一个二万五千里。然而,毕竟英雄土地英雄人,历史将看到又一次辉煌。

八连:风流一段歌

《八连颂》诗中写道:"好八连,天下传;为人民,几十年……"这是对八连的赞赏,又何尝不是对这个光荣集体的勉励?

八连的干部懂得这一点,八连的兵时常在想这一点。于是,一份份执着追求,一次次不懈拼搏,都化作不朽的荣誉增辉添彩——南浦大桥工地上,安装40吨垂直升降机,20名即将退伍的老战士组成老兵突击队,揽下了这份硬活;3个老战士从高架上滑落下来,跌成了泥人,一个鲤鱼打挺又冲了上去。中央领导从电视上看到这一幕,当即挥笔给八连老战士写信:"你们虽然退伍了,但永远是好八连的战士。上海人民是不会忘记你们的。"

南浦大桥的这次战斗,仅是八连参与支持国家改革和建设的一个瞬间回合,在上海华亭宾馆、新锦江饭店、太浦河水利工程等10多项国家重点工程工地上,何处不见八连官兵的汗水与功勋!

作为全区部队参与支持地方改革和建设的代表,"南京路上好八连"赢得了中央领导题词和视察等殊荣。而更多的"八连"则在这块火热的圣土上创造着与"好八连"一样显赫的功勋。数十万中华人民共和国军人和民兵在辉煌的热土上向50多个重点建设工程展开全线出击:

——驻浙某集团军在杭-嘉-湖一线展开长线作战,为浙江省12家合资企业和8个重点建设项目助阵;

——驻闽某部参加厦门东渡港二期工程和闽江三桥建设,在闽南金三角开发中发挥攻坚作用;

——在南京,某工兵团官兵在长江大桥高架桥工地上大显神威;

——在江西萍乡,某仓库官兵投入了投资4亿元的国家重点建设项目萍乡发电厂扩建工程;

——还有遍布华东各地的数十万民兵，在企业腾飞中打头阵……

D章　洒向长城都是爱

有首歌唱道："长城／你不是孤独的哨兵／你的身后／有片浓浓绿／永远将你紧紧拥抱……"

无尽的深情，绵绵的挚爱，如乳汁滋润着中华人民共和国军人的心灵，似林荫护卫着长城的一砖一石。

绿掩长城

这是一所校址不大起眼的学校，但南昌人和南昌的军人几乎都知道"八一学校"这个响亮的校名。

当新中国进入不惑之年时，南昌人面对一些地区送给军队的青年素质低，觉得历史赋予了自己一种新的责任。于是，"八一学校"成了全国第一所"预备军人职业学校"。在这里，学生们接受军队最基本的军事课目训练，目标是向部队输送优秀士兵。3年多来，每批报名的人数总是超过招收人数10倍以上。

在江西革命烈士纪念堂，有这样一串数据：江西在新民主主义革命时期献出了25万烈士。这串数据化作一种无上的荣耀镌刻在这片被热血染红的土地上，也给予被这块土地滋养的人们深刻的启示，使人们懂得如何去珍爱自己的军队和用更多的心血去投入国防建设。

就在建军65周年前夕，江西省委书记毛致用还在电视台的黄金时间里做了一次题为《保江山莫忘打江山的传统》的报告。这份长达1小时的报告里，有一组数据的报告却早已深深地铭刻在军人的心底——江西自1985年至今，有1.5万多名军队转业干部各得其所，其中1500余名师团干部被提拔任用。

红枫树绿枫树

红土地上盛产红枫树。红枫林中盛产故事。读过全美作家协会主席哈里森·索尔兹伯里的《长征——前所未闻的故事》一书的人，都记得一个英雄的名字李才莲。然而，这位美国作家终于还是遗落了另一个辉煌——当李才莲化作流星倏然陨落后，却有一位美丽的女子对他苦苦相思了60年。

李才莲,当时中央分局最年轻的常委、少共中央分局书记。1928年枫叶红了的时候,"山里秀才"李才莲成亲了,新娘名叫池煜华。半个月后,新娘就在兴国县西郊那棵红枫树下把新郎送上了红军路。10年,20年,驱走了日寇,打败了老蒋,李才莲却没有回来。多少次伫立红枫树下,送走了无数个日升日落,池煜华"盼郎归"的信念始终未灭。新中国成立后,政府给她送来了"光荣烈属"证书,她没接受,她坚信"才莲不会死",她说她要多做工作、多得红花等才莲回来。于是,她就成了全国三八红旗手。如今,已是82岁高龄、银丝飘飘的池煜华依然常去那棵红枫树下。

信念,这根浸润着忠诚与真情的红线,缔结了多少惊天动地的生死姻缘。这不仅属于同生死共患难的战争岁月,当和平之光洒满中华人民共和国每一寸土地的时候,真情挚爱一样倾注长城。

此情绵绵

蛇年夏初,南京市自来水公司经理来到驻汤山某高炮营,向援建中日合资重点工程——南京市北河口水厂建设工程的官兵致谢。走进卫生间,一拧自来水龙头,经理眉头陡皱,汩汩流淌的是浑黄的锈水。一问,方知这里的输水管严重锈蚀。当天下午,自来水公司两名工程师带着施工人员赶到高炮营,数天勘察设计,一项无偿援助2万多元的水管更换工程迅即铺开,1992年酷暑尚未来临,高炮营官兵已经喜饮清泉!

江苏吴县人武部承建全军工程兵训练中心,万事俱备,唯等200万元经费缺口。吴县县委立即揽过这件挠头事,负责承办的税务局局长王运昌,用两个月时间跑了14个单位,筹资200万元,保证了工程按时上马。

无论是老区的父老乡亲,还是特区的建设者,在他们的情感世界里,始终留驻着中华人民共和国将士的一方绿地、一片蓝天,祖国母亲,以她深情的臂膀护卫着巍巍长城。正是这深深的厚爱、火热的情怀,锻造了钢铁军魂,浇铸了中华人民共和国军人的铮铮誓言——护航,跨世纪远征!

(原载《基层生活》1992年第2期,与章熙建合作)

第三辑·曾经沧海

"一支秃笔执其中,半生浮云却倥偬。闲来笑笑过往事,独立书斋已从容。"世界是多元的。走过一个甲子的长路,回首,嫣然谈笑之间……

挥挥手，作别昨天

> 好日子这盏灯，是用昨日的那些苦日子炼出来的油点亮的。曾经的日子越苦，炼出的油越浓烈，点出来的灯则越明亮。
>
> ——题记

今天是2020年8月30日，距1960年8月30日，已经走过了整整60年。谈笑间，挥手吻别一甲子，迎来了我的退休生活。

昨夜还在感慨，如果站在1960年或1990年的年轮上，你肯定会觉得2020年是很遥远的事。可是今天，她忽的一下，就站在了你的面前。日子就像一阵风一样，一下就扑了过来，又倏然间从你的指间溜走……

60年是一个储蓄罐。饥饿、汗水、血泪、屈辱，还有金黄的麦穗，都一同塞进了这个罐子里。

或许是今天的日子好过了，日子过好了就容易把曾经的苦日子过忘了。其实，好日子就像一盏灯，是用昨天的那些苦日子炼出来的油点亮的。曾经的日子越苦，炼出来的油越浓烈，今天点出来的灯则越明亮。或许当你把手里的灯盏往身后一举，你就看到了自己昨日深深浅浅的那些脚印！

于是，我就想：时光会老吗？会老在清晨百鸟喧嚣的竹林子里吗？会老在故乡老屋墙角的紫藤架下吗？会老在客厅茶几上那杯香醇的普洱里吗？会老在自己那些星星点点的文字上吗？

当我步入梦帘深处，恍惚间，烟尘散尽，青苗笃长，自己依然是那个洁净清美的、背着菜桶斗笠、赤脚走出大山、走在乡间田埂上的羞涩少年……

从赣江乌江到黄浦江，从左江河信江河到秦淮河，60年就是一段长征，退休好比抵达吴起镇。60年的时光就像藤蔓一样爬满四方。藤蔓还在生长，人却略感疲惫。于是，我寄期望退休后的独处和安静，安静到可以静听故乡村口那棵槐花树下两枝百合的耳语。过着自己想要过的日子，与纷扰无关，与羁绊无关，与名与利都无关，就像一池小荷，就那样素素静静地开着，饮清露，汲月华，兀自芬芳，人喜与不喜，都自由自在地开放着。即便池塘深处暗波浊流，也嫣然孑立娉婷，无语亦无堪怜……

人生易老天难老，不是春光胜似春光！有时候，你的那颗心就是你的那方天。"天"不老，你亦不老。因为时光本不老，老的是人的那颗心！当然，你得学会释怀删繁，心即如简！

时光不老，却是时光如风。她匆匆地滑过天际，带走了昨日的云，幻化成今日枝头上的燕雀或一枝梅。置身于这充满纷扰的尘世中，总有许多无法把握的缘分，无法驻足的风景。快乐时，忧伤时，我们都需要一处角落来栖居灵魂。一处老旧的庭院，一盏徽墨的炭香，抑或是一段弥漫着烟火气息的文字，都是抚慰心灵的甘露，都能激起灵魂的悸动。

不该叹息岁月蹉跎。人生就是一条小溪，无论是酸是甜，是苦是辣，是悲是喜，是急是缓，没有一段是冤枉走的路。因为人生这门课，得一堂一堂地上。于是，今天的我喜欢尝试着寻找笑看花开的那种愉悦心情，静赏花落的那种至高境界。学会淡看世间的悲欢离合，懂得渐悟那是人生的不同心路，不同历练，在落花的那一刹那，从心底涌出千

作者深入大别山慰问时的留影

差万别的感受,顺其自然。嬉、笑、怒、骂,从心底而来就从心底而去,无须藏头夹尾,真实地活着,不辜负自己的七情六欲,做一个活神仙……

其实,多年来我已经养成了一个习惯,清晨或黄昏,一个人去林荫花丛小径漫步,或在灯火阑珊处与路边的草木说话。草木单纯,没有人心的藤蔓纠葛。你看,那些新绿叶片载着满满的自信,吸纳阳光的暖,汲取月色的美。我在荷叶的露珠上看到了那颗纯净不染的心,晶莹剔透。每当心浮气躁,就将目光投向它们,一种清凉澄澈意,看似不经意,却刹那间温润了眼眸,那种舒心的安然,沉静,蜿蜒,不可言说。一个人一边迈着方步,一边哼哼着:"梨花开,春带雨。梨花落,春入泥……"几分京味,有板有眼,无视一旁嗤嗤偷笑的蟋蟀……

心如简,在冷漠的世情里,唯愿拥有一颗素真之心。我也喜爱结交,时常与周遭知友小聚,预约烂漫,省去职级尊卑的羁绊。但赏心只需两三枝,心房无须拥挤。适时地给予彼此自由空间,你会呼吸到山野吹来的清风,带着一缕野菊花的芬芳。走在荷塘边上,思绪在枯荷的神韵里,体味着秋风夹杂着稻香的感觉,把自己打扮成诗人的模样,让自己的周身如歌般舒缓,如诗般朦胧,如画般神秘……忘掉烦愁,如神如仙!

"60"不是休止符,只是一个公职退休的"音标"。在人的思想字典里是没有"退休"二字的。因为思想还在行走,于是,高天厚土,宇宙银河,任凭我思想中不老的羽翼驰骋翱翔。其实人生的驿站,沿途有很多。轻轻地挥挥手,向昨天作别。昨天的征程与疲惫,昨天的梦想与现实,昨天的泪痕与辉煌,都将作别,就像作别身边飘过的一片云!没有什么挥之不去,或许当你需要回味曾经的时候,你再随手捡回几片,把她编织成小小的花环,摆放在不远处的博古架上,任你把玩。但不可套在脖子上……

人生就是一首歌,60岁只是这首歌中的一段。时光不老,岁月绵长,我们不能折断思想的双翼,把时光浪费在与你生命不相干的人和事上,成为喋喋不休的祥林嫂。更不要去沾染路边的灰尘,保持风骨洁净前行。即使一路走来,沾上了一些尘埃,现在也应该学会轻轻拍打随风拂去。这样就会更加轻松地往前走,去前方看更多更美的风景……

(原载《新民晚报》 夜光杯,2020年9月11日头条)

结缘"祝英台"

近日整理书橱，忽然翻出越剧大师傅全香先生送我的一部《坎坷前面是美景——傅全香的艺术生涯》签名著作和几张不同时期的照片，使我的记忆一下被拉回与先生的"忘年交"时光。

今年8月30日是先生的99岁华诞。按我们老家"做九不做十"的讲法，这个时间应该是先生的百岁生辰。十分巧合的是，我虽与先生出生的年份不同，却同出生在8月30日这一天。

喜欢越剧的人，尤其是20世纪出生的越剧戏迷，都不会不知道当年"越剧十姐妹"中排行"老五"的傅全香。由她饰演的"祝英台"家喻户晓，在那个年月惊艳和迷倒了多少英男才俊……

结识傅先生是在20世纪90年代初期的一个大雪天。那天傅先生来到解放军驻苏某部慰问人民子弟兵。当时我任这个部队政治部副营职新闻干事，既是陪同，同时负责此次活动的新闻报道。那会儿傅先生乳腺癌术后不久，知情的部队首长再三嘱咐我一定要照顾好先生，千万不能让她累着。

我们部队由于战备性质所决定，多数团、营、连单位分布在山区，且连队与连队之间都相隔一定距离。不少分队和哨所修在半山腰和山顶上，需要徒步攀登才能到达。我的本意是，雪花还在飘着，山高路滑的，到一至两个点象征性地看看就行了。可这位年逾古稀的艺术家执拗得很，硬是冒着雪一个连队一个连队地慰问过去。在这些十八九岁的年轻战士面前，先生的年龄已经是奶奶辈的了，可她依旧拉起战士们的手，放开年轻爽朗的笑容，时不时来上一段《十八相送》或《江姐》中的《红梅赞》等片段……连续两天的陪同，我被先生的精神感染感动着！先生回沪的第二天，一篇由我撰写的特写《祝英台省亲》，通过新华通讯社在《解放军报》《新华日报》《人民前线报》等多家媒体同时间刊出……

著名越剧表演艺术家傅全香

这段时间里，先生对我一口一个"阿弟"地叫着，我也从"傅老师"改口叫她"大姐"。每当我喊她"大姐"时，她总是满脸春风，答应得很是爽脆。

天公作美，想不到第二年秋天，因工作需要，我被调往上海工作。到沪不久，部队组织到美琪剧院观看越剧《万里长空且为忠魂舞》。这是傅先生指导她的学生演的一台戏。那天她坐在前排，部队进场时，虽然我肩膀上的"豆豆"由先生认识我时的"一毛三"已经换成了"两毛一"，但先生还是一眼就认出了我，还大声直呼起"阿弟"！我告诉她我调往上海工作了，她听后很是高兴，并且交换了电话号码。

那会儿她还担任着上海市政协常委，得空时就约上我一同观摩她指导学生拍戏，学生有演出时还时常约我去蹭蹭戏，有事没事也相互打打电话问问好……

实际上我与"祝英台"神交于20世纪60年代大伯家的留声机里。童年时代，我家深居大山，唯一的娱乐，就是我大伯家那台留声机。大伯和我那位堂哥每天出完工就打开留声机，唱片不多，《梁山伯与祝英台》是这间土坯房里发出的"主旋律"。每当听到隔壁"祝英台"的声音一出来，我会立即放下碗筷或直接端着饭碗静立在"祝英台"面前，整个脑袋里的神经会好奇并痴迷地跟着留声机那张唱片，一直转……

作为国家一级演员、第二批国家级非物质文化遗产项目越剧代表性传承人、国务院政府特殊津贴享受者,傅全香先生的艺术成就在我中华艺术词典上是可圈可点的。她嗓音明亮、音域宽广、润腔华彩,且真假嗓结合,曲调跌宕多姿、波澜起伏,表演富于激情,以"花衫"戏见长,善用强烈的外部动作来表现人物的内心感情,最擅长于表现具有强烈反抗精神的悲剧妇女形象。

她重视收放开合与花腔的润色,唱腔美若呖呖莺声,被誉为"金嗓子""越剧花腔女高音",所创立的"傅派"唱腔是越剧花旦中的重要流派。《情探》"行路"一场的唱做念舞,是傅派艺术最具创造性的精品。

20世纪50年代初期与新音乐工作者合作,在由她主演的《十八相送》和《织锦记》剧中,首开定腔定谱的先例。20世纪80年代由她参与主演的《梁山伯与祝英台》《孔雀东南飞》《李娃传》和《杜十娘》均被先后拍摄成电视剧,《杜十娘》还获得全国电视剧"飞天奖"荣誉。1952年冬参加第一届全国戏曲观摩演出大会,演出《梁山伯与祝英台》中的祝英台,获一等奖。20世纪80年代初"文革"中遭受迫害后重返舞台,首次在大型组剧《万里长空且为忠魂舞》中扮演高山族姑娘。1980年和1983年两次赴香港演出了《孔雀东南飞》和《李娃传》,为沪港文化交流打下扎实的基础。

傅先生有一颗不服老的心和一双不停滞的脚。20世纪90年代初,已67岁的她与昆曲演员计镇华合作,演出了反映古代女词人李清照生平的戏曲电视剧《人比黄花瘦》。那时她大病初愈,医生再三要求她不得上台,特别是不能演全剧。可这位老艺术家把戏看得比天大,不仅演完全剧,还又一次获得全国电视剧"飞天奖"荣誉。三年后的1993年,她的艺术集锦电视片《她在丛中笑》拍摄完成。同年,"傅全香艺术研究会"成立。

后来的交往岁月里,每每当先生谈及一些艺术创作上的往事,眼眶里也时常闪着泪光……

傅全香

2017年10月24日12时18分,先生与世长辞,享年94岁。"越剧十姐妹"中她是最后一位"化蝶而飞"去天堂与她们团聚的。惊悉傅全香大姐仙逝的消息,我十分惊愕与悲痛。但此刻我正在大别山革命老区慰问,没能送上傅全香大姐最后一程,一直感到遗憾。但我常常忆起先生的音容笑貌,始终觉得大姐还活着,就活在广大越剧的戏迷里,就活在无数对艺术追求的广大艺术家的心窝里。"祝英台"这只"青春蝴蝶",永远飞翔在大江南北的蓝天下……

(原载《新民晚报》"夜光杯"2022年10月24日头条)

坚守与出击
——"战斗英雄"朱山荣的人生素描

侠客或闻酒香而去,而码字者则为得到好的"砖块"而来。

前不久,奉贤区作家协会海虹文友电告说:"我区对越还击作战战斗英雄朱山荣,先后在部队和地方两次荣立一等功,你们都是军人出身,或许有兴趣……"

当时我正在开车,一听"军地两次荣立一等功",便觉得这人身上有故事,随即说:"谢谢海虹,我尽快安排时间拜会他。"

周一一大早,我冒雨驱车57公里,赶赴南桥拜会奉贤区"610"办原主任朱山荣。莫道君行早,更有早来人。因为周一又是雨天,从市区到郊区,全线车挤车,人挤人。车载导航或因雨天也耍起了性子,一路走走停停,急得我心里直打鼓。两个半小时后,我终于见到了朱山荣大哥的尊容……

男儿有泪不轻弹,英雄一怒喷火山

战争,多数是强盗发动的,而军人则是为战争而生、为和平而存的。1972年12月,从上海奉贤参军来到边防某部的朱山荣,目睹了越南侵我国土、扰我边民、辱我同胞的种种恶劣行径,内心急急等待这场战争,已经整整7年了。早就想"男儿一怒出边关,打他个龟孙子横尸荒野"。

战斗英雄朱山荣

战争终于来了。1979年2月17日凌晨，我人民解放军由云南、广西两翼，向一心称霸亚洲的越南小霸同时发起了总攻。朱山荣所在的十三军三十九师一一六团二营，战前临时组建尖刀六连，朱山荣从排长的位置直接被提升为尖刀六连指导员，破格提拔，临危受命。

有哲人说："面对死亡，胆小鬼的生命里会经历成百上千次恐惧，而勇敢者一生中只会体验一次。"朱山荣忘不了那些惊心动魄的场景。2月22日，朱山荣所在的十三集团军在西线战场攻破了越军的第一道防线，直逼越南重要战略要地和经济重镇——柑塘。朱山荣所在的尖刀六连奉命火速奔赴代乃高地，为我军主力围歼柑塘越军扫清"路障"。也就是说，前线指挥部已将"绝命任务"交给了尖刀六连。

没想到的是，越军316A师这支被越南和美国人号称是"常胜将军"的王牌师，为了东援柑塘，早在一天前就已抢先占领了代乃高地。为了夺取这个咽喉要隘，确保大部队顺利前进，尖刀六连没有了任何退路，必须立即夺回这个制高点，以卡住敌人的咽喉。

就在六连冒死冲向代乃高地附近时，越军密集的炮火开始封锁六连的开进路线。这一刻，战友们纷纷在朱山荣身边倒下，连长、副连长同时身负重伤，失去了指挥和作战能力。作为连指导员、党支部书记，朱山荣此刻只能是军事政工双肩挑。

"敌人狠，我比他更狠；敌人淡定，我必须更淡定。敌人淡定或凶狠都是盼着我死；我淡定和凶猛是不怕死，而且是在用计让敌人死……"面对穷凶极恶的敌人，只有初中一年级文化、木匠出身的朱山荣，却能将兵法运用自如。他吸取了之前正面冲锋伤亡太大的教训，当即采取小群多路战术，兵分三路以三面合围的态势向无名高地发起猛烈攻击。二班长唐建林左手受伤，他把冲锋枪往脖子上一挂，用右手把一个个手榴弹准确地扔进敌人的地堡。六班长潭光中头部受伤，顾不上包扎，继续往前冲。

伤痛使人更坚强，眼泪使人更勇敢。朱山荣叫来担架队将连长、副连长抬下山后，用袖子擦干眼泪，两眼冒着怒火。他端起冲锋枪，对一排长说，现在由我们俩组织指挥全连，为连长、副连长和战友们报仇，一定要把高地夺下。连部的通信员、卫生员冲过去抱住指导员："连长、副连长都负重伤了，你是全连150多人的主心骨……"

朱山荣咬紧牙用力掰开几个战士，手一挥："同志们，为连长、副连长报仇！为战友们报仇！给我夺下高地！冲……"说着，第一个冲向了敌阵！全连官兵在朱山荣的指挥和带领下，冒着枪林弹雨一齐冲入越军阵地。经过47分钟的激战，朱山荣所在的尖刀六连终于夺下了高地。

……

夺取并坚守在高地上的朱山荣知道，越军肯定不会罢休，于是趁天黑之前，立即指挥官兵抢修工事，组织抢救伤员。

果真，第二天天刚蒙蒙亮，越军即组织了强大的炮火，一次又一次地向代乃高地发起攻击。朱山荣带领全连官兵与敌军激战，坚守阵地两天一夜，连续打退了敌军18次疯狂进攻。有好几次都是你死我活的肉搏战。全连官兵始终抱着"人在阵地在、誓与阵地共存亡"的坚定信念与敌人展开殊死搏斗。在一次肉搏战中，越军一发炮弹飞来，在朱山荣和二班副班长郭享贵的身旁炸响。当朱山荣满脸是血从尘土中爬起来时，却看到郭享贵胸前不断冒出鲜血在他身旁抽搐。朱山荣一把将郭享贵抱在怀里："小郭，坚持住！小郭，坚持住……"朱山荣的呼喊声中带着哭腔，泪涕聚下，撕心裂肺。可是，小郭却再也没有醒来……

据战后统计，敌人先后向这个纵深不足500米的高地发射了4000多发炮弹，整个高地成为一片焦土。

阵地上的朱山荣（左一）

每次密集炮火过后，营团首长都在报话机里大声喊着："朱山荣，朱山荣，活着请讲话，活着请讲话！"有几次，朱山荣都被埋在尘土下，隐隐约约听到营长喊他的声音。他总是拼尽全力从尘土中爬起来，从报话员手里接过报话机，向上级报告："报告营长，我还活着，我还活着！请放心，只要我不死，阵地就丢不掉！"

……

尖刀六连最后牢牢守住了阵地，保障了大部队围歼柑塘战役的伟大胜利。越军的东援计划被粉碎了。越军王牌316A师不可战胜的"神话"被打破了。

胜利了，朱山荣还活着，却已经浑身瘫软，怎么也站不起来。这时候上来几个战士把他架住扶下了山。

战后，朱山荣的尖刀六连被中央军委授予"能攻善守英雄连"称号，两个战斗排荣立集体一等功，朱山荣和5位官兵荣立个人一等功，朱山荣本人被昆明军区授予"战斗英雄"光荣称号……

战争是残酷的！尖刀六连，朱山荣的21位战友长眠在了这片高地和通往这片高地的小路上。同时这片高地还浸染着朱山荣另外70位战友身负重伤后洒下的鲜血……

不是真正的军人，感受不到作别军旅的伤痛

不知哪位哲人曾经这样说过："人生就像一场马拉松，不在于起步的瞬间爆发，而在于途中的一贯坚持。"

战后的朱山荣，没有沉醉于《祝酒歌》里，没有躺在军功章上。作为政工干部，他一面带兵，加强思想政治工作；一面加强自身的政治理论和军事文化的学习与研究。一个人悄悄地对西线这场战争的"胜败因果"，用学术的方式，加以研究总结起来。

他对越南为什么敢于动起称霸亚洲并对中国发起战争的野心，客观地总结出了几条："狼子野心，全民皆兵""多年用兵，上下齐心""敢于拼命，工于用心"。同时对我军为什么能大获全胜，更有深刻认识，那就是："英雄之师，所向披靡；正义之师，无往不胜！我们对待狼，已经学会了重视、仇视、鄙视、蔑视。"

……

宁可千日不战，不可一日不备。和平时期的朱山荣不仅认真研究新时期思想政治工作的规律，也认真学习和研究郭兴福军事训练教学法；不仅自己所带的部队士气嗷嗷叫，年年争第一，还经常在军事学刊上发表研究文章。那时的他正有一股"春风得意马蹄疾"的感觉。

　　然而，命运这只无形的手，有时候你摸不准它的方向。

　　从延安时期的精兵简政到解放战争胜利后的军转民，从抗美援朝凯旋开发北大荒搞军垦，再到对越还击作战胜利后的大裁军，我军每一次大战胜利之后，都有一次大的裁军行动。由此，一个个将军梦被无声地击碎在这一次次大裁军的行列中……

　　中越之战，从1979年2月开战，我军将越军赶出中国国境之后，实际边境的零星战役，也就是拉锯战，直到1988年，两国开始握手交好，才真正现出一道和平的彩虹。1989年开始，我军根据国际环境，开始战略转移，从数量密集型向科技强军、素质强军型转变，新一轮的大裁军开始了。朱山荣所在的部队，在裁军计划之内。他虽有战功和实战能力，却没有过硬的文凭。上海人"念家"，多数上海兵很少有扎根军营的想法。而朱山荣在脱下军装的那一刹那，一个心心念念扎根军营一辈子的梦，却被击碎了。

　　人生没有如果，只有后果和结果。一个人或许很难改变一个尴尬的开局，但是任何人都有权利去创造一个成功的结局。

　　他让妻子将自己所穿过的军装全部洗净烫平，同时把所有的军功章和荣誉证书同军装放在一起，打包封存起来。那天，朱山荣对着这个装满一身荣光的木箱深深地鞠完一躬之后，抹干眼泪，踏上了归乡的征程……

　　那天我与朱山荣大哥谈到深处时，他整个眼圈充盈着泪水，他对我说："这是我几十年来头一回坦露这段心迹。因为没有相同经历的人，不可能理解一个真正军人在作别军旅时的那种伤痛！"

"不要恐吓我，怕死，我就不来610！"

　　网络上曾有个热词，叫"华丽转身"。朱山荣转身那会儿，有没有觉得自己很华丽，我们不得而知。但奉贤的家乡父老知道，就在朱山荣离开军营踏上故土的那一刻，他已经把"特别能吃苦、特别能战斗、特别能忍耐"的一身军魂,也一同带回了家乡。

朱山荣是个极具挑战性的人物。按照有关政策,他本可以带着"战斗英雄"的光环,在上海市中心城区找一个"一盏香茗一支烟,一段趣闻侃半天"的清闲位置,过着舒适的日子。可他偏偏选择回郊区奉贤家乡公安一线工作。他说"当兵是保国,为警是安民",这里有他童年的足迹,这里能听到母亲心脏跳动的声音。

……

或许人们还记得,20世纪90年代末,有一种叫"法轮功"的东西,忽然间像漫天的乌云一般席卷而来……

战争与和平,其实多数时候是不以人的意志为转移的,树欲静而风不止……

1999年6月10日,中共中央、国务院宣布成立"防范和处理邪教问题工作办公室",简称"610办"。时任奉贤县公安局副局长的朱山荣,清醒地看到了这一点。他早已攥紧了拳头,牙齿咬得嘎嘎响。当局党委指定朱山荣分管"610办"工作时,他二话没说,立即投入反邪教的工作中去。

2002年5月,朱山荣被任命为上海市奉贤区"610办"首任主任。

上海,文人喜欢称"海上",东西南北风时常裹着"香风"和"妖风",不经意间从四面八方或徐徐或猛烈吹来。奉贤依海,是上海的"风口",每天最早沐浴"南窗风"。奉贤还是上海的教育、体育、旅游和航运重镇,地理位置特殊而复杂,也是"法轮功"当时在上海最猖獗的地区之一。朱山荣就在这样一个特殊地区担任"610办"主任,又一次临危受命,又一次站在了前沿阵地。

朱山荣通过排摸探底,充分估计到了眼前"610办"这个阵地对面的敌人,远比20年前的"小鬼子"更凶险,更难对付。因为消灭一个人的躯体容易,而去除一个人身上散发出的毒气,却很难。你可以轻轻叫醒一个躺着深睡的人,却无法唤醒一个站着装睡的人。朱山荣这个从不服输的人,再次认定自己面对的是一个强大的对手,而不是一只一戳即破的"纸老虎"。这时候,他吃住都在办公室,已经做好了打大仗、打恶仗的心理准备。

真正的领导不在于你统率了多少君子,而是驾驭和改造了多少背离正义的人。朱山荣在跃出"掩体"准备"出击"之前,开始了运筹帷幄，周密布局。一对坚毅的目光紧紧盯着面前的《奉贤县区域划分图》，他想起了一句话："放手发动群众，壮大人民力量"，朱山荣一拍书案："对，发动群众，依靠群众，在奉贤打一场反邪教的人民战争！"

即刻，朱山荣采用"打人民战争军事作战预案"的形式，开始布局。他把区、镇、村三级党组织和机关、团体、社区、学校、家庭，设置成"三纵""五横"，每块一组，专人负责；做到横向到边，纵向到底，三级联网五块联应，层层拉网，环环排查，将所有的交通要道和每一条小路以及 20 多个卡口、哨所，牢牢把控，撒下天罗地网。对那些男的背包、女的拎包、神色可疑者，一律严格盘查，不留一条漏网之鱼。

接着，朱山荣把全区排摸出的参与邪教活动的对象，逐个分析摸底，根据涉事程度，分别排出了"好奇赶热闹""健身想仿效""蛊惑人入套""幕后当助教""前台吹口哨"和"地区当总教"六种类型。

"从游击战到集团作战，再到集中精力打歼灭战"，这些战略战术，在我党从胜利走向更大胜利的历史进程中，发挥了决定性作用。"610 办"主任朱山荣，有了"地区形势图"和"六类人员账本"，他心里有了"分区隔离，分块管理，因人施教，因人施管，不留任何一寸土壤给不法分子种罂粟"的一整套策略，开始从"防御战"转为"进攻战"。

那个地区幕后"总教头"、某高校的"著名教授"，开始狗急跳墙了，让身边的几名骨干分子，分头给朱山荣和他的家人"打电话"："教主无处不在，随时让你化为尘土！请收手！"

一个聪明的"猎手"往往不怕他的对手装聪明，而是害怕他的对手装糊涂。一名勇士不怕正面的刀光剑影，就怕背后的暗箭有剧毒。朱山荣接到的恐吓电话越密集，越觉得"这是对手开始崩溃的前兆"。他对那些恐吓电话，只说一句话："不要恐吓我，怕死我就不来 610！"

"不管我哪天倒下，但我的心永远是站立着的。"朱山荣心里这样想着，并对这个地区的"总教头"加大控制力度。他采用"攻心为上、攻身为下"的策略，表面上有意对"总教头"不动声色，却将"总教头"身边的几个"骨干"逐一"请君入瓮"，放放收收，以彻底瓦解他们的意志。

在朱山荣"610 办"的强大攻势下，那个"著名教授"、地区"总教头"在奉贤已经找不到一寸土壤让他"布施"，不得不低头认输，

作者采访朱山荣(右)

并从上海调离至外地，从此离开教育岗位……

邪恶在正义面前就像露水，阳光一晒就消失了。

鉴于奉贤在诸多复杂的形势下，防范邪教工作走在全国前列，中央要求奉贤"610办"认真总结经验，并向全国推广。朱山荣被中央记了一等功，并受到时任中央政治局常委、政法委书记罗干的接见。

或许经过历史沉淀后，人们更加认为，让朱山荣担任奉贤"610办"主任，这回人事部门用对人了。同时，人们或许还会感叹，"610"这个"符号"其实是我们党和国家曾经的一块痛！

勇士冲锋一阵，英雄守义一生

时下官方最热的四个字是"不忘初心"。笔者自从结识朱山荣大哥后，心里就想，仅仅"不忘初心"还不够，一个伟大的心房，有时候应该切成三块：一块用来流血，一块用来隐忍，留一块最大的用来宽容。

2012年11月，朱山荣光荣退休了。

有人退休即"回窝"，有人退休即成"香饽饽"。这些年中央对官员"退而不休"的禁令，三令五申。但关了这扇门又开了那扇窗，继续"掌权谋利"的官员不计其数。

朱山荣即将退休和刚退休的那段日子，其身价就像深闺待嫁的娇娘，或电话或登门，"求贤"者络绎不绝，踏破铁门，希望"老领导"来做"顾问"。这些"求贤"者中，多数都是一些私营企业主。这些老总答应给他开年薪动辄几十上百万，多则几百上千万。朱山荣暗自笑笑："他们无非就是想让我去帮助解决一些'法外'的事情，因为一般人帮不了啊。"

人这一生，有时候出击是最好的坚守，而更多的时间不是出击而是坚守。其实，坚守比出击更难。就在朱山荣被"求贤若渴"的队伍长长围着的时候，他用了"在'利'字面前学会放弃，在'义'字面前学会坚守"这样18个字，横在自己面前，一一谢绝了所有的"求贤"者。

所谓骨气，"气"由"骨"生。骨头硬者，是浩然正气；骨头软者，是颓靡之气；而无骨者则无气。儒家所言，正与朱山荣附体。他想，大半辈子过来了，如今不缺吃不愁穿，想想当年倒在身边的那些战友，还有什么不知足的。

深秋的南桥,整个大地被染成金色。朱山荣轻轻推开窗户,迎着微微的秋风,举头面向西南当年战斗和战友长眠的方向,自言自语道:"兄弟们,我现在退休赋闲有时间了,我会经常去看你们和你们家人的……"

这一夜,朱山荣又一宿未眠。在他身边倒下的 21 位战友,又一个一个浮现在他面前。"从别后,忆相逢,几回魂梦与君同。今宵秉烛照天烧,告慰英魂在梦中……"

他一直记得,那时候一个战士牺牲 400 块钱抚恤金,连排干部牺牲拿 11 个月的工资,加起来也就 800 到 1000 块。同时期一头牛卖 1000 块,一头猪卖 800 块,而有的地方还搞雁过拔毛,一些烈士家属甚至连 40 块也没拿到,就连自己的亲骨肉埋在哪里都不知晓……

每每想到这些,朱山荣心里总在滴血。那天朱大哥说到这里时,我们两个六七十岁的老男人忍不住一同老泪纵横!

我们的民族总是英雄辈出,但我们的民族又总是忽略英雄。发动战争的往往是"老人",执行战争的都是年轻人。执行战争的人前仆后继,发动战争的"老人"眼睛却患白内障了。一将功成万骨枯,千年惯例。

经受过严寒的人,才知道太阳的温暖;饱尝过人生艰辛的人,才懂得生命的珍贵。朱山荣退休后的 8 年来,连续 8 次组织上海参战的战友赴云南昆明"屏边烈士陵园"集体扫墓。同时他还牵头,把上海当年参战的幸存者组织起来,捐资为"屏边烈士陵园"里包括朱山荣所在连队的 21 名烈士在内的烈士,建造一座"烈士浮雕墙"。或许刻在朱山荣心里的 21 位战友的名字,比刻在"屏边烈士陵园"墓碑上的名字更深刻。

朱山荣的性格应该是比较理性

的，一般不大容易落泪。但因为灵魂的情感把他的那颗心撞得很疼，于是，英雄一样泪沾巾。退休后，关心下一代委员会请他做报告，给孩子们讲讲那场对越还击战。朱山荣只讲了3场就决定不讲了。他说："一讲心就痛，实在是不忍讲下去了！"

其实让朱山荣心痛的，还远不止是怀念当年那些倒下去的战友。就在前几次他们去云南"屏边烈士陵园"扫墓，去祭奠一群为国捐躯的人，却被当地公安阻挠劝退，然后又派干警随行盯梢。一个老公安一群舍身卫国的"战斗英雄"，去祭扫自己的战友，却被当作"维稳对象"。朱山荣心里横竖不是个滋味。但他坚信，这种不正常的现象总有一天会过去的。

那次在"屏边烈士陵园"祭扫完战友后，朱山荣一行来到烈士邱顺红的家乡四川泸州。当年邱顺红牺牲后，父亲听到儿子殉国的消息，一口气没挺住背过气去了，妹妹接过哥哥的枪当了兵。但战争结束后，农村来的妹妹因为没文化，部队无法安置，还是退伍回乡务农了，家里没个壮劳力没个男人做支撑，这个家的"脱贫之路"走得有多难，可想而知……朱山荣当即决定，组织战友为贫困地区的烈士家庭专门成立募捐小组，尽最大努力帮他们身边倒下的战友亲属摆脱贫困。

人世间或许就是这样，和你一起笑过的人，或许你把他忘掉了。但是和你一起流过血的人，你是很难忘得掉的。灵魂的情感，才是骨子里的真正情感。

又是一年清明，朱山荣和他的祭扫队伍，又一次来到"屏边烈士陵园"战友们的墓碑前。看到墓碑上刻着战友们的生卒年月，朱山荣又一次生发无限感慨。韶光易逝，岁月荏苒。40多年过去，那些年轻战友的音容笑貌却在眼前一一浮现。

每一个生命都是美丽的，再小的苔藓花也愿如牡丹一般争相开放。纵使黑夜吞没了一切，太阳一出还可以重新再来。而生命只有一次，可你们来也匆匆去也匆匆。

时间不会像春天那样年复一年地重复出现，却像江河的流水，昼夜不停地向前流逝。这次去屏边烈士陵园祭扫，朱山荣事先邀上了部分烈士的亲属。69岁的朱山荣，看着墓碑上战友的名字，再看看眼前一天天老去的烈士亲人，瞬间鼻子一酸，两行热泪就不由自主地淌了下来。他望着烈士王铁钢的妹妹那艰辛的面容，哽咽着嗓子，轻轻说了声:"阿妹吃苦了!"又说:"阿妹放心,只要我朱山荣爬得动,每年我都会来看你铁钢哥哥的……"

就是这位"阿妹",当年哥哥倒下的时候,在家当基干民兵的她冲到前线接过哥哥的枪,继续战斗。战斗结束后,这位"铁姑娘"强忍着悲痛,脱下军装带着哥哥的遗愿,回到陕西咸阳母亲身边,为母亲养老送终……

阿妹说:"本来俺娘很想来看哥哥的,可她已经走不动了!"朱山荣看着眼前未及耳顺却满头华发的阿妹,不禁心头一阵酸痛。他当场拉开旅行包,把从上海带去的现金,除了留下回程的路费,一股脑全拿出来塞进了"阿妹"的旅行袋,说:"这是我的一点心意,帮我带去给阿娘吧……"说完背过身,双手用力捂住脸,不忍说出一句道别的话……

雨水落下来,是因为天空无法承受它的重量。眼泪掉下来,是因为他的心再也承受不住那样的伤痛……

(原载《老兵永远跟党走——奉贤退役军人风采录》)

君子有约

一蓬幽兰窗前笑，
雪花伴舞如春潮。
斗室不惧严冬苦，
有君相伴乐逍遥。

20多年前的某个冬日，密密匝匝的雪花绕着我的那间斗室迎风起舞。这时，我窗台上的那盆春兰开了。窗内窗外，白雪公主与我的空谷仙子，交织在一起，格外生动起来。

虽说我的兰花少了雪花几分白，可漫天的雪花，却比不了我窗前兰花的一室香。即景之下我诗性大发，并把我这间斗室取名为"兰花岛"。次年秋天，我的散文集付梓时，就把"兰花岛"作为书名面世……

说到《兰花岛》的面世，倒给我莳养兰花增添了不少动力。一些读者得知我爱兰，逢年过节或看到好的花苗，便作为礼物送来给我。我老家婺源的一位表哥，山里人叫他"老夫子"，看完我的《兰花岛》，竟然找了几个壮劳力跑进深山老林里为我寻来几盆极品九节兰。那年春节由老家回沪时，为了了却表哥的一片心意，我谢绝了其他土特产，只从千里之外捧回几盆表哥送我的兰花。

说是"兰花岛",其实就是一间百十平方米的斗室。我这个人很是"阿Q"的。世界再大,白天只坐一把椅,夜间只睡一张床。但是,就是这间斗室,我的主卧、客卧、客厅、餐厅,特别是我的书房和阳台,每一间都放有我的盆栽兰花。之后,有了这些兰草做伴,我的许多灵感,都来自于此。比如两年前我出版的一部散文集,就是在冬日里看着眼前一堆厚厚的书稿和屋子里那些生机盎然的兰花,突然就觉得,那不就是隆冬里的一盆火吗?于是《雪夜篝火》的书名,就这样从脑海里蹦了出来。

又一年的春节快到了,我们家的兰花又要开了。可能是暖冬的缘故,刚入腊月,家里的三盆蕙兰就开始争相往上蹿蕊。比起往年,花干更壮,花蕊更多。看样子是要赶在新春万家礼花之前绽放了……

但这几盆兰花只长花干却不着急爆开花蕊。结果是花干越长越粗,花蕊也自然越长越大,眼看着我们就要回老家过春节去了,我们家的兰花还是有点"只见梳妆未见上轿"的感觉……等不及花开,我们只好先行回老家过年了。就在千里之外我们依旧念念不忘:可能等我们回去,家里的花都已经谢了!

出奇的是,当我们过完春节从故里回巢时,花并没有开。但见每一盆蕙兰都高高地挺着花干,一串串花蕊亦爆未爆,每一个花蕊上都有一滴晶莹剔透的水珠。就在主人回巢后的第二天清晨,我和爱妻都突感清香扑鼻,拉开窗帘透过朝晖一看,三盆蕙兰忽然吐馨开放了,每一朵兰花都像朝着主人微笑。啊,我们的身心一下被醉倒了……这时,

我们意识到了，或许是"君子有约"，我们的兰花"君子"，不见主人不开颜……

此刻，我似乎读懂了"王者"的习性。她们是最通人性、最有灵性、最懂人情的，你给她一瓢水，她还你一片天。你对她守候，她拥你入怀。她们最会测君子抑或凡人之心，也会日久生情。不入兰花法眼者不以为伴，能以兰花为伍者自是高洁。这与铜板多少无关，与庭院大小无关。我家没有宽敞的墙院，没有华丽的庭廊，只有一颗纯净的爱兰之心，能给予她的也就窗前一案露天一隅。这些兰花却蓬蓬勃勃为我绽放……我时常为她们感动着！

世人都说神仙好，就是乡愁忘不了。自从在老家婺源置办了小宅之后，年年都想着回老家过春节。而恰恰这时候，我养的这些兰花，有好几盆都要争相在这时候给主人添点"年味"。

"天下年货皆相似，唯我'九畹'最新奇。"我与妻一合计，宁可不带其他年货，也要把几盆即将开放的兰花放进车里带走。于是，这些年我们每年回老家过年的时候，除了留下驾驶、副驾驶座位，整个车子的后座和后备厢，摆的全是兰花。我的这些兰花更加争气，每每开花时间，总是选择在大年除夕或大年初一开始争相开放。有了她们款款深情地到来，年夜饭便增添了不少的喜气和仙气……

兰花又称"九畹""兰草""香祖""中国兰""空谷仙子"和"王者香"等。兰花，素来被人们奉为君子。兰花主要分为国兰和洋兰两大类。国兰也就是我国传统的兰花，品种也很多，如春兰、寒兰、墨兰、建兰、蕙兰等。一般家庭莳养多数为国兰，且以春兰、建兰和墨兰居多。说是兰花娇贵，其实只要掌握好她们的习性，比侍候宠物容易多了。

"幽兰窗前种，王者拂清风。不择门庭立，乐至寒门中。"满眼的"仙草"，总能给我带来许多灵感。"品得一兰香，万园无颜色。"我常常会伫立在阳台的兰草丛前，或紧盯着一株兰花出神，此时眼中的世界已无他物……

我们的先人把兰花称为"王者香"，我觉得最是恰如其分。在我的嗅觉中，唯有兰香的味道是世间最美的。

人生，仕不在权贵，居不在阔绰，有兰相伴足矣……

（原载《新民晚报》"夜光杯"2021年6月12日）

美发店里看定力

一哥们刚才给我的电话里猛表扬自己,说:"我发现自己如今的定力已经修到了一定的程度。"接着给我描述了刚刚在理发店发生的一幕——

今天去一家理发店理发。服务员说先洗头,洗头的姑娘长得挺标致。姑娘一边帮我洗头一边问我:"是会员吗?""是!""几折的?""3折!"(记住,这都是套路,是不是会员分不同的套路)……

洗完头,我问:"有没有棉签擦一下耳朵?"为我洗头的那位服务员说有,便很快拿来棉签为我擦净耳朵里的水,边擦边对我说:"可以做个采耳的。"她这么一提醒,我耳朵还真有点痒痒起来,好多年没采耳了,趁今天有空采一个吧。

我正想着,那位姑娘热情地说:"为您指定的理发师来了。"我一看是位小伙子,人也长得蛮帅气,可惜整个左手做满了讲不清楚是什么神兽的文身图案。说实话,我对有文身的人,无论男女,感觉不是太好,除非是文在上官婉儿额头上的那朵销魂的梅花。我淡淡地对理发师提出要求:"冬天稍微修修就行,不要剪得太短。"小伙子也淡淡地点点头。

20世纪70年代,家父担心我弱不禁风,心善如佛,怕是养不活自己,初中没毕业就为我准备了一副"剃头家伙什儿"。于是,从上农大开始,我就在学校学雷锋为老师、同学理发。参军时,我又把这套"吃饭家伙"带进了军营。自从大家看了我的手艺，连队的干部战士非我不允许其他人摸头。尤其在广西对越反击战开战前，给每个人剃光头派上了绝对的用场。"剃光头"其实是绝对检验一个理发师技艺的，亮与不亮全凭手上活儿（用的不是推功而是刀功）……因此，我后来自己每次出去理发，理发师一上手，我就能掂量出他的技术。这么多年来，我享受过最好的理发"艺术"是20世纪90年代在南京华东饭店"司令员的专职理发师"。

今天为我理发的小师傅，年纪不大，上手不错，我有些小看他了。活儿做到差不多的时候，我表扬了他一下："小师傅手法不错，做事也很用心！"

表扬完，小师傅开始亮明"身份"："我是这家店的总监，今天我为您做贵宾打折服务，下次找我可是要收4倍的价噢。"随即向我亮出胸牌，上面标有大名、服务号和职务。我忽然想"好像每一个理发店都来这么一下"。我十分诚恳地笑笑，说了声"谢谢！"

理完，吹去头上、身上的碎发，小师傅说："再洗个头。"这句话实际就是一个"交接棒"。接下去，女服务员把我领去洗头，并再次动员我采耳，我也就没有拒绝。

前面说了，姑娘长得有几分姿色（我们民族这一类的服务行业，包括高档的餐饮业，均如此。这与一些发达国家恰恰相反，比如日本，他们类似服务行业用的都是一些年长者，好钢用在刀刃上，年轻美貌的姑娘们，多数都被派往国家建设的重要岗位上去了）。姑娘把我引入里间躺下，很体贴地为我盖好毛毯，说天冷了不要冻着，便开始准备采耳的工具和材料。其实就一个耳扒、两根棉签和一个刷子，比曾经为我做过采耳的一些专业点简单多了……就在这时又进来一个看上去资历略深些的服务员。为我服务的姑娘介绍说："这是我们的业务经理。"

这时，一个姑娘为我做采耳，另一个姑娘就站在一旁，两人一唱一和，开始对我全方位地恭维起来：

"长得很帅噢！"

"气质真好！"

"不到四十吧？"我一个六十有几的人，怎么看也不会看出不到四十吧（属于过度夸张）！

"肤色真好，哥哥平时都做些什么保养呀……"

"没什么保养，跑步锻炼身体。"我回答说。

"看得出来，您很会注意养生的。不过您的脸上、脖子上有一些斑斑点点的，叫'蝙雀斑'，不处理掉会传染的，甚至会感染家人……"

我太熟悉自己的身体了……但不会一下点破，也不愿让气氛一下进入僵局。其实都知道，她们说的这一套东西，就是她们平时训练的台词……开场先把客人说得心花怒放，接着就是指出很多问题……我心里已经有底，静候她们亮出什么"牌"。

所谓采耳，也就不到三分钟的事，然后甜言蜜语、咪咪摸摸耗时间。经理说："这是我们店里最好的姑娘，怎么样，服务好吧？"我回答很利索："很好！"经理说："那就为她投一票吧。"我朝着为我服务的那位姑娘带有调侃的语气说："哟，不容易，经理亲自进来为你拉票了。"然后我说："好啊，怎么投？"经理说："我们这边投票以向卡里注钱的形式，一票底数 2000 元……""好吧，那就等我备足钱袋子，下次过来投吧。"

我这是用的"画饼充饥"法，给她们一个台阶。这时两个姑娘的公关加大了力度，软磨硬泡："就今天吧，就今天吧，活动马上就要结束了……"

这时，我强装笑脸，假装绅士状态，其实已经有些不耐烦地回答她们，说："我正要回去赶写一篇文章，题目叫《曾经沧海》……曾经沧海，知道什么意思吗？意思是说，我还是曾经见过世面的……"说完，我结好理发和采耳该付的钱，朝两位服务员微笑着走出这家理发店……

走在回家的路上，我突然觉得自己在这种"猛烈攻势"面前，竟然没被"忽悠"进"沟里"，真是了不起……

……

听完哥们儿讲完刚刚发生的故事，我心想，按讲，当下这种事已经不是什么新闻，早已见怪不怪了。已近年根，许多人、许多私企个企无米下锅，好在人家只是采取一种公关手段，并没有直接向你下黑手。

出现今天这种局面，以我一孔之见认为：一方面，所谓新冠疫情 3 年了，现在各行各业都很难，美容美发行业也不例外，你看 4、5、6 三个月，所有这些服务行业全是"关声一片"，她们吃什么呢？当然，所谓"君子爱财，取之有道"。这个《增广贤文》中讲的"有道"，原意讲的不仅是"门道"，更多的意思在于"道义"。拿到当下来说就是，既然放开了，那就正正当当做事。仅靠蒙靠诱，总不是长久之计……

另一方面，当下社会由于各种环境影响，并不是只有走夜路才会踢到石头的，许多人发现生活中到处都布满陷阱。你要不学会遇事"三思"、保持清醒头脑，一不小心就会掉进沟里或被"暗器"击中。当下不有一个热词叫"躺着中枪"吗……

再者，我们必须承认，当今社会发展虽然蒸蒸日上，但在金钱、美色等各种不良现象的诱惑下，有些人该有的自律、定力及修为，在一定程度上确实大面积滑坡。中纪委每年逮那么多高官，多数不都倒在"声色犬马"四个字上吗……

（原载"春秋之声"2022年12月14日）

人性这点事
——电影《一出好戏》观后

早上,爱人对我说:"新上来一部电影,黄渤导演的,叫《一出好戏》,看不看?"听完导演名和电影名,说实话,第一时间没引起我的兴趣,不用说也知道是一部闹剧。

反正周末,闲着也是闲着,于是我和爱人一同走进了电影院。电影开映后,影厅内一阵接一阵地发出哄堂大笑。应该说,编剧动了不少脑筋,设计了不少笑点。可我怎么也笑不起来。我一面为那颗陨石最终没有撞击地球毁灭人类而庆幸,一面又为活着的人和人的人性无休止地相互撕扯,而感到可怜与悲哀。

你看岛上那群"落难人",权力更迭的背后,实际上就是我们平时生活中各种阶层中权力机构的一种深刻折射。大自朝堂小至草堂,甚至一个城管或一个戴袖章的老大妈,都会把芝麻大的权力运用到极致。

剧中,当这群人脱离现代文明,一下被抛到一个孤岛上的时候,为了自身的生存也为了日后的发达,那种人性的本来面目一下子暴露了出来,一片片地被撕开,撕碎在人们面前。

先看司机小王小人得志的模样,真的应了一句古语:"子系中山狼,得志便猖狂。金闺花柳质,一载赴黄粱。"而剧中的主角马进,为了那张"6000万"的奖券,内心一天天地煎熬与挣扎。但这种小人物,恰恰有他本真善良的一面,为了得到真正的爱情,宁愿被人当成疯子也要说出真情；张总就是"张总"，无论到了什么样的生活境地，始终保持领导者的一副做派。于是，领导者自然地永远是获益最多者；而那个表面懦弱的小兴，其实把心里的阴暗隐藏得最深，也应了一句话，那就是"可怜之人便有可恨之处"……

鲁迅先生说过，"悲剧是将人生有价值的东西毁灭给人看，喜剧将那无价值的东西撕破给人看"。这种定义是否准确我不敢说，但却抓住了讽刺喜剧的内核。以本剧而言，人性本身的那种丑陋是无价值的，于是将其撕破来给人看。这就是喜剧的表现力。

我们知道，讽刺与幽默是人智慧的最高表现，即使是"正喜剧"也需要借助讽刺与幽默。事实上，悲喜剧的实质精神是剧作家对待和揭示人生的两面性：对于有价值东西的毁灭表示愤怒、悲伤和沮丧，就是一种悲剧的态度；对于生活中无价值的东西被揭露感到高兴，就是喜剧精神。喜剧中往往包含着悲剧的底蕴，悲剧也渗透着乐观的因素。其实现代剧中往往悲喜剧交相混杂，同时荒诞剧、黑色幽默等交错其中。我想，一个真正的喜剧艺术家其心底其实或许是极其悲苦的。

日月交替，世事沧桑，悲喜轮回。我认为，一个写出一部优秀悲剧的剧作家，可能他的心灵最少被时代撕裂过一回；而一个写出一部优秀喜剧的剧作家，也许他的灵魂已经被生活反复地撕裂和挫伤踩躏过无数次。因为人性那点事，其实经历越多看得越淡……

（原载"春秋之声"2018年8月19日）

我亲历的四次战役

所谓人生，不是你经历了多少事，而是有多少事让你刻骨铭心。我的前半生，吃糠饮泪、种地放牛、习文扛枪，走过闽山赣水漓江淮河，在苏南依猪舍而宿；在京城，借地下人防工事避暑抗寒。一路走来，荣辱共存，喜忧参半。但最让我难以忘怀的却是亲历的四次战役——

边陲硝烟起 男儿当报国

我对"1979年2月17日"这个时间的牢记程度，要比我自己的生辰年月深刻得多。这就是"对越自卫反击战"。

43年前的这天，清晨6时的西南边陲，天还没有亮透，大地在一片寂静中等待天边的那抹红霞。6点25分，三颗红色信号弹划破了南国的天空。随即早已布防在龙州、扶绥、水口、凭祥友谊关等边防线上的我军各种口径火炮，一齐向敌人阵地呼啸而去，很快炮火与霞光交织在一起，让南国早春的层层雾幔和那片妖娆的土地，都被映得通红……当时作为一名通信战士，在飓风一般的炮火下，我感受到敌人的魂飞丧胆血肉横飞的狼狈，感受到祖国威武强大的骄傲与光荣……

我从穿上军装到走上战场，也就仅仅一个多月的时间。作为"三人战斗小组"中年龄最小、资历最浅的一员，初生牛犊不怕虎的我，没有半点畏惧，迎着炮火直接冲到最前面……出征之前，我写下"请战书"和"遗书"。请战书是这样写的:"泰城山(连队驻地的一座山名)下举拳头,一门门大炮昂起头。革命战士铁拳头,砸碎敌人的懒狗头。抱死爱国一念头,何惧沙场献我头……"而我的"遗书"很简单,只是在唐人王昌龄的一首《出塞》诗的后面加了两句:"秦时明月汉时关,万里长征人未还。但使龙城飞将在,不教胡马度阴山。向天三拜叩高堂,七尺之躯赴国难!"我记得这两"书"曾被口口相传,后来还上了战地快报。我递交这两"书"的同时,昭示自己已经把整个生命交给了祖国……

战争是残酷的。每次执行任务回营,当看到我袖子、裤脚全被扯光,满脸满身都是血,战友们一个个满脸是泪。然而,虽然战斗中多次遇险并终身留下伤痛,但我从未感到遗憾!战后,我们连被中央军委授予"畅通无阻英雄连"荣誉称号,我被推举光荣出席了中央军委在南宁市召开的庆功表彰大会……

站在 SARS 阻击战的最前沿

风从岭南来,直奔京城去。2003 年的那个春天同样搅得世人惶恐不安。我所在的解放军某医院是一家以治疗消化道、呼吸道疾病为主的内科医院。非典暴发时被原南京军区指定为"SARS 定点收治医院"。

作为军人,上战场是兵者之责。作为医院的政治主官、班子的"班长",且经历过沙场考验的我,已经将个人的生死置之度外了。但此时,我所面对的敌人却不像对越自卫反击战那样,高矮胖瘦一目了然。这个敌人来无影去无踪。

不过,因为我院有一支在军内外有影响的骨干队伍,对于收治水平和承载能力,我毫不怀疑,且对打赢这场仗,我充满信心……但在这特殊的敌人面前,此刻,作为"管人的人",每天要面对各种各样的人,要应对各种可能出现的不可预测的局面,我自觉压力山大……

19 年前,媒体、通信、舆论,不像今天这样铺天盖地,来得快。很多人甚至到 SARS 疫情结束,这几个医学字母还没能记清。但亲历过非典这场战役的人是领略过它的凶残的,尤其北京小汤山,年长一点的都知晓。我妻子胆小,所以我没跟她多说什么,只是拎了几套换洗衣服,轻描淡写地说了声:"这段时间,我就吃住在医院了。"其实,我与妻子说这话的时候,已经做好回不来的心理准备……

世界上没有从天而降的英雄,只有挺身而出的平凡人。被军区指定"SARS定点收治医院"且我的"动员令"发出一小时后,无论老同志还是新同志,无论是共产党员还是共青团员,无论是现役军人还是聘用医护,瞬时间全院100多名同志的请战书,齐刷刷放在了我的面前……

看着这些带着体温的请战书,望着一张张坚定而熟悉的面孔,我这颗心沉甸甸的。我的心里一方面感谢战友们这种无私无畏敢于牺牲的精神,另一方面却在想:"希望战后,战友们都一个不少地站在我的面前!"……

之后的抗疫战斗中,我每天都被身边这些敢于"英勇赴死"的战友感动着!尤其是我院几位很有名望、打过许多生死硬仗的老专家,为了打赢这场SARS阻击战,也都做好了慷慨赴死的心理准备。后来得知,有的同志还给家人写好了"条子",做好了身后的"交代"……我本人也在战前"填鸭式"地恶补救护防护常识,毫无畏惧地站在一线靠前指挥,为战友们加油助威,当好"后勤部长"。

人们之所以赞颂勇气,是因为人类总是在明知有风险的时候向死而生。这就是我们的医者,这就是我们的战士!

新冠袭来再出征

关于新冠的暴发,于我来说也是一场刻骨铭心的战役。

这年正好赶上我的退休年龄,想到自己的工作舞台将要落下"帷幔",便不顾任何险情,请求冲至一线当一名疫情防控志愿者。有关这一次战役,我有专门文章《一名疫情防控志愿者的日记》,发表于《上海纪实》年2020第1期311页另载,本文不再赘述。

"以笔当戈"抗击"奥密克戎"

没人想到"奥密克戎"这只黑手,像一片乌云般突然向大上海扑来。隐形之敌如影随形般在黄浦江上空盘旋,致使往日最繁华的"魔都"戛然停摆。

一个如雨后春笋般疯长的信息时代,真真假假,形形色色,铺天盖地的各种信息充斥在周围所有的空气里。于是,东西南北"风",这一根根"核酸检测棒"在测试着我这个赋闲人的定力。

其实,对于我这样一个平日就喜欢安静的人,此刻并没觉得"足不出户"是一种"苦囚"。"封"与"不封",我一如往常。相反,我在少了周边的嘈杂而显更加静谧的空间里,有了更好的创作灵感。从政府宣布进入"紧急"状态开始,我个人本着"对人不抱怨、对己不放弃"的积极态度,每天至少一幅"抗疫"作品面世。做到"以笔代戈",如萤火虫一般发出微光。同时,感谢各方为我发来的抗疫素材,让我每日作文不止,散文、诗歌、报告文学、随手短文等各类文体5万余字从我笔下生成流出,且在《新民晚报》"夜光杯"、《上海纪实》、东方新闻、"东方网·教育频道"、上海"固我长城"双拥网、"老小孩"网、黄浦融媒等陆续刊出。其中报告文学《大疫之下的大爱》《"前方后方"携手打硬仗》和通讯《一支特别能战斗的"后勤保障部队"》三篇文章,在"东方新闻"一天分别阅读量均在十七八万;散文《在"书写"中感受宁静与快感》一文,在"东方网·教育频道"和"老小孩"网刊出后,更是好评如潮……

更令我欣喜的是,我的拙字"抗疫书法作品"竟被市、区多家媒体争相刊载。其中5月9日《新民晚报》"夜光杯"在报心位置给出很大版面,刊登我"素心若雪,静观自然"8个大字的条幅,受到不少业内书家的好评。

我兴奋之余挥笔写下"点墨荧光"4个字,并以此编辑制作了一期微信公众号,将抗疫以来书写并发表的"抗疫书法作品"做了个小辑。我在其中找到一种愉悦,觉得自己虽赋闲在家,却并非"百无一用"。

"仰观云移,静待花开""心清水现月,意定天无云"。"奥密克戎"让人"禁足",却也关不住一颗热爱生活的心。每天清晨打开窗户,我依旧听到百鸟啼鸣,看到各类鲜花此消彼长,尽情绽放……

(原载上海"老小孩"网2022年5月18日头条)

最忙碌的一个国庆

今天是中华人民共和国的第71个生日。在这喜庆的日子里，我不禁记起了许多个难忘的国庆日。

我是1960年，也是祖国母亲遭灾的那个初秋投入她的怀抱的，今年已是整整一甲子。可以说我是紧追年轻的中华人民共和国而生的，虽然年轻11岁，但是，这60个春秋，作为祖国大家庭的一员，我是与母亲同呼吸、共荣辱，甚至有过以生命相许的……

《黄浦报》约我写一篇"在黄浦过的最难忘的一个国庆"。说实话，我是不大喜欢写应景文章的，一听"国庆"这样的大题目，我一下没理出头绪，记不起哪个国庆让我最难忘。待我静下来一想，突然间一下涌出许多个让我难忘的国庆。

思绪很快把我拉到了1976年，那是我记事后过的第一个国庆。就在这个国庆前，我们的开国领袖毛泽东主席撒手人寰。逝者的英灵尚未远去，"四人帮"便开始趁机作乱，想一举夺取最高权力。党中央英明果断，一举粉碎了这个反党集团。中华人民共和国转悲为喜，在一片欢呼声中迎来了第27个国庆节，10月的一声春雷，祖国上下人们载歌载舞，大江南北成了一片红旗的海洋。两年后，我在参加地区教师资格考试的作文选题时，两年前的那个国庆情景一下浮出脑海。于是，我的作文《难忘的十月》在地区一炮打响，不仅顺利通过教师资格考试，我的那篇作文还被刊入地区优秀作文选。

接着,我记起了1979年我参军后过的第一个国庆节。这年的早春,为了教训和打击图谋称霸、忘恩负义的越寇,我和我们的部队奉命开赴广西前线。在我军将士浴血奋战、乘胜追击之下,侵略者被赶出了中国的土地。数月后,我们从广西胜利凯旋,回到福建营区。于是,中华人民共和国的第30个国庆日,是在打败侵略者的《祝酒歌》歌声中度过的,我们每一个中国军人的心头都充满着一种自豪。

再之后的40、50、60、70周年的每一个大庆,我都被祖国的发展进步及取得的辉煌成就感动着……

不过,约稿要求特指在黄浦,这不得不让我收窄回忆的时间和空间。今年是我从军队转业来黄浦后过的第17个国庆节。其实,要说难忘,在黄浦的这17个国庆节中,几乎每一个国庆节都能让我想起很多难忘的故事来。

比如刚到黄浦的前几年,我亲历并组织实施的国庆当天全区开展"升国旗、插国旗、挂国旗、颂国旗"活动,其中的场景和感人故事就很多。黄浦是中国共产党的诞生地,是《义勇军进行曲》首唱的地方,黄浦人民对自己的党和祖国自然懂得更透,爱得更深。但要说这17年里,在黄浦过得最难忘的国庆节,恐怕要数最近的一个,也就是2019年中华人民共和国七十华诞了。

几乎从春节开始,政治的、经济的、文化的,全国上下各方面都

作者参加"上海百名书法家南京路百米长卷创作"活动

充满国庆 70 周年的概念。黄浦是上海的中心、窗口、名片，方方面面自然要走在前列。入夏之后，国庆 70 周年的主题宣传氛围，也如夏日的天，一天比一天炙热起来。

我刚允诺为我所兼职的单位——上海市拥军优属基金会黄浦区工作委员会与上海市书法家协会联合举办的一个大型书法创作活动，做一个全面细致的方案和写一个全场本。很快，来自市、区的两家大单位就向我发出邀请，希望我为他们在 70 周年大庆中分别创作一台文艺节目。这些单位的领导，都是我相识多年的老友，纵然压力山大也无法开口推辞。于是，一个国庆，我一连承接下了三大任务。

或许是因为自己走过了 60 年的人生路，或许是因为自己的心脏一直和自己的国土国旗贴得太紧，能清晰感受到母亲的呼吸和心脏的跳动吧，当这三大任务摆在自己面前时，我的眼前就像摆着一幅巨大的中华人民共和国版图，960 万平方公里的山河，是那样的清晰秀丽；就像摆着一部中国共产党百年的斗争史，艰苦卓绝光照千秋；就像摆着一部 70 年的辉煌创业史，知难而进，奋勇前行……

根据三大任务的不同单位、不同职业、不同对象，我很快理出思路，用三种不同的形式，构思和创作了三个大型活动的全场本，分别是综合性文艺晚会《我与共和国同岁》、音乐文艺党课《从石库门再出发》和《丹青颂祖国——百名书法家南京路上书豪情》。这三个本子在交由各级领导、专家审稿时，竟然全文通过，只字未改。更让我高兴的是，由我创作的这三个本子分别在白玉兰剧场、世博园剧场的演出和百名书法家在南京路的集体创作，都取得了圆满成功，赢得社会各界的广泛赞誉。其中音乐文艺党课《从石库门再出发》，被"学习强国"录用；《丹青颂祖国——百名书法家南京路上书豪情》，被 40 余家媒体争相报道。与此同时，我还作为此次参加创作活动的百名书法家之一，参与了南京路百米长卷的创作。

这个国庆虽然忙，但我感到很自豪，至今我还有些沉浸在那种忙而快乐的感觉里……

（原载中央电视台新中国成立 70 周年专题）

想起"红雨"的年代

2022年12月25日,我们全家都赶在第一波慷慨赴"阳"了。

或许会有那么一双没被蒙上的眼睛,他能看见,今天的我们就如那棵小树在猎猎寒风或是在一片汪洋的滚滚洪流中,躺着半躺着或摇摇欲坠地站立着……

冬至之日,窗外依旧阳光姣好。但打开微信朋友圈,就见"羊群"满地……我撞进羊群三天后,妻紧跟其后进了"羊圈"。都以为妻的基因强大身体素质好,可还是全然架不住这只"黑手"的暗算。妻和我一样都是乐观主义者。然,碰到"隐蔽"的敌人,妻也无计可施。她的痛苦状与我之前几日基本相似。

记得孩提时有一种游戏,叫"跳房子",就是在地上画九个格子,数字交错,要求你从第一个格子跳到最后一个格子。

现在想来,这种游戏设计者的思想是很有远见的,他就是要告诉人们:人这一生,前面将布满各种不确定的坑,你必须一个接一个地往前跳过去,哪一个坑前稍微懈怠,即会出局或掉进坑里……

2022年,好像是特别能制造故事的一年,也就像那个"跳房子"的游戏。以致年根,九个格子,跌跌撞撞已经跳过去八个了,没想到最后一格却崴了一脚……

感谢生活,我能赶在第一波中枪,尽早地体验到"洋"人的生活滋味。其切骨之痛,比1000个"砖家"讲干一江春水所得"经验"更深刻。

18日晚，我正在与妻说着话，突然打了一个寒战，全身哆嗦一阵子。我自感不妙，对妻说："我可能中招了。"接着浑身发冷，大约子时开始整个人像在燃烧，全身湿透……第二天，上吐下泻，天旋地转，四肢伸屈不能，整个身体如万条蛆虫钻心，咽喉如刀割一般……

我平时感冒只要两粒泰诺或康泰克即可。妻连夜跑遍周边所有药店，此时，所有药店"泰诺""康泰克""头孢"什么的，早已不见了踪影……连超市里的柠檬果也成了"皇帝的女儿"……妻只得给我自制姜茶。我捧着冒着热气的姜茶，连干两大碗……

个人体质不同，阳后症状也不完全相同。我除了发热、浑身酸痛、全身乏力，就是喉咙痛得无法吞咽，毫无胃口，吃什么都像嚼蜡。而我的"耐痛力"和"强迫力"一般人不具备。一日三餐，我忍着剧痛，硬是将平时正常量的饭菜，强迫自己吞下去，即使呕吐出来，吐干净，再吞……

就在我的身体略有起色，也就是我躺枪的第三天下午，妻从菜市场购物进门，一个踉跄坐在了地上。妻说："我也发热了。"我心想这是迟早的事，只不过来得太快了……我只得撑起病体，反过来照顾妻……此刻我的内心生起一种无助感……

"赤脚医生向阳花，贫下中农人人夸。一根银针治百病，一颗红心呀，一颗红心暖千家……"

这时我耳畔好像响起一个熟悉的声音："赤脚医生向阳花"的曲子（电影《红雨》的主题曲），郭兰英先生那深情温婉而甜美的歌声，穿透我的心底，脑子里却不断浮现出"红雨"这个阳光少年和千百个"红雨"式的农村赤脚医生，身背药箱，翻山越岭，风雨无阻，为老百姓送医送药的一个个画面……

我的童年生长在大山里，我的母亲和舅舅都是"红雨"式的赤脚医生。那时候的"红雨"们对待山里的群众，比亲人还亲……想着想着，我竟潸然泪下……或许这溃坝般的泪腺，是为了追念一个逝去的年代……

赤脚医生"红雨"早已走远了。今夜，全民需要学会自救！这是一次远征，也是瞬间提升全民族医学常识和自我生存能力的极佳机会，我们要做好将来或许有更多"大保姆""二保姆"彻底躺平的心理准备……

我们的人民就是这么坚挺，有"长津湖""上甘岭"的意志鼓舞着，再强大的敌人，终究会被打退；再艰苦的磨难终有尽头，必定会迎来曙光……

　　什么"大保姆""二保姆"，你们就好好躺着吧，我们自己成立一支"自救互助队"！

　　……

　　"让人民自强"！

　　往远处这么一想，看来决策层确有战略眼光……

（原载"春秋之声"2023年1月5日）

樱花步道上的遐想

清晨,我出去晨练,刚出楼梯口,忽觉得少了什么东西,一摸脸:"哎呀,口罩没戴!"于是,倒回头,小心翼翼地用手机敲醒熟睡中的妻子为我开门。这样的尴尬,这两个月里已经发生过多次了。

我也清楚,我就这么一次不戴口罩在小区步道上走一圈,天塌不下来。何况目前国内疫情已经得到了控制。但我一想,上层领导没宣布摘口罩,大家都还戴着口罩,你一个人不戴,我担心人家把你当成另类,周围一圈诧异的目光会齐刷刷地向你射来……

从渴望生命的安全,到渴望生命的质量。一个人的心理总是随着周围的环境变化而变化的。想想两个月前,大家因为抢不到口罩的恐慌,到今天觉得脸上口罩的累赘,实际上这是一种质的转变。

昨夜在黄浦江边,侄女婿、青年网络作家吴富平,最近因为筹划新书出版,找我商量书名题写、名家作序等事宜,也分享一下我新书出炉的那份收获。我们在江边打开窗户,一边吹着黄浦江的江风,一边豪饮,爷俩二一添作五,分了一瓶52度的五粮液。谈兴正酣,一抬手腕看表,已是

樱花树下

10点，但却自觉意犹未尽。这是新春以来头一回喝酒，真爽！爷儿俩一杯接一杯喝下去的，仿佛不是酒，而是一片又一片朗朗的春风。

　　早上7点，我开始在小区的樱花步道上徜徉。路旁的金菊花、山茶花、紫玉兰、木海棠都已开得热热烈烈。而不同时段、不同品种的樱花，有的开得正旺，有的接近凋零，开始飘落花瓣。多数的樱花树却还是像二八妙龄少女，半开半掩、羞羞答答，让人看得心醉。路上晨练的人明显多了起来。一位红衣白发的老太太，举起手机十分专注拍拍樱花，我却好奇地举起手机拍眼前的拍花人。我转身不忘与这位专注的"拍花人"打一声招呼："大姐，刚才您拍花时的画面很好看噢，我偷了！""红衣大姐"没有半点介意，说："我一个老太婆有什么好看的。"我把刚刚拍她的那张照片调给她看。她很惊讶地说："嗨，还真是挺好看的。"说着，她把她的手机递给我，说："麻烦你用我的手机给我拍一张。"接着，老太太在樱花树下，摆开了各种姿势，铺开的笑容和一头银发，瞬间，眼前这位红衣白发的老太太与樱花融为一体，像今天雨过放晴的天，突然焕发出青春的亮色……

　　从樱花步道晨练完走进菜市场，发现今天有两大变化：一是没人站岗逢人"开枪"了；二是菜市场的三个进口通道全部开放了，一下给人以舒适感。但美中不足的是，一眼望去还是形形色色的口罩，在密密匝匝的人流中晃动。当然，这些口罩倒不是人人都戴在脸上的，当你细看会发现，这些口罩戴的位置各种各样，有的戴在脸上，有的戴在嘴上，有的戴在下巴上，而有的则挂在耳朵上，不拘一格。我在想，或许大多数人都想早日摘掉那只烦人的口罩。但是，既然大家都没摘，那我也就戴着吧。不过，能够沐浴明媚的阳光、大胆顺畅地呼吸新鲜空气，肯定是每个人向往的……

　　　　　　　（2020年3月22日清晨于沪上，原载"春秋之声"）

一封给玉秀嫂子的信

玉秀嫂子,您好吗?我是三喜连长的通信员小柱子啊!连长走了,走了42年了!但是连长倒下的那一幕就好像发生在眼前。我记得连长牺牲的那会儿,您才24岁。如今42年过去,今年您该是66岁了。您的身体还好吗?你们的儿子盼盼今年应该是42岁了。40多年来,我一直很想念你们!要不是因为炮弹炸掉了我这两条腿,行动不便,很多回我都想去沂蒙山看看你们。

42年来,我虽然没了腿坐在轮椅上,但我没有完全依靠国家养着,而是回老家自办了一家小企业,还把咱连长带的几个农村老兵一起带了进来,这也全靠了党和国家的好政策,日子一天比一天好起来。

日子越好就越容易想起当年的那些事。我还记得连长给您的遗物里留了三件东西:一件大衣、一封遗书和一份欠账单。欠账单一式两份,放在连长上衣兜里的那份,已被连长胸腔里涌出的鲜血浸透了。连长的遗书里对您交代:"大衣是留给您改嫁时的嫁妆;550元的抚恤金加上家里您养的那头猪,把给爹看病欠下的620块钱还上,人死账不能死。"连长还特地交代您,孩子生下来不论是男是女,就叫"盼盼"!

我懂连长的心事。他心里的"盼盼",一定是盼着国家有个和平安宁的环境,盼着祖国日益强大起来,盼着全国人民一天天地过上好日子……

玉秀嫂子,我在想,改革开放,"风"从南方来。而当年的南方,

"南亚小霸"一心想吞并我中华。不打掉"小霸"的嚣张气焰,又何来的南方东风?正是三喜连长他们用自己的牺牲,为改革开放奠定了40年的和平环境,唤回了一缕东风!我坚信,历史会记住连长他们的,人民也会把他们记在心里的……

现在国家还专门成立了"退役军人事务部",不知道老连长的家乡沂蒙山怎么样?据我所知,一些有忧患意识、拥军优属工作做得好的地区,在对待退役军人的安置和提拔使用上,都做到了"优先",对为我党我军做出牺牲与贡献和新中国成立后"参战参试"的有功之臣,都进行了重新登记,并视情给予了物质与精神上的补偿。您的家乡是革命老区,也是老解放区,为中国革命和建设更是做出过巨大贡献,也付出过巨大的牺牲。因此应该相信,党的阳光雨露会最先降临贵地。

当然,任何一项好的政策出台,或者是一场甘霖降临,不都是雨露均沾的。一些地区要么雨过地皮湿;一些地区要么光打雷不下雨;一些地区干脆既不打雷也不下雨,上有政策下有对策……

不过,这只是暂时现象。随着党和国家"惠军惠民"好政策的不断推行与普及,我们完全可以告慰老连长的在天之灵,他留下的"盼盼"梦,国家会给咱们圆上的;老连长留下的"欠账单",党和政府也会给人民和人民英雄还上的……

"兵者,国之大事,死生之地,存亡之道……"一个国家不能没有英雄,更不能没有军队。强国必须强军。一个有希望的民族必须有一支强大的军队,也必定是英雄辈出。玉秀嫂嫂,我相信,三喜连长这样的英雄,肯定会活在人民的心中……

三喜连长的战士金铁柱

2021年7月24日

注:作者系那场战争的亲历者(金铁柱为虚构),又是当年《高山下的花环》这部电影热映时的放映员。因此,40多年来对那场战争和对这部影片一直铭刻在心。今天借通信员"金铁柱"给玉秀嫂子写信的方法,纯属是对作者个人曾经的27年军旅生涯那份情感寄放的一种形式……

(为黄浦区庆祝建军95周年文艺演出所作)

一名疫情防控志愿者的日记

> 每一次战争的来临,都考问着每一个组织和个人。而我们的民族,在每一次大考面前总有一群无私无畏的人站出来……
>
> ——题记

这个世界变化太快。谁能料到新型冠状病毒这样一头怪兽,会突然窜到鼠年的新春里,以至武汉这样一座1000多万人的英雄城,瞬间令人"谈汉色变",举步恐往。

上海天空的那片云团和妖雾,是什么时候飘过来的,我记不清了。因为除夕夜央视年夜饭的固定套餐——春晚,依旧有说有笑有唱有跳。人们都想借"金鼠""银鼠""玉鼠"这个中国人的十二生肖之首,扯一片祥云,捧一把金豆,共迎新春,互祝吉祥,依旧热热闹闹。

"武汉疫情告急,上海口罩售罄"!大约是大年初二开始,"上海口罩荒"的话题,在网络、微信、电视等各类媒体越来越密集。警报骤然拉响……由此铺开的一种浓浓气氛,像一片乌云笼罩过来,浦江两岸大有"山雨欲来风满楼"的态势。

"敌人"什么时候进来,从哪个方位进来,没人知道。这个时候,口罩便成为人们唯一的救命稻草。于是,在南京路上的上海第一医药商店外求购口罩的人使南京路成为一片人海。同时,全市所有的药店门前都排成长龙……

而这时候,各级政府频率最高的一个声音就是:"宅在家里就是贡献,宅在家里就是胜利……"

那天,我在朋友圈发了一条微信:"作为一名40年党龄的老党员,此刻我真想走进社区,成为一名为居民发放口罩的志愿者!"

我在关注这条微信的发酵。很快,一位在街道任党工委书记的好友复来一条:"你的愿望,很快实现!"我以为他是在调侃我……刚这么想,电话进来了:"老共产党员(我听到电话那端熟悉而友好的笑声),看到了你想当志愿者的请战书,机关党工委组织机关干部深入社区一线,请你明天早晨8点按微信指定的地址报到。"电话是单位党总支书记打来的。接完电话,我有一股莫名的冲动,而我的家人却即刻生发出一种担忧的目光……

第二天早晨,我提前半小时赶到指定地点。不过不是让我去给居民分发口罩,而是协助居委干部为居民预约登记购买口罩。

这活儿,我只干了两天。因为我所在的点位,有人组织牵头居委会、业委会和物业,建立起三方联动,组织力量,通过微信、电子信息屏、电话等多种形式宣传疫情防控事项,让小区居民及时掌握疫情真实信息,第二期住户口罩登记和派送全由物业和居委进网代为操作。这样既减少了人员的接触,同时也将真正的服务和温暖送给了每一位业主。这种模式得到了业主的一致赞扬。居民为表达感谢之情,即刻发起募捐,并向上海市慈善基金会捐款20万元,为疫情防控献出一片爱心。

战争,无论有形无形,它的每一次到来,都考问着每一个组织和个人。

疫情就是命令,防控就是责任。第三天,我接到了协助特勤人员布控、对返沪人员进行排查登记的新任务。第五天,我被编入社区疫情防控"突击队",到指定的弄堂口,一人一岗,负责对所有进出人员进行排查登记,督促行人戴好口罩,手持小喇叭放录音(据说,之所以让机关同志蹲守弄堂口,主要是考虑到"外来和尚好念经",减少矛盾冲突)。每天工作时间是早8点至晚8点。我很荣幸成为这支突击队中年龄最大的队员。

现代社会和现代治理的要素之一是社会的高度组织化，而组织化的基础又在社区。在顶层设计没有方向性错误的情况下，城市管理水平很大程度上依赖社区干部的个人素质、政策水平、行动能力。且组织动员能力是我党的优势。应该自豪地说，没有哪个政党能够与中国共产党比拟。而在这方面，上海乃至黄浦的基层建设是走在前列的。两级政府、三级管理、四级网格，高度结构化，这就是我们今天的管理模式。同时，上海的市民素质也普遍较高，所以防控工作能做到有条不紊。

这时候，我越觉得社区的领导和干部特别不易。

严防死守，不让一个可疑者漏网。这么想着，我一时找到了当年在猫耳洞口站岗放哨的感觉，对过往的、可能携带病毒的"疑似"，我甚至拿出了当年死盯的那种警觉。

我所蹲守的弄堂口，南北通关。立春后连日阴雨，呼呼啸叫的穿堂风卷着雨花，从我身体的每一个部位扫描过去。到了晚间7点，我已手脚冰凉如铁，两排牙齿情不自禁地上下打架。这会儿，我对"春寒料峭"有了切骨的体会。更不争气的是，我身上40年前的战伤和中老年疝气病同时发作，生烈烈的，疼得我直咬牙且喘不上气。看来60岁与19岁是大不相同了。我开始有些力不从心……

我担心自己会就此倒下，下意识地想打退堂鼓。可转念一想，不远处的弄堂口，我的两位女同事，一位孩子才一岁多，这几天早出晚归，也一直坚持在一线；另一位也已经55岁了，一边服着高血压的药片，一边坚守在弄堂口，还要每天负责组织单位的志愿者；还有隔壁弄堂口那位区教育局的张瑞田博士，满腹经纶，虽已一头白发，却也一直坚守在风雨中……我这个老兵若是提前撤岗，何颜以对。于是，我又一次咬咬牙，站直身子，将平身上防疫志愿者的蓝马甲，把胸前的党徽扶扶正，一直坚持值守到晚间8点……

"此时相见不相识，只因脸埋口罩中。"其实，这时候一眼看去，马路旁弄堂口那些穿着蓝马甲的人，许多都是我区政府机关平时在一个办公大楼里上下班的同事。今天，因为这场没有硝烟的战争，我们一同走出大楼，走在路灯下，走进弄堂口。

回家的路上，就见我乘坐的公交车自豪地昂着头，掠过上海最繁华的街区,穿越一道道霓虹。

今晚是元宵夜,整座城市的灯火依旧是那样灿烂迷人。这座城市里的人,依旧会安详地进入梦乡。

"你安好,我便微笑!"这是此刻一位仍在坚守岗位的志愿者的微信。我则在手机备忘录上随手写道:我们在战争中学会战争,任何的疏忽麻痹都会导致一场战役的失败。对待有形的敌人,我们可以凭智慧凭勇猛,狭路相逢勇者胜。而面对新冠病毒这样无形的敌人,我们虽然不能靠肉眼捕捉到它,但我们可以筑成一道道人墙与堤坝,将那些可能携带病毒的可疑病体,拦在墙边,挡在坝外。

……

一个民族需要有共赴国难慷慨赴死的英雄。一座城市的安详,需要有一群把个人安危置之度外,把幸福安康奉献他人的无私的人。上海今夜的霓虹灯下就有无数个抱有这种精神的人……

这些天来,我一直被身边更多志愿者的义举深深感动着……

那天,我刚把上海市拥军优属基金会《关于做好新冠肺炎疫情防控专项基金募集工作的通知》转发至"黄浦区拥军优属基金会"的工作群里,上海吉晨卫生后勤服务管理有限公司董事长黄晨、上海中恒集团董事长叶盛,就第一时间响应:"我捐10万""我捐20万"……

因为这时候前方战斗正酣,急需医药、救护、口罩、粮油等物资支援。从我区长征、瑞金、仁济、曙光、九院等赴江城医疗队的领队们,纷纷向后方发来请求"炮火"增援的信号。两位董事长与前方将士的心情一样急切,委托我会一定要想方设法弄到这些物资,送往前线……

就在浦江两岸抢购"救命"口罩的那些天里,殊不知就有不少义士在争分夺秒、用尽心血,为保护和挽救同胞的生命日夜操心操劳。豫园街道恒积大厦的张晓璐,凌晨4点刚下飞机,她来不及洗去疲惫与家人见面,就直奔瑞金医院,将她从非洲多个国家、多个药店和商业渠道千方百计购得的总价值20余万元的14420只N95医用口罩,无偿捐献出来。交完口罩,张晓璐淡淡一笑,转身留下一个背影。

与张晓璐心同一辙的,还有上海祺瑞文化传播有限公司总经理沈祺。沈祺得知前线缺少医疗物资,即刻与日本的朋友取得联系,并迅速飞往日本。沈祺一下飞机,即刻四处寻找物资。在朋友的帮助下,他很快购买到了2箱口罩。随着国内疫情加重,加之日本国内也开始发生疫情，口罩等医疗物资越来越紧缺，限购政策越来越紧，口罩价格也开始飙升。许多规模较大的药店，口罩等物资已被抢购一空。沈祺只能一家店一家店地扫货，不放过街头的任何一家小店。几天下来，跑遍了东京、大阪等地的商家，最终从日本共购买到了6箱医疗物资，其中口罩2万只。回国后，沈祺马不停蹄，把随身携带的2000只口罩捐赠给社区。接着，他就开始焦急地等待货运医疗物资的到来，以便尽快送往前方。

"我们药房网点口罩售罄了""我们药房门店没有口罩货源了""我们药店门口排队的人太多，已经没口罩了……"

口罩！口罩！还是口罩！疫情发生后，黄浦区商务委副主任项觉这位热心肠的志愿者，被每天来自各药房约求口罩货源的电话打爆了。

为让市民尽可能地买到口罩，缓解"口罩荒"，50岁的项觉，可谓想尽了500年的办法，积极争取口罩货源，放开更多的市定点投放口罩销售点位。但是口罩依旧供不应求，半天时间所有点位3天的储备量销售一空，已到"河床见底、无水之源"的窘境。这时的项觉，满脑子就是5个字——"黄浦无小事"！她懂得在这个世界人口最稠密的区域，一旦局面失控不堪设想……

实际上，比项觉更着急的还有黄浦区的领导。谁说"君子不忧不惧"？在黄浦一方为官的领导，哪一个不是每天睁着一只眼睛睡觉？于是，在区领导的指挥下，项觉连夜八方沟通协调，讲清利害关系，最终保证后续两天口罩的供应量。随着出台"社区预约登记、药店凭证购买"的方法后，为方便市民登记购买，项觉又在短时间内积极争取增加购买点位，有效地方便了群众、分散了人流……

"中国人总是被他们之中最勇敢的人保护得很好。"基辛格《论中国》的名言总被反复引用。

相比上海的口罩荒，不远处的江城，1000多万条生命却在急切中渴望救援。李晓静，我们的战友，也是一名上海退役军人志愿者。这位浦东新区浦南医院护理部的副主任护师，当听到第一声警报声的时候，即向院党委递交了请战书。心急如焚的她，甚至来不及与家人解释，来不及等到单位的批复，就在大年初三（1月27日）的雨夜，带领50名上海"娘子军"护理队冲向武汉，用这种铿锵的行动践行了她脱军装时立下的"若有战、召必回"的誓言！这位30年前入伍、8年前退役的老兵，曾是解放军长征医院的护士长。17 年前，就曾进驻北京小汤山医院参加 SARS 阻击战。汶川大地震时又一次冲进震区参加医疗救援。武汉疫情暴发后，早脱下军装的她，作为此次援鄂医疗队的队长，用一双坚毅的目光面向 50 位队员的家人，说："请上海的父老亲人放心，打完这场仗，我一定将他们平平安安带回家！"

说完，转身下令，带着队伍，迎着死神的威胁，第三次出征了……

"流水通波接武冈，送君不觉有离伤。青山一道同云雨，明月何曾是两乡。"王昌龄为何当时发出这样的伤感，我们不得而知。但此时此刻，50 名奔向战场队员的家人，肯定无不生出对亲人"离愁渐远渐无穷"的离别滋味……

看着这一个个义无反顾的背影，我耳旁好像响起了《义勇军进行曲》："我们万众一心，冒着敌人的炮火前进！"这就是我们的民族之魂啊！当国家发生危难的时候，人不分老幼，地不分南北，一个个举起义旗，站成一座座新的长城！

……

就在本文打算结尾的时候，我宣传部的同事、区文明办志愿者科张洁文妹妹，给我发来这样一条消息：

上海市民办新黄浦实验学校八（2）班学生赵珺延，接到旅居海外的舅舅游和洲让他去雅加达度寒假的邀请。赵珺延同学兴高采烈，1 月 18 日乘飞机抵达雅加达，开始了他的寒假之旅。就在舅舅刚排出日程表，想要带他好好玩一通的时候，国内传来了疫情的消息。作为一名旅居海外的华侨，为在最快时间抢购到"救命"口罩，游和洲不仅搁下了这份"日程表"，也搁下原本的外贸生意，立即组织员工在苏门答腊岛、爪哇岛、苏拉威西岛、加里曼丹岛等地紧急搜集口罩。仅用了两天时间，就收购到了 2 万多只口罩，准备捐给家乡。就在他将要把这些口罩装运回国的时候，却遇到了难题：因为运费极其昂贵，最好是有人坐飞机带回国内。但此时国内疫情形势严峻，当地又无人愿意担此重任……

正当舅舅一筹莫展的时候，赵珺延说："舅舅，让我坐飞机运回国。"舅舅游和洲一听愣住了。当前国内疫情如此紧张，学校也延期开学，而且孩子来雅加达后，我一天也没来得及陪他……

赵珺延看出了舅舅的心事，坚定地说："我已经是个中学生了，我还是学校的志愿者,我有义务为祖国分忧……"

"真是有志不在年高啊……"

舅舅被孩子的志气打动了,在欣慰之余,把深深的信任目光投向这小小的男子汉。

这时候,整个世界都进入了戒备状态。2月2日,印尼政府发布通告,2月5日12点开始关闭印尼往返中国的所有航班。

时间紧急!赶紧抢购机票!小小少年眼疾手快,他抢到了一张2月3日23点的回国机票。事后知道,这是疫情发生后,印尼飞往中国的最后一架航班。

2月3日23点,赵珺延带着5个装有2万只口罩的行李箱,独自一人踏上返乡的航班,次日凌晨抵达上海浦东国际机场后,这个少年费尽周折,终于将2万只口罩运抵国内,无偿捐献给了家乡……

读完小张发给我的这条消息,我哽咽良久,抹了抹满眼的泪水,自言自语道:"少年强则国强,我们国家有希望……"

(原载《上海纪实》2020年第1期)

在"红房子"发呆

一说"红房子",上海人都知道,就是上海著名的妇产科医院。头一回来到"红房子",或者说与妻相识至今近 40 年,这是第二回陪妻进妇产科医院。头一回是 34 年前在一家军队医院,儿子来向我们"报到"。而这一回,却是爱妻告别了"女儿红"后陪她去妇产科"摘环"……

刚进"红房子"门诊大厅,手机响了,是老大哥为单位办公室搬家的事打来的:"兄弟,在哪儿呢?"我回话说陪爱人在"红房子"。电话那头"哈哈"一声,说:"响应政府号召,打算生三孩了!"我也跟着"哈哈"一笑,说:"二孩都没机会给我生,还生什么三孩!我老婆'断红'了,我陪她到医院取环……"

妻怀孕那会儿,作为"军嫂"的她,一个人在江西一个小县城的学校里,我则远在千里之外的军营。于是,妻的整个孕期,我没能陪她进医院做过一次孕检。妻她们家的基因好,平日里都是她陪我进医院的机会多。她自己有个头疼脑热的,一般也不大吭声,一个人悄悄地到医院开点药就好了……这次断红后取环,是根据医嘱要求亲属作陪的。当然,更多的也是我放心不下。虽然对断红这事她心里怎么想的也没听她说,但毕竟这是女人一生中的一种阶段性标志……

爱妻过去是很能扛的一个人,大小事情都喜欢一个人扛着,平时身体素质也挺好,今天进手术室前,测血压却第一次升到 200 多……再强的女人也有恐惧的时候。做女人苦,不论生男生女,生一个还是生一堆；是上环，还是摘环，都免不了受罪。

与爱妻相识近 40 年，她的那颗童心依旧。开口说话的嗓音还是那样清脆甜美，所发出"咯咯"的笑声还是与孩童一般，直钻我心。我没觉得爱妻有变老的样子。

但爱妻是人，是人就躲不过自然规律。爱妻这个月开始领取退休金。看看"大姨妈"有日子没上门，上个月就去了"红房子"。几次"把脉"，医生确认，伴随她四十几年心心念念忽喜忽忧的"女儿红"，真的与她彻底告别了。55 周岁、"断红"、摘环、领取退休金……全都赶在一个时间段，为什么这么巧。人世间，有太多的不解之谜……

刚才老大哥电话里的一句玩笑，一不小心把我的思绪牵着到处乱跑。爱妻在里面排队等候手术，我坐在候诊室大厅进入漫长的等待。这时座位对面张贴着各种"节育环"的计生宣传图片进入了我的眼帘，时虚时实，时大时小，在我脑袋瓜里晃得厉害。接着我就开始在大厅里发呆……

看着一个个"大腹便便"、进进出出的年轻孕妇从我身边走过，我好生羡慕。我想，若是时间往前倒推 30 年就有"全面放开三孩"的政策，凭炮兵出身的我和我妻子的身体素质，生个三男四女的，应该没问题。可是如今，随着女人告别了"女儿红"，即使男方尚可，女方也不具备条件了……

唉！我们这茬人假若赶上现在的时代多好！历史不好假设。曾经坚持了近 40 年"只生一个好"的"基本国策"对中国的人口问题和发展问题的积极作用不可忽视。但其中暴露的问题有待后人或历史学家评说。

不可否认，我们的一些国人，只要给他一点芝麻大的官和权，他就会放大。想想当年各级领导，尤其是计生干部，在"抓计划生育"时所采取的种种手段，……我想这和我们五千年灿烂文化与文明，是极不相符的！

据国家权威机构最近一次统计，从 1978 年独生子女政策写入宪法，到 2016 年放开二孩政策，30 多年造就了 1.5 亿个独生子女家庭；截至 2020 年 5 月 22 日，中国目前"失独"家庭超过 100 万。预计到 2050 年，"失独"家庭达 1100 万个。这些独生子女父母退休时，政府（上海）一次性发给 5000 元计划生育奖励费。按当下行情，5000 元还不够付 1

个月钟点工的工资。

　　与此同时,由于父母对"独苗苗"缺少安全感而出现的过度溺爱,导致独生子女的个人修为、责任感和担当意识的相对缺失等各种现象,以及失独父母老之将至、孤独无助,"相顾无言,唯有泪千行"的凄凉景象(独生子女在异地的亦如此),让"只生一个好"的种种弊端一一显现在了我们的国人面前。

　　笔者清晰地记得,多年前,也就是在独生子女政策出台不久,就有作家撰文叩问:"谁来保卫21世纪的中国?"文章很犀利,也很有远见。还好应验了邓公当年那句"五十年打不起大仗"的预言,否则我们真的缺少扛枪的人……

　　然而,一些机构却还在"计划生育"这块滴血的地方收割金子。那些独生子女的母亲告别了青春,带着已经不太轻盈的脚步,最后去医院摘掉按政府要求埋在体内几十年的金属环时,却还要前前后后跑几趟,各种检查一大堆,花去几千元。5000元的计划生育奖励费,摘一个环,医药费就用去一大半,等于又给了公立医院。

　　……

　　又有两位年轻的女子自豪地挺着肚子,走过我的面前。我抬腕看表,妻子进手术室已近4个小时。"怎么取一个环要这么长时间!"接着生发感慨,"做女人好辛苦,做女人好心欢,做独生子女的父母五味杂陈、心有不甘……"

　　据报道,2022年我国第一次出现人口负增长,印度已成为世界人口第一大国……

　　好在今天的党中央,看到了这种危机,正在适时调整,出台各种新的"国策",以挽救人口危机……但愿曾经的历史,不要在中华人民共和国的舞台上重演,但愿祖国母亲子孙满堂,欣欣向荣……

(原载"春秋之声"2021年11月18日)

他从拾荒的路上走来

  苦难这只魔手，可以把一个人锻造成金刚之身，也可以在瞬间摧毁一个人。吴阳德，人称"能化腐朽为神奇"的青年。

  我是眼眶里噙着泪握别他走出他那间摩托车修理铺的。这个35岁的青年，他身上那种坚韧的毅力和超远壮阔的胸怀，似乎超出了这个时代的一般青年……

  10月1日这天下午，我走进了上海市奉贤区西渡街道鸿宝二村409号102室这间堆满机修配件的小铺。刚进屋时，第一感觉就是铺子太挤。当我坐下来慢慢听主人讲述他的心路历程时，我开始渐渐地被眼前这位青年的过往历史，以及这间铺子里琳琅满目的物件深深吸引……

  当"天"塌下来的时候，你必须找到一个生存的出口。"命运"这东西，一半是命，一半是运。但没有拼搏就没有未来，稻草人永远等不来辉煌。

  吴阳德出生于安徽颍上。22年前的那个冬天，一个殷实的家庭突遭雷击般变故，少年吴阳德像被一团漆黑的乌云裹着直摔谷底。

没有了生活来源，刚读完初中半年的他被迫辍学，一路踏着积雪、捡着破烂来到上海。一个13岁的孩子拿什么来养活自己，和平时期一时也难出"少年英雄"，只有继续拾荒、捡垃圾。第二年，母亲千里寻子也来到了上海，并在废品收购站找到一份刷废旧油桶的苦力活。经历了一年多的磨难，这个20世纪80年代早年中专毕业的娇娇女，两眼深陷，当年那双白皙的小手，早已褪去了往日的光鲜。刷一只油桶五毛钱，但已经是看得见、有方向的收入。母亲没白没黑地刷完一只又一只旧油桶。少年吴阳德心疼母亲，就在一旁帮衬着干些力所能及的活儿。废品收购站的老板见这孩子懂事，手脚也麻利，就拿来一套工具，也让吴阳德与他母亲同工刷起油桶，同样刷一只五毛钱。没想到儿子刷得比母亲还快，一天能刷10只，能挣5块钱。

这家废品收购站的老板既懂经营也懂"用人"。一看吴阳德这孩子干活利索能吃苦，又把他叫去衣架厂，让他负责剪钢筋。这可是衣架厂最苦、最费力的活儿。他手握一把超大的老虎钳，每天按照老板的定量，一节一节剪完一堆钢筋。盛夏时节，骄阳从对面的玻璃窗直

吴阳德在工作室精心设计制作艺术品

射过来，如炭火一般烤在脸上，一个 14 岁的少年，脸上手上被晒得一层层掉皮，由此有了"小黑皮"的绰号。有哲人说："一个人的胸怀是由委屈撑大的。"这时候的"小黑皮"或许心里抱怨过命运的不公，或许并不知道"未来"在哪里，但他知道眼下只能咬咬牙扛过去……

苦难与安逸是两只性质各异的怪兽。苦难可以在瞬间毁灭一个人，也可以在一定的时间内把一个人锻造成才；而安逸则让意志薄弱者在浑浑噩噩中耗尽自己的一切……

来上海的第三年，也就是吴阳德 15 岁的时候，他找到了一份在轻纺市场看自行车的活儿。这是他拥有的第一份较为稳定且相对舒适的工作。"当第一次一次性领到 350 块钱工资的时候，我两手发抖，浑身发烫……"吴阳德动情地说。就在轻纺市场门口这些骑车出出入入的人流中，他发觉这些人的穿着打扮、文化素养，明显要高于在垃圾站干活的人。同时那些在轻纺市场进进出出的人也开始注意到这个脸堂黝黑、朴实勤快的看车小青年。

某一天，他在轻纺市场门口，看到一支长长的摩托车车队，足足有二三十辆。风驰电掣的机车从他眼前开过，发出巨大的轰鸣声，甚是威风。吴阳德两眼放光地说："我当时激动得不行，一直目送着它们离开。之后很长时间我经常梦到这支摩托车队。"

不知是自我暗示还是命运之神在向他昭示，很快，一家电动车厂向他摇动了橄榄枝，他如愿以偿地进了电动车厂工作。吴阳德一边给组装工师傅打下手，一边学会"凿壁偷光"，悄悄地把电动车装配过程的二十几道工序和所有零部件全都摸了个透。与此同时，他还偷偷地学习修车技能，其吃苦能力全厂无二，尤其是刹车调试这项苦力活，他硬是把自己的一双手都练得变了形。于是，仅仅用了 4 年的时间，20 岁的吴阳德就被提拔到售后部经理的岗位……

> 我在吴阳德的身上越发坚信，成为艺术家是要有天赋的……但任何一位禀赋超群的成功者，没有经历一番寒彻苦，就不可能赢得千里梅花香……

如今吴阳德的手工艺品可谓声名大噪。而他的第一件作品却是为他电动车厂的同事过生日做的。当时他跟着大家去礼品商店挑礼物，看到最小的一件礼物也要 35 元。囊中羞涩的吴阳德埋着头回到厂里，用午休时间在车间找了个废旧螺丝做了个"会弹吉他的小伙伴"，吉他外形是用电动车的外壳裁剪而出的。"当时也没觉得这是手作，只是为了省点钱，没想到却让同事'寿星'如获至宝，还获得工友们的一致赞赏……"

"人如果仅仅是为了满足温饱而活着，那与走兽无他样。"当上了电动车厂售后部经理的吴阳德，这时候反而觉得自己内心空荡荡的。

凭着自己这几年在机修专业上打下的扎实基础，吴阳德想到了创业，开起了自己的修车行。他想起了之前那次给工友做生日礼物这一偶然尝试，让自己在一个新领域开启了质的飞跃。因为有一种自我实现感，于是琢磨着将自己早年经历和日常生活中的感悟付诸作品之中。

他认识了不少玩机车的朋友。为了聚人气，吴阳德利用修车间隙将店里的旧料做些好玩的小把戏送给车友。这一年车友会上，他觉得送机油、送保养之类的毫无新意，于是用废旧配件做了一盏台灯作为抽奖奖品。想不到台灯一亮相竟惊艳四方。在场的车友都说，吴师傅竟有这般好手艺，应该多做一些。车友的话打开了他的思维闸门。

愚公率领子孙铲下第一锹土，下决心搬走太行山、王屋山的时候，并不知道后来有神仙来帮他们。随着吴阳德的作品受到越来越多人的关注，很多人发现：每一个废旧的齿轮、每一颗生锈的螺丝，经他的巧手一摆弄，原来都可以产生迷人的效果和无限的再生空间。

于是，吴阳德开始给自己定位——一名维修技师、废旧物品手工作者、旧物改造装置实验设计师。从这时起，在踏踏实实为每一位顾客修好每一辆车的同时，他开始不断提升自己的手工创作，针对换下的废旧机车和零部件，展开丰富的想象力，将它们做成一件件从人物到器物等有趣的工艺品。很快，他这些"变废为宝的创造"像长了翅膀一般引来八方追逐。2018 年受邀参加上海国际手造博览会；2019 年、2020 年分别受邀参加湖南卫视《天天向上》"巧手神探"、吉林卫视《高手在民间》、天津卫视《非你莫属》等特别专场录制……

与此同时，省部级以上甚至一些国际级的大型活动，也找到吴阳德进行合作，成为"中国'VINTAGE-X 杯'复古机车改装比赛 17～18 届奖杯""上海咖啡节 2019 奖杯""湖南卫视'巧手神探'年度总冠军奖杯"等大型活动的奖杯设计师。盛名之下，"上海汽车博物馆"聘他做专业设计师,作为长期合作伙伴;"上海国际越野赛车场"指定他为专业维修技师;"上海电能生活科普馆""上海老电表博物馆"两家争相给他冠以"副馆长"的头衔……

> 吴阳德认为每一件废旧物品都是有生命的。他把这些被人们视为"废品"的东西重新再造,并赋予它们思想与灵魂。带着满腔的正能量,给人以更多的感悟与启迪。

一台废旧的摩托车化油器变成一只使人追忆往昔、叫人爱不释手的"八音盒";一个废旧的摩托车离合器变成一根雄浑古拙又如擎天立柱的台灯底座;一支废旧的火花塞变成了一个凄凄婉婉、令人垂怜又可人的"卖火柴的小姑娘";在淘宝造物节上,他愣是把两辆报废摩托车改装打造成一辆妙趣横生的老爷车……

吴阳德用自己的双手赋予了那些废旧机车配件以一个个新的生命,焕发出新的风采。他说:"每一件废旧物品都是有生命的,就像一棵树砍倒后盖起了房子、做成了家具,这是一种生命的衍生。而且这些旧配件都是曾经奋斗过的勇士,其实它们的质感很美……"而美的东西自然不应该沦为被丢弃的废品。于是,吴阳德将它们来一次再造,成为一个个实用美观科幻的艺术品,并把自己对世间的纯情纯贞善良的美好愿望及人类应有的反思,巧妙地寄附于这些艺术品上,使它们具有了灵魂。

整整一个下午,说的听的都十分投入。这时候,吴阳德从他工作室的柜子里搬出一件他自以为得意的作品。我眼前一亮:"哎,这不是龙生九子中的那个?"我随即脱口而出,但记不清是第几子,叫什么了。

"这个叫'赑屃',是九子中的第六子。"吴阳德开始向我讲述这尊作品创作的由来。2019 年 4 月,吴阳德在网上看到一则新闻:中国最后一只雌性斑鳖不幸离世,全球斑鳖数量仅剩 3 只。查阅资料后,他发现斑鳖就是龙的九子之一——"赑屃"的原型。古老物种濒临灭绝的消息让他心中悲愤。在责任的驱使下,吴阳德根据故宫太和殿门前的赑屃形象,用废旧的机车、电动车配件,做出了一只工业风神兽。这只神兽最引人注目的身体鳞片部分,是他用大量轴承切割后组成的。整个龙首龟身栩栩如生、雄浑霸气,散发着冷峻的金属感。

作品发布会上,吴阳德在"赑屃"的腹腔内塞满了塑料袋、一次性筷子、一次性饭盒等生活垃圾。说明词中这样写道:"与人类共生共存的生物、动物,已经承载不起人类的摧残,正在逐渐远离人类……"

作品一经发布,就有人出价10万元购买。但吴阳德没把这尊作品变成现钞。他认为将这尊"赑屃"用作环保理念的宣传,远比为自己换来一栋房子更有意义……

讲完"赑屃"作品的创作理念,吴阳德又对我讲起另一件有意思的作品——"不稳凳"。

吴阳德认识附近一个与他年龄相仿的浪荡青年。这个"朋友"平日里游手好闲,把上辈人留给他的市区房子卖了换成郊区的房子,过了一阵又把郊区的房子卖了换成邻省郊县的房子,大套换小套,小套换单间,以赚取中间差价供自己吃喝玩乐。

"败家子!"吴阳德心里愤愤的,拿来废旧的摩托车轮胎等配件发明制作了一张"不稳凳"。这种凳只要人一坐上去就会一个劲地摇晃。一天,这个"朋友"又来到店里闲逛。吴阳德特意拿出这张"不稳凳"请他坐。这位仁兄一坐上去就不由自主地摇晃起来,让他感到天旋地转。吴阳德问:"不舒服吧?""很不舒服!""不舒服就对了,这是我依据你的生活状态,专门为你设计打造的,名字就叫'不稳凳'……"

这个"朋友"听完吴阳德的一席话,沉默了良久,趁主人忙着业务,悄悄从后门走了,之后相当一段时间没见他的影子。过了半年多的时间,这个朋友又来了,而且还带来了一名年轻的女子。他们快走到店门口时,突然停下,他拉着那位女子的手一起朝着吴阳德毕恭毕敬地鞠了一躬。接着对吴阳德说:"我结婚了,也在附近找了一份正当的职业,今天是特意来感谢你的点穴之恩的!"吴阳德一听赶紧叫他们进屋喝茶,并把主人的那把椅子让给他。那位朋友却说:"不,你还是把那张'不稳凳'拿出来给我坐吧……"

"生于忧患,死于安乐。"看来,这位朋友真的读懂了吴阳德对他的良苦用心!

……

"读书不多,铺面不大,却有着宽广的胸怀和超远的格局,确实难能可贵!"我一边采访,一边却在内心对这个青年不停地发出感叹。

实际上,吴阳德设计制作的这一件件"朋克风"艺术品中,其主题意向是包罗万象的,比如他制作的"反远光灯主题的台灯"和一组组"小超人""小矮人",可谓件件都有寓意,也向世人昭示并警醒着今天的世界依然存有阴暗……

2020年,吴阳德参加了综艺"巧手神探"。嘉宾肖央主动加了吴阳德的微信,两人从艺术到人生无话不谈。最后,肖央终于忍不住提出要买他的那盏"反传销"主题的台灯。"我真舍不得卖,但他软磨硬泡得太执着了。看他这么喜欢,我也挺高兴,干脆就送给他了。"说这话的时候,吴阳德黝黑的脸庞放出自豪的异彩。

这件作品是吴阳德以废旧发动机的变速齿轮、螺丝等零件,试图用写实加抽象的概念,还原传销的套路:位于中心的传销头目伸出11个灯泡,代表11个岗位组成的资金链,正在向新人"洗脑"……

我看完这件作品的图片后,自言自语道:"一个想象力超凡的大脑……"走红后的吴阳德被媒体贴上了"环保艺术家""蒸汽朋克""硬核青年"等标签。但他的热情和本心,依旧根植于这间九十几个平方米的修车铺和藏在对机械痴迷与对旧物生命的再造的眷恋中……

也许有人会追问,这个家庭当年到底出了什么事?这已经不重要了,重要的是这场灾难没有击垮这个少年,没有让这颗年轻的心灵涂上阴影。今天的他,依旧用一颗洁净善良的心去呵护和激发周围的正义与善良……

海纳百川、尊贤重德的奉贤这片热土,不仅完全接纳了吴阳德这位"新奉贤人",而且对他所做出的贡献予以了很高的褒奖。他先后荣获了"2019年度上海市文明市民""2020年度上海市奉贤区齐贤修身达人""2021年度上海市奉贤区五美五强青年"等荣誉称号。

取得诸多荣誉的吴阳德,并没有陶醉在一个个光环里,而是要求自己将社会责任意识提升到更高的层面。"从捡荒少年到手工艺术家",这段曾经坎坷的人生经历,让吴阳德更懂得如何走近弱者、帮助弱者。

2015年,吴阳德得知一名车友因车祸去世,家里还有嗷嗷待哺的孩子，不少车友也在自发捐助。吴阳德突然想到，自己的作品是不是可以通过义卖的形式售出，带动更多人献出爱心？自此，他开启了"守护者"计划。每一件"守护者"系列手工品都是为了义卖而做，所获款项全部捐助给有需要的人。于是从2015年到今天，已经由"守护者1号"发展到"守护者6号"。每一号"守护者"背后都有一段爱的故事……

那天在"阳德工作室"（铺子里间）采访吴阳德的时候，外间修车铺的一个小伙子时不时地朝里屋喊着"师父"。这是吴阳德带的徒弟小海。

几年前，吴阳德在常去的菜场看到一个男孩正在翻找垃圾。一打听，男孩叫小海，有二级精神残疾、二级智力残疾，平时和家人卖菜为生。小海认识吴阳德之后，就想来店里学修车。从完全带徒弟的角度看，师父对徒弟肯定要横挑竖选的，但吴阳德却完全站在小海生活缺少自理能力的角度，收下了这个徒弟，教会他谋生。

小海刚来时，连刷牙、洗脸都不会。吴阳德给他买来牙刷、

吴阳德与他设计制作的工艺品"老爷车"

手机，还教他写字。零件间安装垫片这种简单的小事，教别的学徒只要两三次，教小海却要二三十次。最初，吴阳德只是希望小海有个修车手艺，将来父母不在了也能养活自己。却没想到小海竟渐渐对吴阳德的手工产生了兴趣，经常在一旁"偷师学艺"。吴阳德试着教小海改造旧零件，想不到小海的作品竟有模有样，做出了登上月球的机器人。吴阳德兴奋地说："我忽然想到，小海的内心一样有个丰富的世界，他在我的工作室通过手工找到了表达自己想法的出口……"

于是，我更加深信，"在一定意义上，手工是吴阳德内心对社会对他人那份挚爱的思想表达和情感传导"。

前几日，他同店里的工友加完夜班去一家小店吃夜宵。刚坐下来，一老一少就跟着进了店，说给他们唱"凤阳花鼓戏"，唱一曲3块钱。吴阳德拿出10块钱，没让这对母女唱，说："天太晚了，早点休息吧！"这一刻，吴阳德眼眶里含着泪，手有些颤抖……

"凤阳花鼓戏"就出自吴阳德的老家阜阳地区，那一对老少母女说这几年一直有疫情，年景很不好，只得出来"唱戏"……

讲穿了，说"唱戏"只是为了掩饰"要饭"二字。吴阳德触景生情，想起了自己的拾荒路。那些年，尽管遇到不少冷漠的脸孔，但更多的还是一双双温暖的手给了他温度和勇气，让他度过最艰难的日子，促他获得今天的成就……

后记

"相寻梦里路,飞雨落花中。"在我办完《战地幽兰》出版的所有手续,将初排书稿正式交付文汇出版社的当晚,2023年的第一场春雨便喜降江南。

真是"好雨知时节"。梅花、樱花、李花、桃花、梨花,竟在同一个季节里树树争妍,各自摇曳在春风里,百媚娇颜。我举着小伞,让柔柔的阳春雨花,扑打着我项上的七沟八梁。此刻的满园春色令人思绪万端……

岁月的风霜剥蚀,好像并没有消减我多情的秉性。相反,随着年轮的增生,已过耳顺的我却越加感性起来。一颗雨滴,一树花开,一声莺啼,都能让我生发情感,动容落泪。于是,我退休后的"赋闲"生活,"闲"而不淡,平日的"感动"与"感悟"丰富着我每一天的日升与日落。又一日,闲来翻翻在军旅时留下的一些零花碎片,觉得遗失不忍,便拍照提取文字,回望那段青春时光。

是天地给了我滋补与营养,是善良传导我善良的力量,是生活为我不断提供写作的食粮……于是,《战地幽兰》的问世,亦如我呼吸时从胸腔中呼出的一缕清新空气!

衷心感谢中国书协草书委员会副主任、上海市文联副主席、上海市书协主席丁申阳先生为本书题写书名。

衷心感谢上海市作协理事、散文报告委员会主任、《上海纪实》

主编朱大建先生为本书撰写序言。

衷心感谢文汇出版社以及副编审鲍广丽老师为本书在出版中所付出的劳动与努力。

特别感谢上海市驰艺文化传媒有限公司对本书出版的大力支持与付出。

书名《战地幽兰》取自书中一篇撰写逆行英雄戴爱兰的报告文学。由此想到，生活原本如此，作为每一个行路人，你我都在"战地"上。只是各自的站位不同，视角各异，抑或殊途有别……

寄希望《战地幽兰》能为您带来一瓣温馨与芳香！

图书在版编目（CIP）数据

战地幽兰 / 何秋生著. —— 上海：文汇出版社，2023.8
 ISBN 978-7-5496-4027-0

Ⅰ.①战… Ⅱ.①何… Ⅲ.①散文集－中国－当代 Ⅳ.① I267

中国国家版本馆 CIP 数据核字（2023）第 101331 号

战地幽兰
封面题签 / 丁申阳

作　　者 / 何秋生
责任编辑 / 鲍广丽
审读编辑 / 郑　蔚
封面装帧 / 王　峥

出 版 人 / 周伯军

出版发行 / 文汇出版社
　　　　　上海市威海路 755 号
　　　　　（邮政编码：200041）

经　　销 / 全国新华书店
排　　版 / 上海驰艺文化传播有限公司
印　　刷 / 上海新文印刷厂
版　　次 / 2023 年 8 月第 1 版
印　　次 / 2023 年 8 月第 1 次印刷
开　　本 / 720×1000　1/16
字　　数 / 350 千
印　　张 / 21.25

ISBN 978-7-5496-4027-0
定　　价 / 78.00 元